WESTEND

Nina Horaczek ist Politikwissenschaftlerin und arbeitet seit dem Jahr 2000 bei der Wiener Wochenzeitung Falter, aktuell als Chefreporterin. Horaczek widmet sich intensiv den Themen Rechtsextremismus und soziale Gerechtigkeit und ist Autorin mehrerer Sachbücher, etwa »Gegen Vorurteile: Wie du dich mit guten Argumenten gegen dumme Behauptungen wehrst« (2015) und »Wehrt euch! Wie du dich in einer Demokratie engagieren und die Welt verbessern kannst« (2019).

Walter Ötsch ist Professor für Ökonomie und Kulturgeschichte an der Cusanus Hochschule für Gesellschaftsgestaltung. Er forscht zur Geschichte des ökonomischen Denkens und zur Wirkungsgeschichte des Neoliberalismus. Er ist Kommunikationstrainer und gefragter Experte für Rechtspopulismus. Zuletzt erschien von ihm das Buch »Wir wollen unsere Zukunft zurück! Streitschrift für mehr Phantasie in der Politik« im Westend Verlag (2021), das er gemeinsam mit Nina Horaczek geschrieben hat.

Walter Ötsch/Nina Horaczek

Populismus für Anfänger

Anleitung zur Volksverführung

WESTEND

Mehr über unsere Autoren und Bücher:
www.westendverlag.de

Die Deutsche Nationalbibliothek verzeichnet diese Publikation in der Deutschen Nationalbibliografie; detaillierte bibliografische Daten sind im Internet über http://dnb.d-nb.de abrufbar.

MIX
Papier aus verantwortungsvollen Quellen
FSC® C083411
www.fsc.org

Taschenbuchausgabe 2022
ISBN 978-3-86489-909-6

Umschlaggestaltung: Buchgut, Berlin
Satz: Publikations Atelier, Dreieich
Druck und Bindung: CPI – Clausen & Bosse, Leck
Printed in Germany

Inhalt

Vorwort zur Taschenbuchausgabe

Am 6. Jänner 2021 stürmten rechtsextreme Anhänger des damals noch amtierenden, aber bereits abgewählten US-Präsidenten Donald Trump das Kapitol in Washington. Der Präsident schritt bewusst nicht ein – im Gegenteil, er hatte die Menschenmenge selbst aufgeputscht. Der Sturm auf das Kapitol war ein bewusster Angriff auf die Grundfesten der Demokratie in den USA.

Viele mag das überrascht haben. Wer sich, wie wir, über einen längeren Zeitraum mit den Themen Populismus und Demagogie beschäftigt, musste mit einer derartigen Eskalation rechnen. Denn eine Eskalation ist ein zentraler Bestandteil einer demagogischen Denkweise und Politik, für die Trump beispielhaft steht. Demagogie ist, wie wir in unserem Buch zeigen, systematisch auf Eskalation angelegt (Muster 65). Wer die Welt willkürlich und faktenfrei (Muster 56) in »Wir« und »Die Anderen« aufspaltet (Muster 1), muss – wenn er oder sie Macht und Einfluss bekommt – ständig emotionalisieren (Muster 51), sprachlich immer radikaler werden (Muster 19ff.), immer mehr Tabus brechen (Muster 48), immer mehr Menschen ausgrenzen (Muster 44) und letztlich eine Änderung des politischen Systems anstreben (Muster 62). Und: Die stetige Zunahme an Aggression und Gewalt kann nie von innen, aus dem Denksystem selbst, sondern nur von außen gestoppt werden. Auch davon handelt dieses Buch.

Es wurde erstmals im Frühsommer 2017 veröffentlicht. Wir hätten uns gewünscht, dass unsere Analyse im Jahre 2022 nicht mehr derart aktuell ist. Aber das Gegenteil ist eingetreten: Was wir vor fünf Jahren formuliert haben, zeigt sich heute mit noch viel deutlicherer Schärfe.

Damals diskutierte man in der »Alternative für Deutschland« (AfD) noch die Frage, ob der rechtsextreme AfD-Politiker Björn Höcke aus der Partei ausgeschlossen werden soll. Heute ist Höcke im AfD-Mainstream.

In Polen hat die klerikalkonservative Regierung der Partei PiS (»Recht und Gerechtigkeit«) die unabhängige Justiz zerstört und die

Medienfreiheit massiv beschnitten. Auch Ungarn ging in den vergangenen fünf Jahren seinen Weg in den Autoritarismus konsequent weiter.

Die Covid-Pandemie hat diese Entwicklungen noch verschärft. Sie führte zu einer weiteren Radikalisierung einer zuvor meist schweigsamen Minderheit. Zu Zehntausenden gingen und gehen Menschen auf die Straße, aufgepeitscht von rechtsextremen Demagoginnen und Demagogen, die diesen Menschen glauben machen, in einer Diktatur zu leben – und die den Widerspruch, dass sie ungestört durch die Straßen ziehen können, um »Diktatur« in ihre Megaphone zu brüllen, nicht mehr erkennen können.

Parteien wie die deutsche AfD und auch die »Freiheitliche Partei«, in Österreich (FPÖ) radikalisierten sich in der Covid-Pandemie weiter. Sie gehen nun offene Bündnisse mit prominenten Rechtsextremistinnen und Rechtsextremisten und zum Teil sogar Neonazis ein, sprechen von »Meinungsdiktatur« im Land und dem »Great Reset«, der angeblichen Verschwörung einer Elite, die das Virus erfunden habe, mit dem Ziel, die Menschheit zu versklaven.

Demagoginnen und Demagogen sind kreativ, sie »erklären« jeden gesellschaftlichen Stress – etwa eine Pandemie – mit einem Verschwörungs-Mythos (Muster 61). Das funktioniert unter anderem auch deshalb so gut, weil die gesellschaftlichen Ursachen, die zu einer langfristigen Steigerung von Angst in Teilen der Bevölkerung geführt haben, politisch nicht oder zu wenig angesprochen wurden und kaum angegangen werden. Dazu gehören die wachsende Ungleichheit, eine erhöhte Unsicherheit im Job, der steigende Arbeitsstress oder das Verschwinden von Zukunftsperspektiven. Die meisten Parteien thematisieren diese strukturellen Probleme nicht. Sie haben auch aufgehört, positive Zukunftsbilder für längerfristige Probleme zu entwerfen und für ihre Lösungsvorschläge zu werben. (Mit der fehlenden Phantasie in der Politik und ihren geschichtlichen Ursachen setzen wir uns im Buch *Wir wollen unserer Zukunft zurück. Eine Streitschrift für mehr Phantasie in der Politik* auseinander, das im Jahre 2021 im Westend Verlag erschienen ist.) Rechtspopulistische Bewegungen finden so leicht eine wachsende Stimmung aus Sorge und Angst in der Bevölkerung vor, die sie für ihre Zwecke ausbeuten können. Denn der Kern ihrer Politik war und ist die Aktivierung von Angst – und zwar dauernd und mit wechselnden Themen, die am Ende alle in die eine, große Verschwörung münden.

Noch eine gefährliche Entwicklung war in den vergangenen Jahren zu beobachten: Statt sich dem demagogischen Treiben klar entgegenzustellen, übernahmen konservative Parteiführer die Muster der Demagogie. Das Ziel war simpel: Parteien wie die konservative Volkspartei (ÖVP) in Österreich spielten unter ihrem damaligen Parteichef Sebastian Kurz das Spiel »›Wir‹ gegen die ›Anderen‹«, polarisierten, indem sie Geflüchtete, Migrantinnen und Migranten sowie Musliminnen und Muslime zu Feinden erklärten (Muster 20), und schnappten so der rechtsextremen FPÖ massenhaft Wählerinnen- und Wählerstimmen weg. Zugleich organisierte Kurz die eigene Partei wie eine Sekte um (Muster 36) und baute sich selbst, umgeben von einer kleinen Schar absolut Getreuer (Muster 37), medial (Muster 53f.) zum Superstar auf (Muster 8) – 2017 tauften wir eine solche Person ironisch das »SUPER-WIR« (Muster 9). Als Kanzler an der Macht versuchten Kurz und seine Jüngerinnen und Jünger, demokratische Institutionen (vor allem die Justiz und unabhängige Medien) zu schwächen (Muster 62). Diese Politik ist an den Fakten der Pandemie und an einer immer noch unabhängigen Justiz in Österreich gescheitert: Die Staatsanwaltschaft hatte Ermittlungen wegen Korruptionsverdacht aufgenommen und die ÖVP-Parteizentrale durchsuchen lassen. Wie wenig es Sebastian Kurz als Parteichef und Kanzler um die Stärkung der Demokratie ging, zeigt die Wahl seines Arbeitsplatzes in der Privatwirtschaft nach seinem erzwungenen Abgang als Kanzler: Er hat als »Global Strategist« beim US-Investor Peter Thiel angeheuert. Thiel strebt offen eine Herrschaft von Großkonzernen an, unterstützt Trumps Rückkehrambitionen ins Präsidentenamt und sieht in der Demokratie ein veraltetes und zu wenig leistungsstarkes Konzept.

Aber noch etwas hat sich verändert: Heute ist viel mehr Menschen klar, wie Demagogie funktioniert, wie sehr politische Demagoginnen und Demagogen die Gesellschaft spalten und wie wichtig es ist, sich klar gegen diese Volksverführerinnen und Volksverführer zu positionieren. Heute ist viel mehr Menschen bewusst, dass Demokratie etwas ist, das geschützt werden muss, dass es nicht selbstverständlich ist, in einer Demokratie und einem Rechtsstaat leben zu können, und dass es an jedem und jeder einzelnen von uns liegt, die Demokratie zu verteidigen. Diesen Menschen ist unser Buch gewidmet.

Wir wollen vor allem klarmachen, dass wir duale Gegenüberstellungen von Gut und Böse – egal aus welcher politischen Richtung – als schädlich erachten. Sie spalten das Land und sie spalten die Welt. Angesicht der globalen Krisen der Umwelt brauchen wir das genaue Gegenteil: positive Zukunftsbilder, eine Neubesinnung der Demokratie und neue globale Formen der Zusammenarbeit.

Diese Warnung ist in der derzeitigen Situation besonders angebracht. Wir erleben mit dem Ukraine-Krieg wieder einen grausamen Angriffskrieg mitten in Europa – eine andere, besonders brutale Art des Angriffs auf die Demokratie. Dieser Krieg macht Angst. Die Bedrohung der Menschheit durch einen Atomkrieg liegt erstmals seit Langem wieder in der Luft.

Krieg ist die höchste Stufe der Eskalationsspirale im Denken der »Wir« gegen die »Anderen«. 2017 haben wir in der ersten Auflage von *Populismus für Anfänger* geschrieben:

»Jedem Krieg geht eine geistige Aufrüstung voran. Die Denkschemata sind in jedem Fall identisch: Den WIR wird eine gleichartige Gruppe von ANDEREN gegenübergestellt, die ausschließlich FEINDE sind. Die Propaganda belegt sie mit den übelsten Ausdrücken und unterstellt ihnen jedes Verbrechen. Dabei werden die kollektiven inneren Bilder über die FEINDE verändert. Den FEINDEN wird ihr eigentliches Menschsein aberkannt. Es handelt sich nicht um vollwertige Menschen, sondern um Verbrecher, Terroristen, Mörder, Parasiten und ähnliches. Nur mit dieser Sprache (die vor jedem Krieg eingesetzt wird) ist es möglich, kollektiv die Hemmschwelle zum Töten herabzusetzen.«

Diese Sätze sind heute leider aktueller denn je.
Linz/Wien im März 2022

Vorwort

Rumpelstiltskin. So lautet das Wort, das es aus dem Deutschen in das Englische geschafft hat. Im Märchen ist das Rumpelstilzchen ein kleines Männlein, das aus Stroh Gold spinnen kann und am Ende so wütend wird, dass es sich selbst in zwei Stücke zerreißt.

Seit Donald Trump am 8. November 2016 zum Präsidenten der Vereinigten Staaten von Amerika gewählt wurde, steht das Wort Rumpelstilzchen wieder häufiger in den Zeitungen. Mit seinen Beleidigungen, seinen Wutanfällen und Verbalattacken erinnert der US-Präsident tatsächlich an das kleine böse Männchen, das sich im Zorn selbst zerstört. Und überhaupt: Sind diese rechten Demagogen, die von Paris bis Wien, von Ankara bis Berlin, von Amsterdam bis Warschau im Aufwind sind, nicht alle wütende Männer (und auch Frauen), die ihren Ärger ungefiltert in die Welt herausschreien?

Die Wahrheit ist eine ganz andere. Wie bei aller rechten Demagogie basiert die Politik der Trumps, Le Pens, Straches, Höckes, Erdoğans dieser Welt und wie sie alle heißen, nicht auf unkontrollierter Emotion, sondern ist das Produkt eiskalten Kalküls.

Es ist eine Art Déjà-vu: Bereits im Jahr 2000 zeigte der Kulturwissenschaftler Walter Ötsch in seinem Bestseller *Haider light* anhand des Phänomens Jörg Haider auf, wie rechte Demagogie funktioniert, welche Muster Demagogen verwenden, um die Massen zu instrumentalisieren. Nun, fast zwanzig Jahre später, erweist sich, dass die Namen der Demagogen sich zwar geändert haben, ihre Strategien aber immer noch dieselben sind.

Dieses Buch fußt auf den Erfahrungen der letzten zwei Jahrzehnte. Es zeigt auf, mit welchen Tricks die Demagogen unserer Zeit arbeiten und welches Welt- und Menschenbild dahintersteht. In diesem Buch lernen Sie, selbst zum Superdemagogen zu werden und Spaß daran zu haben, die demagogischen Codes zu entschlüsseln. Sie erfahren außerdem Gegenstrategien, was jede und jeder Einzelne, was wir alle gemeinsam gegen rechte Endzeitpropheten tun können. Denn nur wer versteht, wie Volksverführung funktioniert, ist immun gegen das Gift, das die Verführer versprühen.

In zwei Punkten haben die Demagogen von heute nämlich tatsächlich etwas mit dem Rumpelstilzchen aus dem Märchen gemein: Auch sie versprechen ihren Anhängern, Stroh zu Gold spinnen zu können. Sie spielen den Messias, der alle großen Probleme der Welt mit simplen Parolen lösen kann – während ihr nüchtern dosierter Hass dazu führt, dass es eine friedliche Gesellschaft nach und nach in zwei feindliche Teile zerreisst.

Die Akteure

Blocher, Christoph, Schweiz
*1940, von 1977 bis 2003 Chef der »Schweizerischen Volkspartei« (SVP). Als Blocher die SVP 1977 übernimmt, liegt sie bei 9,9 Prozent, 2003 sind es 26,8 Prozent. Bei den Nationalratswahlen 2015 wird die SVP mit 29,4 Prozent wieder stärkste Partei. 2016 zieht sich Blocher aus der SVP-Führung zurück.

Erdoğan, Recep Tayyip, Türkei
*1954, beginnt seine politische Karriere 1984 in der konservativ-religiösen Wohlfahrtspartei und nach deren Verbot bei der Tugendpartei. Erdoğan ist zwischen 1994 und 1998 Oberbürgermeister von Istanbul. 2001 gründet er die islamisch-konservative »Partei für Gerechtigkeit und Aufschwung« (AKP), mit der er 2003 zum ersten Mal Ministerpräsident wird. 2007 erreicht die AKP die absolute Mehrheit im Parlament, 2011 die einfache Mehrheit. 2014 lässt sich Erdoğan zum Präsidenten wählen, 2017 erreicht er in einem Referendum eine Mehrheit für den Umbau der Türkei vom parlamentarischen zum Präsidialsystem.

Gauland, Alexander, Deutschland
*1941, ist von 1973 bis 2013 Mitglied der CDU. Zwischen 1987 und 1991 leitet er die Hessische Staatskanzlei. Gauland ist Gründungsmitglied der »Alternative für Deutschland« (AfD) und deren stellvertretender Sprecher. Gemeinsam mit Alice Weidel ist er Spitzenkandidat der AfD bei der Bundestagswahl 2017.

Höcke, Björn, Deutschland
*1972, ist 2013 Gründungsmitglied der »Alternative für Deutschland« (AfD) und deren Landessprecher in Thüringen. Bei der Landtagswahl in Thüringen 2014 erreicht die AfD 10,6 Prozent.

Hofer, Norbert, Österreich
*1971, seit 1994 für die »Freiheitliche Partei Österreich« (FPÖ) beruflich tätig, zuerst auf Landesebene im Burgenland, seit 2005 in der Bundespolitik. Hofer ist seit 2005 stellvertretender Parteichef der FPÖ und seit 2006 Nationalratsabgeordneter im österreichischen Parlament. Im Oktober 2013 wird Hofer zum Dritten Nationalratspräsidenten gewählt. 2016 kandidiert er bei den Bundespräsidentschaftswahlen für die FPÖ und erreicht mit 46,2 Prozent der Stimmen zwar nicht die Mehrheit, aber das historisch beste Ergebnis der FPÖ.

Kaczyński, Jarosław, Polen
*1949, wird 1991 erstmals Abgeordneter des polnischen Parlaments und ist seit 2003 Vorsitzender der Partei »Recht und Gerechtigkeit« (PiS). Zwischen 2006 und 2007 ist Kaczyński Ministerpräsident von Polen. Sein Zwillingsbruder Lech ist von 2005 bis zu dessen Tod bei einem Flugzeugabsturz 2010 Präsident des Landes. Kaczyński tritt bei der Parlamentswahl 2011 als Spitzenkandidat an und erreicht 19,88 Prozent. Im Mai 2015 verzichtet er darauf, bei der Präsidentschaftswahl anzutreten. Seine PiS nominiert stattdessen Andrzej Duda, der zum Präsidenten gewählt wird. Bei der Parlamentswahl im Oktober 2015 gibt Kaczyński seiner Parteikollegin Beata Szydło den Vortritt. Die PiS erreicht die absolute Mehrheit, Szydło wird Ministerpräsidentin, während Kaczyński weiterhin als PiS-Parteichef Einfluss hat.

Le Pen, Marine, Frankreich
*1968, Rechtsanwältin, seit 1993 für den »Front National« (FN) politisch tätig, zuerst auf kommunaler Ebene, seit 2004 als Abgeordnete für das EU-Parlament. 2011 wird sie stellvertretende Parteivorsitzende, 2011 zur Parteichefin gewählt. Bei der Präsidentschaftswahl im Mai 2017 erreicht sie in der Stichwahl 33,9 Prozent der Stimmen. Marine Le Pen ist die Tochter von Jean-Marie Le Pen, der den FN 1972 in Frankreich gründete.

Lucke, Bernd, Deutschland
*1962, tritt mit 14 Jahren der CDU-Jugendorganisation »Junge Union« bei und bleibt bis 2011 CDU-Mitglied. Im April 2013 ist er einer der Mitbegründer der »Alternative für Deutschland« (AfD) und wird einer von drei Bundessprechern. 2014 ist Lucke Spitzenkandidat der AfD bei der EU-Wahl und erreicht 7,1 Prozent.

Orbán, Viktor, Ungarn
*1963, beginnt seine politische Karriere bereits während der Schulzeit unter dem kommunistischen Regime in der kommunistischen Jugend. 1988 gründet er den »Bund junger Demokraten« (Fidesz) und wird 1990 Abgeordneter im Parlament und 1993 Parteivorsitzender. Seit 1996 nennt sich die Partei »Ungarischer »Bürgerbund« (Fidesz)«.1998 wird die Fidesz stärkste Partei und Orbán Ministerpräsident. Seine Regierung wird 2002 von den Sozialisten abgelöst. 2010 kommt Orbán mit 52,73 Prozent der Stimmen für Fidesz wieder an die Macht, bei den Wahlen 2015 wird er mit 44,87 Prozent im Amt bestätigt.

Petry, Frauke, Deutschland
*1975, zählt zu den Gründungsmitgliedern der »Alternative für Deutschland« (AfD), deren stellvertretende Sprecherin sie bei der Gründung 2013 wird. 2015 wird sie als Bundessprecherin der AfD wiedergewählt. Petry ist Landessprecherin der AfD Sachsen und Fraktionsvorsitzende im sächsischen Landtag. Bei der Landtagswahl in Sachsen 2014 erreicht die AfD 9,7 Prozent. Bei der Bundestagswahl 2017 tritt Petry nicht als Spitzenkandidatin an.

Salvini, Matteo, Italien
*1973, ist von 1998 bis 2004 Parteisekretär der »Lega Nord« (LN) in der Provinz Mailand. Seit 2004 ist Salvini EU-Abgeordneter der LN, seit 2013 ist er Vorsitzender der Partei. Die LN erreicht bei den Parlamentswahlen 2013 4,3 Prozent und bei den Regionalwahlen 2013 in der Provinz Ligurien 20,3 und in der Provinz Venetien 17,8 Prozent. Bei den EU-Wahlen 2015 kommt Salvini auf 6,2 Prozent.

Strache, Heinz-Christian, Österreich
*1969, seit 1991 in der »Freiheitliche Partei Österreich« (FPÖ) aktiv, zuerst als Wiener Bezirkspolitiker, ab 1996 als Landtagsabgeordneter in Wien. Wird 2005 zum Parteichef der FPÖ gewählt und ist seit 2006 auch Klubvorsitzender der FPÖ im österreichischen Nationalrat. Bei den Nationalratswahlen 2013 erreicht die FPÖ 20,5 Prozent.

Trump, Donald, Vereinigte Staaten
*1946, amerikanischer Unternehmer und Milliardär. Ist zunächst Mitglied der »Demokratischen Partei« (Demokraten) und wechselt 2009 zur »Republikanischen Partei« (Republikaner). 2016 wird er als Au-

ßenseiter zum Kandidaten der Republikaner für die US-Präsidentschaftswahl gewählt. Er besiegt die demokratische Kandidatin Hillary Clinton und ist seit Januar 2017 der 45. Präsident der Vereinigten Staaten.

Weidel, Alice, Deutschland
*1979, tritt im Jahr 2013 der »Alternative für Deutschland« (AfD) Baden-Württemberg bei und wird 2015 in den Bundesvorstand der AfD gewählt. Weidel ist gemeinsam mit Alexander Gauland Spitzenkandidatin der AfD für die Bundestagswahl.

Wilders, Geert, Niederlande
*1963, ist von 1989 bis 2004 Mitglied der konservativen »Volkspartei für Freiheit und Demokratie« (VVD) und arbeitet von 1990 bis 2004 für diese Partei, unter anderem als Redenschreiber und parlamentarischer Referent, ab 1998 als Abgeordneter des niederländischen Parlaments. 2004 verlässt Wilders die VVD und gründet die »Partei für die Freiheit« (PVV). Die PVV kandidiert 2006 zum ersten Mal bei Wahlen und zieht mit 5,9 Prozent ins Parlament ein. Bei den niederländischen Parlamentswahlen im März 2017 wird die PVV mit 13,1 Prozent zweitstärkste politische Kraft nach den Konservativen.

1 Erfinden Sie sich Ihre eigene Welt

Das Wichtigste zuerst: Wie simpel Rechtspopulisten denken

Rechtspopulismus ist alles andere als ein Geheimnis. Im Gegenteil: Rechtspopulismus ist leicht zu verstehen. Ganz einfach: Die Politik von Rechtspopulisten beruht auf einem einzigen Grundgedanken, einem selbst gestrickten Bild der Gesellschaft. Dieses Bild ist die Basis des Rechtspopulismus.

So sieht das Bild aus: Hier sind WIR und dort sind die ANDEREN. Diese beiden Gruppen braucht der Rechtspopulismus. Sonst nichts.

Muster 1: Erfinden Sie eine Gesellschaft, die aus nur zwei Gruppen besteht: den WIR und den ANDEREN.

Rechtspopulisten haben stets dieselbe Erzählung: jene von einer zutiefst gespaltenen Welt, in der zwei Gruppen gegeneinander kämpfen. Wer so eine Welt predigt, den bezeichnen wir als Demagogen.

Der Begriff Demagogie kommt aus dem Altgriechischen und leitet sich ab aus den Wörtern *démos* = das Volk und *agógein* = führen. Demagogie ist die Führung des Volkes in einem zweifachen Sinn: Erstens als Ver-Führung, eine unzufriedene Bevölkerung wird mit Verheißungen einer besseren Politik verführt. Dies geschieht zweitens, indem Demagogen von »dem Volk« reden: Sie schaffen damit das Kunstprodukt einer gleichartigen Bevölkerung, die durch einen gemeinsamen »Volkswillen« verbunden ist.[1] Demagogie ist politische Verführung mit dem erfundenen Begriff »des Volkes«. Dieses »Volk« sind die WIR, sie stehen den ANDEREN gegenüber, zum Beispiel »der Elite«. Immer, wenn so ein Bild entworfen wird, sprechen wir von Demagogie.

Demagogen aller Schattierungen unterteilen die Menschen in zwei Gruppen: Die »In-Gruppe«, das sind die WIR. Die »Out-Gruppe«, das sind die ANDEREN. Angebote für eine derart simple Botschaft gibt es viele: Deutsche gegen Flüchtlinge, US-Amerikaner gegen Mexikaner, Franzosen gegen Afrikaner, Kroaten gegen Serben, Russen gegen Tschetschenen, und überhaupt: Weiße gegen Schwarze, Arier gegen Juden, Inländer gegen Ausländer – es gibt unzählige Beispiele für ein Denken, das weltweit Anerkennung genießt und in den letzten Jahren, auch als Reaktion auf ein Versagen traditioneller Politiken, massiv an Bedeutung gewonnen hat.

Das Bild einer zweigeteilten Gesellschaft ist das Wichtigste im Rechtspopulismus. Am besten ist das zu verstehen, wenn Sie sich in ein solches Bild hineinversetzen. Stellen Sie sich möglichst lebhaft vor, Sie stehen gerade auf einer großen leeren Ebene. Hier gibt es nichts außer zwei Gruppen von Menschen. Die eine Gruppe steht nahe bei Ihnen. Diese Gruppe ist hell erleuchtet und gibt Ihnen ein warmes Gefühl. Sie ist wie von einer unsichtbaren Mauer umgeben. Danach kommt ein leeres Feld und hinter diesem steht eine zweite Gruppe. Sie sehen diese Gruppe nur dunkel. Sie spüren ein Gefühl der Verunsicherung und Angst, das sich allmählich in Hass steigert, oder noch besser, Sie empfinden sogar Ekel für die ANDEREN.

Das ist es, mehr ist es nicht. So sieht das innere Bild von Demagogen aus. Unsere wichtigste Botschaft: dieses Bild nachvollziehen zu können, zu verstehen, wie einfach und wie gefährlich es ist – und anderen davon zu erzählen. Denn Rechtspopulismus funktioniert nicht ohne ein demagogisches Gesellschaftsbild. Alle Muster, die in diesem Buch erklärt werden, lassen sich auf das demagogische Bild zurückführen.

Der Vorteil: Ein so einfaches Bild lässt sich leicht erfassen. Mit etwas Theorie, die Sie in diesem Buch finden, und ein bisschen Übung können Sie jeden Demagogen, jede Demagogin entzaubern. Wer dieses Bild verstanden hat, wer erkennt, welche Eskalationsspiralen darin eingebaut sind und wie gefährlich diese wirken können, ist in Zukunft gefeit, sich von Rechtspopulisten verführen zu lassen.

WIR und die ANDEREN

Sich zwei Gruppen vorzustellen und sich einer der beiden Gruppen gedanklich zuzuordnen, ist per se noch nichts Schlechtes. In vielen Fällen ist das durchaus berechtigt. »Wir« und »Andere« sind Alltagsbegriffe, jeder und jede verwendet sie. Um zu wissen, wer wir sind und zu wem wir gehören, benötigen wir Einteilungen: Männer und Frauen, Jung und Alt, eigene Firma oder Konkurrenz.

Das Demagogische ist nicht die Einteilung in zwei Gruppen. Es ist die Intensität und die Ausschließlichkeit. Im vorgestellten Bild zeigt sich dies daran, wie groß die Distanz zwischen den beiden Gruppen ist und wie stark die Unterschiede gemacht werden.

Daran lassen sich Demagogen erkennen:[2]

1. *Die Radikalität:*
   Sie trennen die WIR und die ANDEREN radikal. Es gibt (fast) keine verbindenden Merkmale. Die ANDEREN müssen völlig anders sein und dürfen gar keine Züge der WIR aufweisen.

2. *Die Aggressivität*
   Sie belegen die ANDEREN mit einer aggressiven und ausgrenzenden Sprache.

3. *Die Ausschließlichkeit*
   Sie zeichnen die WIR nur als GUT und WAHR, die ANDEREN ausschließlich als BÖSE und FALSCH.

4. *Die Kriegsrhetorik*
   Sie dramatisieren eine tiefe Feindschaft zwischen den WIR und den ANDEREN. Zwischen den WIR und den ANDEREN tobt ein Kampf auf Leben oder Tod.

5. *Die Negativität*
   In ihrer politischen Werbung setzen Demagogen überwiegen auf Negativthemen. Rechtspopulistische Politik ist vor allem ein Kampf gegen die ANDEREN.

6. *Das Geschäft mit der Angst*
   Demagogen sprechen gezielt Ängste an, verstärken sie und lenken sie auf die ANDEREN um. Denn die ANDEREN sind schuld, wenn WIR Angst haben. Demagogische Politik ist Angst-Politik und Demagogen sind Angst-Experten.

7. *Das autoritäre Element*
   Demagogische Bewegungen sind notwendig autoritär. Sie stehen unter der direkten Leitung einer Gruppe, eines Führers oder einer Führerin. Wir nennen diese Führungsspitze das SUPER-WIR.

8. *Die Demokratiefeindlichkeit*
   Demagogische Politiker wollen nicht nur an die Macht kommen oder eine Regierung bilden. Sie drängen nach radikaler Umgestaltung des politischen Systems. Demagogen wollen die Demokratie und ihre Institutionen autoritär umbauen.

WIR sind »das Volk«

Die wichtigste Bezeichnung für die WIR ist »das Volk«. Demagogie ist Politik für »das Volk«. Alles, was Demagogen tun, tun sie – so behaupten sie zumindest – für »das Volk«. US-Präsident Donald Trump hat in seiner Antrittsrede versprochen: *»Wir nehmen die Macht von Washington D.C. und geben sie an euch, das Volk, zurück.«* Schon Jörg Haider (geboren 1950, 2008 bei einem Autounfall verstorben), langjähriger Chef der Freiheitlichen Partei Österreichs (FPÖ) und einer der ersten äußerst erfolgreichen Demagogen der Nachkriegszeit, sagte zu seinen Anhängern: *»Viele Bürger fürchten mit Recht, dass die Regierung das Volk austauschen will, weil es sich bei Wahlen nicht mehr gehorsam zeigt.«*[3] Auch der heutige FPÖ-Chef Heinz-Christian Strache sagt: *»Bevor die Politiker das Volk austauschen, wird das Volk die dafür verantwortlichen Politiker austauschen.«*[4] Gerne ruft er auch seinen Anhängern auf Wahlveranstaltungen zu: *»Ihr seid das Volk.«*[5]

»Wir sind das Volk«, lautet auch der Kampfspruch der Alternative für Deutschland (AfD) und der Pegida-Bewegung (*»Patriotische Europäer gegen die Islamisierung des Abendlandes«*). Eine derart konstruierte homogene Gemeinschaft schließt alle ANDEREN, etwa Neuankommende im Land, aus.

»Mein Volk will es.« Mit diesen Worten propagierte der türkische Präsident Recep Tayyip Erdoğan die geplante Wiedereinführung der Todesstrafe nach dem verhinderten Militärputsch im Sommer 2016. Mit denselben Worten rechtfertigte der ungarische Premierminister Viktor Orbán die neue ungarische Verfassung.[6] Der niederländische Demagoge und Parteichef der *»Partei für die Freiheit«* (PVV), Geert Wilders, wirbt schon lange mit dem Slogan *»eigen Volk eerst«*. Die französische Front-National-Chefin Marine Le Pen stellte ihren gesamten Wahlkampf 2017 unter das Motto *»Au Nom du Peuple«*, auf Deutsch: *»Im Namen des Volkes«*.

Wer ist aber »das Volk«? »Das Volk« – und das ist der zentrale Punkt – gibt es gar nicht. Es ist schlichtweg eine Erfindung. »Das Volk« ist eine rhetorische Floskel, die Demagogen nützen, um sich selbst von anderen Politikern abzugrenzen. Denn nur sie alleine, so die Behauptung, verkörpern den einen Willen des einen Volkes. So sagte etwa Matteo Salvini, Chef der italienischen Lega Nord: *»Obwohl die Medienpropaganda, wie in den USA und in Großbritannien, versucht, die Stimme des Volkes als Ausdruck einer Mehrheit von Verlierern darzustellen, von minderwertigen* *und ungebildeten Leuten, die zu einfach sind, um die unschätzbaren Vorteile der Politik zu verstehen, die uns von den Finanzeliten auferlegt werden, entsteht ein neues Bewusstsein aus der Asche des Desasters auf.«*[7]

Auch die FPÖ behauptet, als einzige die Stimme des »Volkes« zu vertreten: *»Da wir aber wissen, was wir wollen, und wissen, was die Österreicher wollen, und da unser Weg immer breitere Zustimmung erfährt, werden wir weiterhin als Stimme jener auftreten, denen das regierende politische System die Stimme nimmt.«*[8]

»Das Volk« und die WIR im demagogischen Weltbild sind aber eine reine Erfindung, ein Märchen, eine Fiktion. Die WIR sind idealisierte Menschen, die nirgendwo anzutreffen sind. Sie sind nur *»brav«*, *»arbeitsam«*, *»bürgerlich«*, *»modern«*, *»tüchtig«* und so fort. Innerhalb dieser WIR-Gruppe gibt es keine Konflikte, keine Spannungen, keine Probleme. Es ist die erfundene heile Welt einer frei erfundenen Gruppe.

Geert Wilders nennt seine WIR gerne auch *»Henk und Ingrid«* als idealisierte Vertreter eines vermeintlich einfachen Volkes.[9] Der FPÖ-Chefstratege Herbert Kickl spricht wiederum von den *»Normalos«*, deren Interessen seine Partei als einzige vertrete: *»das sind die Leut', für die es noch einen Unterschied zwischen Mann und Frau gibt, die finden, der Staatsbürger soll noch etwas zählen, für die der Begriff ›Pflicht‹ nichts Verwerfliches ist«.*[10]

Demagogen müssen deshalb sagen: Die ANDEREN können gar nicht für »das Volk« sprechen. Im Prinzip sind die ANDEREN Parteien *»Volksverräter«*. Die AfD spricht laut ihrem führenden Mitglied Björn Höcke als *»die Stimme des Volkes … gegen eine, und das muss ich ganz deutlich sagen, verrückt gewordene Allparteienpolitik«.*[11] Alle anderen Parteien werden in einen Topf geworfen. Der deutsche Außenminister Sigmar Gabriel (SPD) zum Beispiel ist für Höcke ein *»Volksverderber, anders kann ich ihn nicht nennen«.*[12] FPÖ-Chef Strache bezeichnete wiederum den früheren österreichischen Bundeskanzler Werner Faymann als *»Staatsfeind«.*[13] Schon Jahre zuvor hieß es in einem Wahlkampf-Comic der FPÖ zur EU-Wahl 2009: *»Dann arbeiten die angeblichen Volksvertreter, sprich: ›Politiker‹, ständig als Volksverräter gegen ihren Arbeitgeber.«*[14] Für den türkischen Präsidenten Erdoğan gehört, so scheint es, mittlerweile beinahe die Hälfte der Bevölkerung zu den *»Volksverrätern«* – jedenfalls alle, die ihn nicht wählen und unterstützen. Für US-Präsident Donald Trump sind kritische Medien und unabhängige Richter *»Feinde des Volkes«*. In der Schweiz hat die Schweizerische Volkspartei (SVP) weit vorausblickend bereits die Wahlen für 2019 unter das Motto *»Volksverächter oder Volksfreund«* gestellt.[15]

Welch Unsinn dies ist, wird spätestens klar, wenn man sich vor Augen führt, woraus denn »das Volk« bestehen soll. Hunderte Beispiele zeigen: Dieses Volk-Konstrukt rechter Demagogen besteht ausschließlich aus den Guten, den Wahren, den Fleißigen und Aufrechten. Und jeder und jede dieser Aufrichtigen und Guten ist auch noch Opfer der bösen ANDEREN: *»Wer in diesem Land vernunftbasierte Positionen vertritt, wird von der Politelite als ›Pack‹ beschimpft, von Medien als rechtsextrem eingeordnet und bekommt von der staatlich geförderten Antifa den privaten PKW angezündet«*, sagt der AfD-Politiker Armin-Paul Hampel.[16]

»Die Elite«: Die Macht-Truppe der ANDEREN

Kein erfundenes »Volk« ohne seine erfundenen Gegenspieler. In Wahlkämpfen ist das meist »die Elite«, wieder in der Einzahl. Für Demagogen gibt es keine verschiedenen Eliten, die vielleicht unterschiedliche Interessen verfolgen und gegeneinander agieren. Es gibt nur eine einzige Elite, die in ihrer Gesamtheit bösartig ist. Diese Elite hat sich gegen »das Volk« verschworen: *»Es ist ein politisches Kartell, das die Schalthebel der staatlichen Macht und die gesamte politische Bildung eisern im Griff hat. Nur das Volk kann diesen selbstherrlichen Gewaltinhabern die illegitime Macht wieder entreißen«*, steht zum Beispiel im Parteiprogramm der AfD.[17]

Im gespaltenen Bild der Gesellschaft steht auf der einen Seite das moralisch saubere, ehrliche und authentische »Volk«. Auf der anderen Seite – dort drüben, weit weg – steht die feindliche »Elite«, die *»Systemparteien«*: ein Haufen moralisch korrupter Lügner. Für die AfD ist das *»die politische Klasse«*, für die FPÖ die *»rot-grüne Kulturschickeria«* und *»die rot-grüne Medienschickeria*[18], für Matteo Salvini von der Lega Nord *»die autoritären EU-Eliten, denen keinerlei Autorität zusteht«*[19] und für den Schweizer SVP-Politiker Christoph Blocher die *»verfilzte classe politique«*[20]. Oder, wie der FPÖ-Politiker Norbert Hofer, immerhin Dritter Nationalratspräsident, im Bundespräsidentschaftswahlkampf 2016 zu seinem politischen Gegner sagte: *»Sie haben die Hautevolee hinter sich und ich die Menschen!«*[21] oder auch: *»Sie sind ein Kandidat der Schickeria. Ich bin ein Kandidat der Menschen, das ist der ganz, ganz große Unterschied.«*

Österreich ist für die FPÖ ein *»Parteienstaat, in dem gnadenlos die Interessen teilkorrumpierter Eliten regieren.«*[22] Für US-Präsident Trump ist das politische System der USA insgesamt korrupt und manipuliert.

Seine Konkurrentin Hillary Clinton bezeichnete Trump als eine *»reine Marionette«* von Großindustriellen und Elitemedien, diese würden die *»totale Kontrolle«* über sie ausüben.[23]

Der ungarische Ministerpräsident Viktor Orbán geht noch einen Schritt weiter. Ihm scheint das konstruierte Volk zu wenig. Also schafft er ein *»magyarisches Urvolk«* als reines, ursprüngliches Volk, das verteidigt werden muss.[24]

Die FPÖ bringt seit über 20 Jahren in vielen Wahlplakaten ihr Bild von WIR gegen DIE auf den Punkt: *»Heimat statt EU-Diktat«, »Sichere Pensionen statt Asyl-Millionen«, »Sozial statt Gierig & Brutal«, »Daham statt Islam«, »Volksvertreter statt EU-Verräter«* und so weiter. Das nächste Plakat können Sie sich schon selbst schreiben.

WIR und die ANDEREN machen die Politik einfach

Politik ist ein schwieriges Geschäft. Wer politisch erfolgreich sein will, muss den Überblick behalten, Kompromisse eingehen und widersprüchliche Interessen bündeln. Oder man macht es sich einfach und setzt auf die Populistenkarte. Dann kann man Widersprüche und Ambivalenzen einfach ignorieren. Demagogen können deshalb so leicht Simplizität und Klarheit predigen, wo andere Politiker sich in Erklärungen abmühen, weil ihre gesamte Politik nur auf dem einfachen Bild der zweigeteilten Gesellschaft beruht. Mit WIR und den ANDEREN gibt es nur Schwarz und Weiß, keine Grautöne.

Im Gegensatz zum tatsächlichen Leben: In einer immer undurchsichtigeren Welt kann man sich schon einmal wie im Dschungel vorkommen. Überall wuchern die seltsamsten Pflanzen in alle Richtungen. Neue Triebe drängen nach oben und alte sterben ab – ein Wirrwarr, das keiner durchschaut. So ein kunterbuntes Durcheinander kann Angst einjagen. Hinter jedem Baum könnte ein Raubtier lauern und uns verschlingen. Kein Wunder, dass man sich da fürchtet.

In so einem Dschungel wächst die Sehnsucht nach einem einfachen, überschaubaren Garten: ein paar Gemüsebeete, einige Blumen und Bäume und rundherum ein großer Zaun, der unser Reich schützt. Demagogen sind Meister darin, zuerst einen lebensbedrohlichen Dschungel herbeizureden und den Leuten im gleichen Atemzug als Erlösung den umzäunten Garten als Paradiesgarten zu verheißen.

Die einfache Kernbotschaft

Demagogen, die uns das Bild einer streng zweigeteilten Gesellschaft vorgaukeln, erfinden eine Welt, die von FEINDEN bevölkert ist. Denn die ANDEREN sind immer FEINDE, die UNS unterdrücken. Die ANDEREN verfügen über eine gewaltige Macht. Die ANDEREN sind übermächtig. SIE bedrohen UNS. Und WIR müssen Angst vor IHNEN haben. Deshalb bleibt UNS nur ein Ausweg: WIR müssen UNS gegen die ANDEREN wehren.

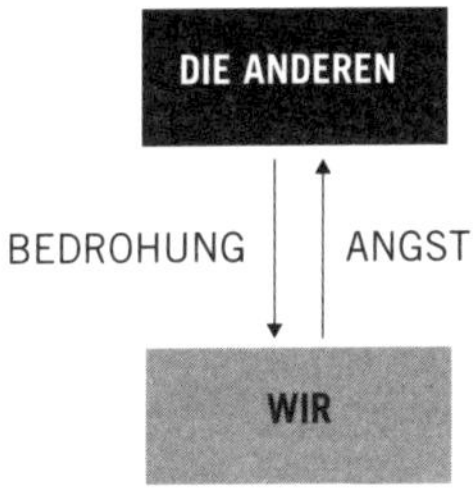

Dieses Schema beschreibt die Grunddynamik im demagogischen Bild der Gesellschaft. Es ist eine Welt voller Schrecken und damit die perfekte Vorlage für die Aktivierung von Ängsten – ideal für eine Bevölkerung, die von Ängsten geplagt ist, und ideal für Personen, die selbst in einer Welt voller Ängste leben. In diesem Schema reduziert sich die politische Propaganda auf eine Kernbotschaft.

Muster 2: Reduzieren Sie alles auf Ihre Kernbotschaft.

Jede Demagogin, jeder Demagoge braucht eine zentrale Botschaft. Diese muss drei Aussagen beinhalten:

- Die ANDEREN sind eine Gefahr für UNS. SIE bedrohen UNS.[25]
- WIR müssen UNS vor den ANDEREN fürchten.
- WIR haben daher das Recht, UNS gegen die ANDEREN zu wehren.

»Wir brauchen die Ängstlichen, um Mehrheiten zu bewegen«, sagte die Parteichefin der AfD, Frauke Petry.[26]

Die ANDEREN

»Die Elite« ist die Macht-Truppe der ANDEREN. Aber auch von anderen Gruppen gehen Angst und Bedrohung aus. Insgesamt umfassen die ANDEREN drei Gruppen:

- DIE DA OBEN,
- DIE DA DRAUSSEN und
- DIE DA UNTEN.[27]

Stets ist Folgendes zu beachten: Es handelt es sich in jedem Fall um eine gleichartige Gruppe von Menschen. Alle drei Gruppen formen zusammen wiederum eine einzige gleichartige Gruppe: Das sind die ANDEREN, die UNS in ihrer Gesamtheit bedrohen.

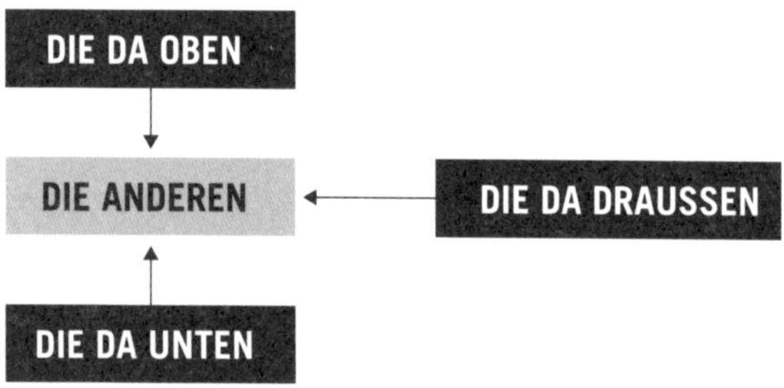

DIE DA OBEN

Das sind die Leute, denen Macht zugesprochen wird:

1. *die Politiker* schlechthin
2. *die Elite*
3. *die Altparteien*
4. *das System*
5. *die Schickeria*
6. die *»Raubritter-Regierung, die uns permanent aussackelt«*[28]
7. *die Medien, das Lügenkartell*

8. *die Diktatur der EU*
9. namentlich genannte Wissenschaftler, Literaten, Künstler, Journalisten, Richter oder Politiker: Der deutsche Finanzminister Wolfgang Schäuble gehört laut AfD ins »*Land Absurdistan*«.[29]

DIE DA DRAUSSEN

Dann gibt es natürlich noch die BÖSEN im Ausland, die UNS bedrohen. Denn ohne einen FEIND von außen geht bei Demagogen gar nichts.

Der AfD-Politiker Nicolaus Fest bezeichnete in einem Blogeintrag auf seiner Webseite »*Gruppen von arabischen, türkischen oder afrikanischen Jugendlichen*« als »*primitiv und bösartig*«. Fest schrieb, man müsse den Satz von Max Frisch, »*dem zufolge wir Gastarbeiter riefen, aber Menschen bekamen, vielleicht korrigieren: Wir riefen Gastarbeiter, bekamen aber Gesindel.*«[30]

Bei den von uns besprochenen Akteuren gilt folgende Besonderheit: DIE DA OBEN sind schuld, dass DIE DA DRAUSSEN (*die Asylanten, die Einwanderer in den Sozialstaat, die Wirtschaftsflüchtlinge, die Islamisten, …*) so zahlreich bei UNS sind und als DIE DA UNTEN von UNS finanziert werden.

Ein Beispiel: Der ungarische Ministerpräsident Orbán sah im Flüchtlingszustrom des Jahres 2015 eine »*orchestrierte Kampagne*« mit dem Ziel, die »*religiöse und kulturelle Landkarte zu verändern, seine ethnischen Grundlagen umzubauen und dadurch die Nationalstaaten zu vernichten, die das letzte Hindernis für die internationale Bewegung sind*«. Da sind »*verborgene, gesichtslose Mächte*« am Werk.[31] Auch der AfD-Politiker Höcke spricht im Zusammenhang mit der Einwanderung von Flüchtlingen vom »*wahrscheinlich größten Trojanischen Pferd*«, das die »*Deutschlandabschaffer*« ins Land gelassen hätten.[32] US-Präsident Donald Trump bringt in einem Tweet vom 5. August 2016 die Bedrohung durch »*die Elite*« auf den Punkt: »*Das Establishment und Spezialinteressen töten unser Land absolut. Wir müssen Amerika an die erste Stelle stellen.*«[33] Der türkische Staatspräsident Recep Tayyip Erdoğan sieht einen westlichen »*Kulturimperialismus*«, der die kulturellen Werte seines Landes gefährde. »*Ein Kulturverständnis ohne Moral führt uns höchstens in die Entartung*«, erklärte der türkische Präsident. »*Wenn man heute bei einer Person auf Istanbuls Straßen nicht mehr anhand der Körpersprache, der Kopfbedeckung, der Schuhe und der Kleidung erkennt, welcher Kultur sie angehört, dann bedeutet dies, dass wir uns im Würgegriff kultureller Dürre befinden.*«[34]

DIE DA UNTEN

Das sind sozial verachtenswerte Leute, die sich Rechte und Privilegien herausnehmen, die IHNEN nicht zustehen. Damit bedrohen sie UNS.

Es sind die sogenannten »*Sozialschmarotzer*«, ein Begriff, der ursprünglich von den Nationalsozialisten verwendet wurde. Schon 1987 meinte Jörg Haider im österreichischen Parlament: »*Viel zu viel Arbeitsunwillige und Sozialschmarotzer würden unterstützt, bzw. geschützt werden, während Arbeitswillige und Fleißige bestraft würden.*«[35] Später sprach FPÖ-Chef Strache vom »*Sozialschmarotzertum*«, das »*beseitigt*« gehöre.[36]

Oder es ist ein vermeintliches »*Negerkonglomerat*«, das die Europäische Union beherrsche, wie es 2014 der damalige EU-Abgeordnete Andreas Mölzer behauptete – ein Ausdruck, für den er sich später entschuldigte.[37] Oder die »*Erd- und Höhlenmenschen*«, wie der FPÖ-Abgeordnete Christian Höbart Asylbewerber in einem Facebook-Posting nannte. Im Wahlkampf in Österreichs zweitgrößter Stadt Graz zu Jahresbeginn 2017 sah die FPÖ sogar unsere eigenen Kinder von den ANDEREN bedroht. »*Fremd in der eigenen Schule*«, lautete einer der Slogans auf den FPÖ-Wahlplakaten, die zum Teil auch noch in der Nähe von Schulen angebracht wurden.[38]

Donald Trump hielt wiederum im Wahlkampf mit seiner Meinung über Mexikaner auch nicht hinter dem Berg: »*Sie bringen Drogen, sie bringen Kriminalität, sie sind Vergewaltiger.*«[39]

Demagogen als Sprachschöpfer

Ein erfundenes Gesellschaftsbild ist ein kunstvolles Produkt. Es funktioniert nur durch eine eigene Sprache. Demagogen sind äußerst kreative Sprachschöpfer. Sie bereichern die politische Diskussion mit Begriffen, die man vorher nicht kannte oder die nicht verwendet wurden. Vor allem aber gilt es, neue Begriffe für die ANDEREN zu erfinden.

FPÖ-Generalsekretär Herbert Kickl sagte als Redner beim rechtsextremen Kongress »*Verteidiger Europas*« in Linz am 29. Oktober 2016: Der »*frustrierte, dauerbetroffene linke Flügel*« im Parlament, »*wo es nur mehr mieselsüchtige Gestalten gibt*«, könne nicht die Zukunft Europas sein, ebenso wenig die »*Mainstreammedien*«, die »*mediale Stalinorgel*« und die »*Gesinnungs-Stasi*«.[40] Der »*Gesinnungsfaschismus*« habe den »*Kongress der ganz normalen Leute*« nicht verhindern können. Der unabhängige Präsidentschaftskandidat Alexander Van der Bellen? Der *»Last-Minute-Patriot«* sei der *»Kulminationspunkt politischer Heuchelei«*, aber als *»Tagespolitiker«* werde man eben *»ins Rechtfertigungseck verbannt«*.[41]

Muster 3: Erfinden Sie Kose- und Hassnamen für die ANDEREN.

Warum Sie das machen sollen? So können Sie sich wahlweise über Ihre Gegner lustig machen, sie ins Lächerliche ziehen, Minderheiten systematisch abwerten – und sollte sich jemand über dieses geschmacklose Spiel aufregen, können Sie sich aussuchen, was sie tun: entweder behaupten, Sie hätten das so nie gesagt, oder einfach den Störer als Spaßbremse oder PC-Keule diffamieren. Ganz nach dem Motto: War doch alles nur ein Scherz!

Eine kleine Auswahl, wie kreativ Demagogen die ANDEREN ins Rampenlicht stellen:

- *»asylpolitischer Amoklauf«* (Höcke über die Politik der deutschen Bundeskanzlerin Angela Merkel)[42]
- *»Ausgrenzung«* (die FPÖ über die Politik der anderen Parteien der FPÖ gegenüber; wurde zuerst von Haider und jetzt von Strache verwendet)[43]
- *»Autorassist«* (die AfD über Finanzminister Wolfgang Schäuble)[44]
- *»Brüsseler Bürokratiemonstrum«* (AfD)[45]
- *»Diebsgesindel«* (Haider über andere Politiker)
- die *»Gauner der Republik* [...] *die unter dem Deckmantel der Universität und Wissenschaft oder sonstiger Institutionen«* agieren (Haider)[46]
- *»Gehirnwäsche«* (AfD-Politiker Björn Höcke)[47]
- *»Gemischtwarenladen«* (die AfD über die anderen Parteien)[48]
- *»(selbst ernannte) Gesinnungspolizei«* (die AfD über die Grünen)[49]
- *»Gutmenschen«* (FPÖ und AfD)
- *»Harakiri-Politik«* (AfD-Spitzenkandidatin Alice Weidel über Angela Merkel)[50]
- *»Haftungsmasse«* (Weidel, gemeint ist Deutschland)[51]
- *»Kartellparteien«* (AfD)[52]
- *»Linksextreme Lumpen«* (André Poggenburg, AfD-Vorsitzender von Sachsen-Anhalt)[53]
- *»Perverser Exhibitionismus der staatssubventionierten Linken«* (FPÖ-Politiker Norbert Hofer zur Ausstellung über die Verbrechen der Wehrmacht)[54]

- *»Pinocchiopresse«* (AfD-Parteichefin Frauke Petry)[55]
- *»Terroristen mit der Feder«* (der türkische Präsident Erdoğan über die *»Journaille«*)[56]
- *»Versifftes links-rot-grünes 68er Deutschland«* (AfD)[57]
- *»Wolken-Kuckucksheim«* (AfD-Politiker Björn Höcke über den Innenminister Heiko Maas)[58]
- *»Willkommensklatscher«* (AfD-Politiker Andreas Galau)[59]
- *»Willkommens-Staatsstreich der Kanzlerin«* (Frauke Petry)[60]

In jedem Land erfinden Demagogen ihre eigenen Ausdrücke für die FEINDE. In Polen wird jeder Andersdenkende als *»Komuch«* bezeichnet, das bedeutet so etwas wie *»Kommunistenschwein«*; die heutige Regierung zu kritisieren, ist Ausdruck von *»Lewactwto«*, eine abfällige Bezeichnung für *»Linksradikalismus«*.[61]

WIR GUTEN und DIE BÖSEN

Im sozialen Dschungel ist nichts eindeutig. Alles geht durcheinander. Die Bevölkerung ist ein bunter Haufen. Menschen haben viele Eigenschaften und verhalten sich manchmal auf diese und manchmal auf jene Weise. Und manchmal empfinden wir unsere Mitmenschen als äußerst unberechenbar.

Demagogen beenden dieses Durcheinander und schaffen Ordnung. Wenn Sie Demagoge werden wollen: Ordnen Sie die Menschen in jeweils zwei Lager ein, mit einer eindeutigen Grenze. Glauben Sie an diese Einteilung mit voller Kraft und blenden Sie alle Gegenbefunde heroisch aus. Ihre Zuhörer sollen genau wissen, welche Art von Menschen die WIR und die ANDEREN sind und wer wohin gehört.

So können Sie ihrer eigenen Gruppe, den WIR, schmeicheln und dabei gleichzeitig die ANDEREN abwerten. Ihrer Kreativität können Sie dabei freien Lauf lassen, solange Sie sich an drei Punkte halten:

- Die WIR sind die GUTEN, die ANDEREN sind die BÖSEN.
- Die WIR sind die WAHREN und AUFRECHTEN, die ANDEREN sind die FALSCHEN und LÜGNER.
- Die WIR sind die OPFER, die ANDEREN sind die TÄTER.

Muster 4: Machen Sie die WIR schön und die ANDEREN hässlich.

Diese Einteilungen gilt es streng zu beachten. In Texten und Reden von Demagogen werden Sie dazu kaum eine Abweichung finden. Und immer gilt: Ja keine Zwischentöne. Jedes »Ja, aber« ist der große Feind der Demagogie.

- Versehen Sie die WIR ausschließlich mit positiven Eigenschaften. Sie sind »*brav*«, »*anständig*«, »*ehrlich*«, »*fleißig*«, »*arbeitsam*«, »*charaktervoll*«, »*authentisch*«. Ihre Gefühle sind »*wahr*« und ernst zu nehmen. Die Motive der WIR sind immer EDEL und GUT. Die WIR sind prinzipiell friedfertige Menschen. Nur wenn die ANDEREN sie provozieren, werden die WIR gewalttätig. Aber das kann man ja verstehen, schließlich sind nicht die WIR, sondern die ANDEREN daran schuld.
- Belegen Sie die ANDEREN ausschließlich mit negativen Merkmalen. Machen Sie ja keine Ausnahme! Die ANDEREN sind prinzipiell »*kriminell*«, »*faul*«, »*unmoralisch*«, »*gewissenlos*«, »*charakterlos*«. Ihre Gefühle sind »*falsch*« und lächerlich zu machen. Die Motive der ANDEREN sind immer SCHLECHT. Die ANDEREN sind prinzipiell aggressive Menschen. Wenn sie gewalttätig werden, dann ist das lediglich der augenscheinliche Beweis ihrer wahren Natur.

Sie glauben nicht, dass das alles so simpel ist? Hier einige Beispiele:

Haider sagte über die EU bereits im Jahr 2000: »*In Wirklichkeit ist diese ganze Vereinigung genauso unmoralisch und politisch dekadent wie das alte Rom.*«[62]

Strache meinte über die anderen Parteien in Österreich: »*Wenn's um die Lügen geht, dann ist man besser bei der SPÖ, bei der ÖVP und bei den Grünen aufgehoben, liebe Freunde. Wir sagen die Wahrheit, wir lassen uns den Mund nicht verbieten.*«[63]

Auch der AfD-Politiker Björn Höcke beherrscht das Spiel »Das Volk ist GUT, die Politik ist BÖSE«: »*Die Menschen haben Roman Herzog damals geglaubt, so wie viele Menschen sehr lange Angela Merkel geglaubt haben; beide haben sie unser gutmütiges Volk heimtückisch hinters Licht geführt.*«[64]

Der niederländische Politiker Geert Wilders meint überhaupt: »*Die Menschen haben das politisch Korrekte von den Eliten satt. Wir haben diejenigen satt, die ihnen eine schöne, heile Welt vorhalten, in der alle Kulturen moralisch gleichwertig sind.*«[65]

Besonders schwülstig formuliert es Front-National-Chefin Marine Le Pen. Nach dem Attentat auf einen Polizisten in Paris im April 2017 erklärte sie: *»Ich rufe zum Erwachen der tausendjährigen Seele unseres Volkes auf, die in der Lage ist, der blutigen Barbarei eine Entschlossenheit entgegenzustellen, die durch nichts eingeschüchtert wird.«*[66]

Der ungarische Ministerpräsident Orbán beschwor bei einer Denkmaleinweihung auch gleich den *»Blut- und Heimatboden«* Ungarns: *»Wir, die Magyaren des nationalen Zusammenhalts, müssten* […] *mit unserer Liebe, unserem Dienst und unserer Heiterkeit alles Böse und alle Zwietracht aus dem ungarischen Leben austreiben.«*[67]

Schlüsselbegriffe

Ein demagogisches Weltbild baut sich in der Regel nicht von heute auf morgen auf. So etwas braucht Jahre. Zuerst müssen die Demagogen systematisch neue Begriffe prägen und um sie herum Assoziationsketten aufbauen. Dazu sind viele hundert Wiederholungen notwendig – gerade wenn die Behauptung schon beim ersten Mal falsch war. Was oft genug wiederholt wird, setzt sich irgendwann als wahr in den Köpfen der Menschen fest. Ein guter Demagoge kann eine automatische und unbewusste Verbindung beim Zuhörer herstellen. Nennt er dann einen zentralen Begriff, aktiviert dieser im Kopf der Zuhörer wie von selbst ein ganzes Begriffsfeld. Sagt ein Demagoge zum Beispiel *»Elite«*, ruft das Gehirn der vorgeprägten Zuhörer auch gleich die Begriffe *»Korruption«*, *»Privilegien«*, *»arrogant«*, *»bestechlich«* … auf. Sagt er *»Medien«*, dann hören seine Fans *»Fake News«*, *»Lügenpresse«*, *»von oben verordnete Manipulation«*. Sagt er *»Linke«*, dann werden die Begriffe *»Gutmenschen«* oder *»Chaoten«* aktiviert. Sagt er *»Asylanten«*, dann hört die demagogengläubige Bevölkerung wie von selbst *»Wirtschaftsflüchtlinge«*, *»Einwanderer in den Sozialstaat«* oder gar *»Kriminelle«*, *»Vergewaltiger«* und *»Terroristen«*.[68]

Die ANDEREN besitzen keine Moral

Die moralische Einteilung von WIR und den ANDEREN steht im Zentrum der Demagogie. Geschickte Demagogen passen hier ungemein auf und gehen ganz exakt vor: Die ANDEREN dürfen nicht mit einer

Moral, die vielleicht unverständlich ist und nicht geteilt werden kann, sondern mit gar keiner Moral behaftet erscheinen. Demagogen müssen demnach so tun, als ob die ANDEREN völlig frei von moralischen Gefühlen seien.

Norbert Hofer hat dies im österreichischen Wahlkampf um das Amt des Bundespräsidenten 2016 in einer Anzeige auf den Punkt gebracht: *»Für einen EHRLICHEN und GLAUBWÜRDIGEN Bundespräsidenten*«*, heißt es da, und eine Zeile darunter in kleinerer Schrift in Kritik seines Konkurrenten *»*statt eines Bundespräsidenten, der verschleiern, vernebeln und die Unwahrheit sagen will, wenn es ihm nutzt«*.[69] In verschiedenen TV-Auseinandersetzungen sagte er zu seinem Konkurrenten: *»Mir ist es immer wichtig, ehrlich zu sein.« »Sie sind einfach nicht ehrlich! Sie sind nicht ehrlich!« »Ich gebe ehrliche Antworten, wenn ich gefragt werde.« »Damit will ich wieder aufzeigen, dass der Weg, den Sie gehen, kein geradliniger ist.«* Während andere Menschen Sonntagszeitungen aus den Verkaufskästen stehlen würden, *»werfe ich immer den Betrag ein, der höher ist«*, erzählte Hofer und konfrontierte seinen Gegner Van der Bellen mit einer Geschichte aus den 1980er-Jahren: *»Sie waren Mitglied bei der SPÖ und haben den Mitgliedsbeitrag nicht gezahlt. Das ist eine Schande.«*[70]

Muster 5: Gestehen Sie den ANDEREN nicht einen Funken Moral zu.

Gutmenschen

Ein passender Ausdruck für die Amoral der ANDEREN ist *»Gutmensch«*. Gutmenschen sind Menschen, die so tun, als ob sie über Moral verfügen würden. Sie argumentieren vordergründig moralisch – sie appellieren zum Beispiel an Werte wie Menschenrechte und an Menschenliebe. Als Demagoge durchschauen Sie diesen simplen Trick: DIE tun ja nur so. In Wirklichkeit besitzen sie gar keine Moral.[71] Im Gegenteil: DIE sind zu feige für einen eigenen Standpunkt. Sie folgen der *»verordneten Meinung«* und wollen UNS *»Aufrechten«* mit der Moralkeule niederschlagen: Tatsächlich handle es sich um *»Gesinnungsterroristen«* (AfD-Politiker Björn Höcke), die bereits eine *»Gutmenschendiktatur«* (SVP-Politiker Christoph Blocher)[72] errichtet haben. Ähnlich kennt man es seit bald zwei Jahrzehnten von der FPÖ. Da hieß es schon im Jahr 1999:

»Beim Volk sitzt die Gefahr, predigen diese Moral-Rassisten, die uns immer wieder erklären, wie gut sie selbst sind und wie böse all die anderen. Wer sich so aus der verbrecherischen Masse befreien will und sich als Mitglied einer moralischen Elite sieht, muss Angst vor den Freiheitlichen haben. Dieser staatlich subventionierte Zirkus der Gutmenschen wird sich eine neue finanzielle Basis schaffen müssen unter einer FPÖ-Regierung.«[73]

Die Waffe im Terror der amoralischen Gutmenschen ist die *»politische Korrektheit«*. Der frühere AfD-Politiker Bernd Lucke hat klar erkannt, *»dass hier die Pressefreiheit missbraucht wird, um Menschen den Mut zu nehmen, ihre eigene Meinung zu sagen«*.[74]

Björn Höcke, ebenfalls von der AfD, prägte dazu später ein anschauliches Bild: *»Die politische Korrektheit liegt wie Mehltau auf unserem Land. Die historische Mission der AfD besteht darin, der Meinungsfreiheit in diesem Land wieder zum Durchbruch zu verhelfen und die politische Korrektheit in die Schranken zu verweisen.«*[75]

Immer wenn die ANDEREN mit Moral kommen, kann man mit *»Gutmensch«* kontern: Die EU als Werte-Gemeinschaft? Das ist *»die Güte der Gutmenschen im Quadrat«* (Blocher).[76]

Vorbild Trump

Das große Vorbild der europäischen Demagogen ist heute Donald Trump. Er hat die *»politische Korrektheit«* in früher ungeahnte Schranken verwiesen. Trump folgt dem Prinzip, dass alles, was man denken kann, im öffentlichen Raum auch gesagt werden darf. Sei es noch so frauenfeindlich, wie sein Ausspruch über die Journalistin und *Huffington-Post*-Chefredakteurin Arianna Huffington: *»Sie ist unattraktiv – von außen und von innen. Ich verstehe vollkommen, warum ihr früherer Ehemann sie für einen Mann verlassen hat – er hat eine gute Entscheidung getroffen.«*[77] Oder über Rosie O'Donnell, eine in den USA sehr bekannte Moderatorin und Filmproduzentin: *»Rosie O'Donnell ist furchtbar – von innen und von außen. Wenn man sie anschaut, ist sie eine Gammlerin. Wie hat sie es überhaupt ins Fernsehen geschafft? Wenn ›The View‹ mir gehörte, würde ich Rosie feuern. Ich würde ihr direkt in ihr fettes, hässliches Gesicht schauen und sagen: ›Rosie, du bist gefeuert.‹ Wir sind alle ein bisschen pummelig, aber Rosie ist schlimmer als die meisten von uns. Aber es ist nicht ihre Pummeligkeit – Rosie ist eine sehr unattraktive Person – von innen und von außen.«*[78]

Oder sei es auch behindertenfeindlich, wie jene Szene, als Donald Trump sich auf einer Wahlkampfveranstaltung über einen Journalisten mit einer Behinderung lustig machte – und dann, nachdem sich öffentliche Empörung regte, sagte, der Journalist solle *»aufhören, seine Behinderung für Effekthascherei zu benutzen«*.[79]

Morallose ANDERE

Geert Wilders wiederum twitterte nach dem Anschlag eines Islamisten auf den Weihnachtsmarkt in Berlin eine Fotomontage, auf der die deutsche Kanzlerin Angela Merkel mit blutverschmierten Händen und blutbespritztem Gesicht zu sehen ist. Wilders schrieb dazu: *»Danke Angela und Mark* [gemeint ist der niederländische Konservativen-Chef Mark Rutter, Anm. der Autoren] *für das Hereinlassen der Terroristen«*,[80] als wäre es das Ziel dieser beiden konservativen Politiker gewesen, den Terror in Europa zu fördern.

Den ANDEREN jede Moral abzusprechen ist für eine demagogische Politik ungemein wichtig. Genau auf diese Art kann man den ANDEREN nach und nach immer mehr Rechte absprechen, die den WIR selbstverständlich zustehen. Im Endeffekt sind den ANDEREN auch die Menschenrechte abzusprechen. Die FPÖ kritisierte schon vor längerer Zeit ausdrücklich, dass *»niemand wegen seiner Weltanschauung, seines Alters, seines Geschlechtes, seiner Religion oder seiner sexuellen Orientierung in irgendeiner Form benachteiligt werden* [darf], *da ansonsten konkrete Schadenersatzansprüche entstehen. Solche Einschränkungen der Privatautonomie auf dem Altar eines weltfremden Gutmenschentums lehnen wir ab.«*[81]

Ein kurioses Detail: Die FPÖ Niederösterreich fordert aber auch eine *»freiwillige Gutmenschen-Abgabe«*, weil wegen der arbeitslosen Asylberechtigten der österreichische *»Sozialstaat vor dem Abgrund«* stehe. Sie solle von jenen dreißig Prozent der Bevölkerung geleistet werden, die die *»entbehrliche Gutmenschen-Schickeria«* ausmachen.[82]

Demagogie braucht Klarheit

Demagogie braucht Klarheit und Eindeutigkeit. Verwirren Sie Ihre Gefolgsleute nicht durch unklare Zuordnungen.

Muster 6: Ja keine Grautöne!

Vermischen Sie niemals:

- die Zuordnungen (die WIR, die ANDEREN),
- die Begriffe (wie »*Systemparteien*«, »*Sozialschmarotzer*«) und
- die Eigenschaften (wie »*anständig*« und »*Gauner*«).

Vermeiden Sie jede positive Aussage über die ANDEREN. Loben Sie keinen von den ANDEREN. Zeigen Sie keinen Respekt vor IHNEN. Missachten Sie die Würde DIESER Menschen. Ignorieren Sie DEREN Motive. Alles andere verwirrt Ihre Anhänger nur.

Vermeiden Sie jede negative Aussage über die WIR. Hinterfragen sie niemals DEREN Absichten, Handlungen, Taten. Kritisieren Sie niemals IHRE Motive und Wünsche. Merken Sie sich einfach: Sie und Ihre WIR sind immer nur GUT.

Das bedeutet auch: Um die ANDEREN in ihrer Gesamtheit BÖSE zu machen, darf man sich nicht auf Statistiken, sondern muss sich auf Einzelfälle konzentrieren. Die findet man immer. Wenn ein Mexikaner eine Vergewaltigung begangen hat, dann muss das genügen, um alle Mexikaner als Vergewaltiger zu beschimpfen (Trump). Mehrere korrupte Politiker (natürlich nur von Parteien der ANDEREN) berechtigen, alle Politiker (natürlich nur von Parteien der ANDEREN) als korrupt zu bezeichnen – das machen alle Demagogen. Und ein einziger Flüchtling, der ein Terrorattentat begangen hat, macht alle Geflüchteten zu Terroristen. So forderte Front-National-Chefin Le Pen nach dem Attentat auf einen französischen Polizisten im April 2017 »*unter anderem die Ausweisung aller als islamische Radikale eingestuften Ausländer und die Verhaftung aller Franzosen unter demselben Verdacht*«.[83]

In Deutschland schrieb AfD-Chefin Frauke Petry nach islamistischen Attentaten auf Facebook: »*Würzburg, Reutlingen, Ansbach … Ist Ihnen Deutschland nun bunt genug, Frau Merkel?*«[84] und suggerierte damit, jeder nach Deutschland geflüchtete Muslim sei ein potentieller Terrorist.

In einem AfD-Positionspapier, welches vom Nachrichtenmagazin *Der Spiegel* veröffentlicht wurde, ist zu lesen: »*Bereits ein einziger Migrant mit Terrorpotenzial aus 100 000 Asylbewerbern reicht aus, um vielen Menschen in Deutschland Schaden zuzufügen.* […] *Die Anschläge von*

Paris stehen aller Wahrscheinlichkeit nach in direktem Zusammenhang mit der verantwortungslosen Chaos-Asylpolitik der Europäischen Union und Berlins.«[85]

Auch Donald Trump nützt die terroristischen Verbrechen für seine Propaganda – hat allerdings ein Problem mit der Geografie. Der US-Präsident twitterte nach dem Attentat auf einen Polizisten in Paris: »*Ein Mann wurde in einer Pariser Polizeiwache erschossen. Gerade wurde bekanntgegeben, dass die Terrorwarnstufe auf dem höchsten Level ist. Deutschland ist ein totales Chaos – viele Verbrechen. Werdet klug daraus!*«[86]

Es spielt auch keine Rolle, wie zahlreich die Problemfälle wirklich sind: Wie viel Prozent aus einer Gruppe waren das wirklich? Ein Teil (in der Abbildung als B bezeichnet) wird für das Ganze genommen: Alle ANDEREN sind so. Und der Einzelfall ist der Beweis.[87]

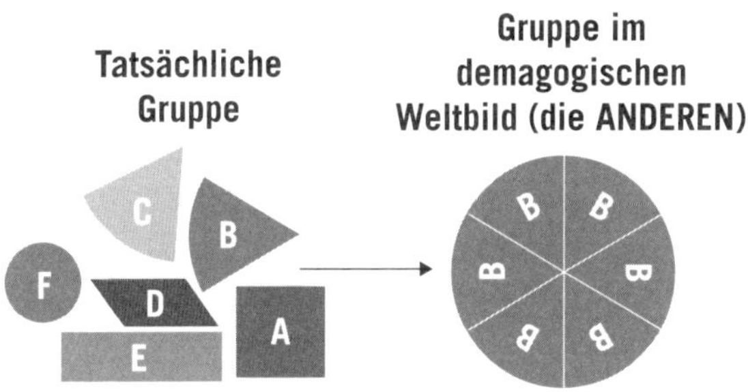

Attentate von Personen hingegen, die vermutlich »dem Volk« angehören, interessieren nicht. So erwähnte etwa der norwegische Rechtsextremist Anders Breivik in seinen Pamphleten die FPÖ positiv. Im Jahr 2011 hatte Brevik 77 Menschen, zum Großteil Jugendaktivisten der sozialdemokratischen Arbeiterpartei, ermordet. Der rechtsextreme Terrorist verlinkte in seinem Pamphlet auch zweimal auf eine rechtsextreme Islamkritikerin, die für das FPÖ-Bildungsinstitut tätig war. »*Primitiv und letztklassig*« sei es, wenn man »*das Oslo-Massaker mit Österreichs Politik in Verbindung bringe*«, zitiert die österreichische Tageszeitung *Kurier* den FPÖ-Chef. »*Strache wehrt sich gegen ›voreilige Vereinnahmung‹ politischer Strömungen.*«[88]

Starres Schema, flexible Anwendung

Im unüberschaubaren Dschungel kann es jederzeit zu Veränderungen kommen. Alles unterliegt dem Wandel. Pflanzen blühen und verdorren, ein Unwetter zieht vorbei. Die Sonne bricht hervor oder es tritt unerwartet eine Dürre auf.

Ein Weltbild mit erfundenen Gruppen kann nur überleben, wenn die WIR und die ANDEREN immer neu festgelegt werden. Immer wieder muss die Grenze zwischen den WIR und den ANDEREN neu gezogen werden. Die FREUNDE von heute sind die FEINDE von morgen. Wer heute bei den WIR ist, kann schon morgen zu den ANDEREN gezählt werden (jeder der WIR muss da vorsichtig sein), und die ANDEREN von gestern sind heute UNSERE Verbündeten, dann zählen wir sie zu den WIR. Taktische Anpassungen sind andauernd nötig: Vielleicht gilt es, eine neue Zielgruppe zu umwerben oder ein überraschendes Manöver durchzuführen, das die ANDEREN verwirren soll. Nur eines bleibt fix: Egal, wer sie gerade sind, die WIR sind immer die GUTEN.

Muster 7: Bleiben Sie in Ihrem starren Schema flexibel.

Erfolgreiche Demagogie verlangt von Demagogen ein hohes taktisches Geschick. Permanent müssen sie die Grenze zwischen den WIR und den ANDEREN neu ziehen. Immer ist die Welt eine zweigeteilte mit einer klaren Trennungslinie. Die Grenzlinie von gestern interessiert heute nicht mehr.

So viel Anpassung funktioniert nur mit einer autoritären Instanz. Wer beginnt, ernsthaft darüber zu diskutieren, wo eine neue Trennungslinie zwischen den WIR und den ANDEREN gezogen wird, hat schon verloren. Eine scheinbar klare Barriere wird durch Diskussionen nur in Frage gestellt. Das klare einfache Weltbild verlangt eine klare, einfache Grenze. Demagogen diskutieren nicht, sie agieren. Sie verordnen die Abgrenzung einfach ganz dogmatisch.

Ein Beispiel in Sachen dogmatischer Grenzziehung: Die FPÖ tritt gerne als Kämpferin für das Selbstbestimmungsrecht der Südtiroler auf. Gleichzeitig war sie aber vehement dagegen, dass der Kosovo als eigener Staat anerkannt wurde. Die Volksgruppe der Südtiroler soll also über ihr eigenes Schicksal entscheiden dürfen, die Volksgruppe der Kosovo-Albaner hingegen nicht. Logisch? Nur in der Welt der Demagogen: Die Südtiroler sind nämlich für die FPÖ Teil der (deutschsprachigen) WIR. Aber die Serben hat die FPÖ auch als WIR entdeckt: Sie sind Christen und als eingebürgerte ehemalige Gastarbeiter potentielle Wähler. Viele Serben möchten aber keinen eigenen Staat Kosovo. Also sind die Kosovo-Albaner Teil der ANDEREN. Und schon gilt für sie nicht, was für die Südtiroler gilt.

SUPER-WIR

Ein demagogisches Weltbild besteht nicht nur aus den WIR und den ANDEREN, sondern braucht noch einen Superstar. Dieser Messias, Führer oder Held der demagogischen Bewegung kann auch eine Frau sein. Im zweigeteilten Weltbild ist eine Erfindung versteckt, die von großer Bedeutung ist. Sie ist der springende Punkt für den tonangebenden Demagogen. Sie treibt ihn an und verleiht ihm Kraft. Es ist die Rolle, die er sich selbst zuspricht: die Rolle des SUPER-WIR.

Muster 8: Werden Sie zum Superstar.

Das Wunschbild vom SUPER-WIR folgt aus dem Trugbild der WIR. »Das Volk«, das nur einen einzigen Willen besitzt, braucht eine einzige Stimme, die diesen Willen zum Ausdruck bringt: eben das SUPER-WIR. Die guten Eigenschaften »des Volkes« werden dabei auf eine erfundene Person übertragen, die natürlich noch besser ist, nämlich SUPER-GUT. Wahre Demagogen schreiben sich diese Rolle selber zu. Und fühlen sich dann selbst ein bisschen wie ein Rockstar.

Volk, Volkswille, Volksverführung und Führer des Volkes bilden eine Einheit. Der führende Demagoge steht außer- und überhalb aller Menschen. Dieser Person kommen besondere und überragende Eigenschaften zu. Genau deshalb soll ihr überragende Macht anvertraut werden. SUPER-WIR verkörpert die Hoffnung der WIR, ihre Sehnsucht nach Befreiung, ihren Wunsch nach GUT-Sein, ihren Hass auf die ANDEREN, ihre Hoffnung auf den Sieg. SUPER-WIR ist der Rebell, der Held, der Oberkämpfer, der Befreier, der Messias. SUPER-WIR ist die Verkörperung einer Sehnsucht nach Erlösung.

Donald Trump ist so ein SUPER-WIR. Zwar nicht ganz gottgleich, aber durchaus mit einem direkten Draht nach oben. Zumindest verspricht der US-Präsident: *»Ich werde der größte Arbeitsplätze-Präsident sein, den Gott je erschaffen hat.«*[89]

SUPER-WIR ist die Personifikation der Gefühle der WIR. SUPER-WIR ist ein Schauspieler, der dem Publikum zwei Arten von Gefühlen vorspielt: Ohnmacht und Größenwahn. SUPER-WIR ist der Gefühlsmanager der Gefolgschaft. Es aktiviert die Ängste und Bedrohungsgefühle des »*vergessenen Mannes*« und zugleich seine Hoffnung und Größenphantasien. SUPER-WIR spielt andauernd diese beiden Rollen. Kleinheit und Größe sind seltsam vermischt.[90]

In der Bedrohungsrolle ist SUPER-WIR ein Opfer, das unter den Attacken der ANDEREN leidet. In der Größenrolle ist SUPER-WIR der bejubelte Held, der DENEN DA OBEN, den Chefs, den Vorgesetzten, den Lehrern, den Machthabern, endlich einmal die Meinung sagt.[91] SUPER-WIR handelt stellvertretend für die »*vergessenen Leute*«. Er leidet wie sie und bäumt sich gegen ihr Unglück auf. Er macht das, was der »*kleine Mann*« nicht tut: gegen Ungerechtigkeiten aufstehen, auf den Tisch hauen und reinen Tisch machen. SUPER-WIR ist ein stellvertretender Rebell, das Idol ängstlicher Menschen.

SUPER-WIR ist SUPER-GUT

SUPER-WIR ist natürlich eine Kunstfigur. Kein Mensch kann immer nur gut sein. SUPER-WIR ist ein Propagandaprodukt, ein Marketinggag. Es vereinigt und bündelt alle Eigenschaften, die den fiktiven WIR zugeschrieben werden. SUPER-WIR ist ein Exzess von GUTHEIT. SUPER-WIR ist SUPER-GUT.

Muster 9: Machen Sie SUPER-WIR super-schön.

Nur keine falsche Bescheidenheit: Schreiben Sie sich die besten Eigenschaften zu, die Sie sich nur ausdenken können. Als SUPER-WIR steht es Ihnen zu, sich mit dem Übermenschlichen in Kontakt zu bringen. Verwenden Sie in Ihrer Wahlwerbung religiöse Symbole! Machen Sie sich selbst zum Gott – oder wenigstens zu dessen Stellvertreter auf Erden.

Donald Trump hilft dabei sogar eine eigene religiöse Beraterin. Paula White, Pastorin mit eigener TV-Show, betet nicht nur mit Trump, sondern durfte bei dessen Amtseinführung die Anrufung Gottes sprechen. Über ihren religiösen Schützling sagt White: »*Donald Trumps ökonomischer Erfolg ist der beste Beweis dafür, dass Gott ihn segnet.*«[92]

Auch der FPÖ-Bundespräsidentschaftskandidat Norbert Hofer betonte seine Nähe zum Allmächtigen, indem er auf seine Wahlplakate »*So wahr mir Gott helfe*« schreiben ließ.

Und die Front-National-Chefin Marine Le Pen twitterte zur US-Präsidentschaftswahl: »*Si j'étais américain, je voterais Donald TRUMP … Mais que Dieu le protège!*, übersetzt: *Wäre ich Amerikanerin, würde ich Donald Trump wählen … Aber möge Gott ihn schützen!*« Ein »*Gott segne Sie*«, bekam Trump auch von der AfD-Vorsitzenden Frauke Petry über den Atlantik getwittert.

FPÖ-Chef Strache präsentierte sich auf einer Wahlveranstaltung mit einem Holzkreuz in der Hand, das er in Richtung seiner Gefolgschaft hielt. Der ungarische Präsident Viktor Orbán ließ sogar die mittelalterliche Krone des heiligen Stephan, der die Ungarn christianisierte, vom Museum ins Parlament holen. Dank Orbán droht seitdem auch auf »*Beleidigung der Heiligen Krone*«, etwa durch Witze oder Karikaturen, bis zu ein Jahr Haft.[93]

In Polen halfen Abgeordnete von Jarosław Kaczyńskis Partei »*Recht und Gerechtigkeit*« (PiS) mit, eine »*Blutreliquie*« des früheren, aus Polen stammenden Papstes Johannes Paul II. in das polnische Parlament zu holen. Wer so nahe an Gott ist, so lautet die subkutane Botschaft, der kann nur allmächtig und fehlerlos sein.

Super-Hero

Seien Sie nicht schüchtern, präsentieren Sie sich als Superman, als Held mit einem Image von Fitness und Unzerstörbarkeit – im Gegensatz zu den ANDEREN Politikern.

So inszenierte sich etwa FPÖ-Parteichef Heinz-Christian Strache im EU-Wahlkampf 2009 in einem speziell an junge Wählerinnen und Wähler gerichteten Polit-Comic als »*HC Man*«: ein muskelbepackter Schönling, der gegen die als Schweine dargestellte finstere, korrupte »*Zentralmacht*« EU kämpft. Und der sich nebenbei eine sehr freizügig bekleidete, großbusige Elfe angelt. Der Comic-Held sagt in einer der Sprechblasen zu einem Buben: »*Wannst dem Mustafa ane aufbrennst, kriagst a Hasse spendiert*«, auf Hochdeutsch: »*Wenn Du dem Mustafa einen kräftigen Schlag versetzt, bekommst Du eine Burenwurst* (auf Wienerisch a Hasse) *spendiert.*« Woraufhin der Bub seine Steinschleuder auspackt und gleich darauf ruft: »*Lei-*

wand, voll auf's Nudelaug!«, zu Deutsch: *»Toll, voll auf den Dummkopf«*.

Das Comic wurde vom FPÖ-Bildungsinstitut herausgegeben und mit Steuergeldern bezahlt. Trotzdem ist auf den ersten Seiten zu lesen: *»Das vorliegende Heft ist keine Parteiwerbung. Keine EU-Propagandaschrift. Und auch keine öde Belehrung über die Europäische Union. Also keine ausgemachte Brüsselei! Worum geht es dann? Um politische Bildung und Info, die nicht langweilig ist. Um mehr Sichtweisen, mehr Standpunkte, mehr Alternativen. Darum, wie die FPÖ die EU sieht. Und darum, dass es wichtig ist, zur EU-Wahl zu gehen! Und wenn Du beim Lesen Deinen Spaß hast, umso besser!«*[94]

Zuvor hatte sich Strache bereits als Rebell inszeniert, als *»Ha-Che«*: die rechte Antipode des linken Freiheitskämpfers und Revolutionärs Ernesto »Che« Guevara. In einem eigenen Wahlkampfsong sang Strache schon ein Jahr zuvor *»HC! Viva HC! Wir wollen HC! Adios Che, Sozialrebell, mit Herz und Schmäh! HC! Viva HC! Wir wollen HC! Adios Che, Yes we can, for a change today!«* und übernahm für seinen Jugend-Wahlkampfsong sogar den Slogan *»Yes we can«* des damaligen US-Präsidenten Barack Obama.

Wie sehr derartige Inszenierungen funktionieren, zeigt das Beispiel Schweiz. Dort stürmte der durchaus ironisch angelegte Wahlkampfsong der Schweizerischen Volkspartei *»Welcome to SVP«* mit Altparteichef Christoph Blocher sogar die Hitparade. Der alte Volksverführer Blocher verdrängte sogar den jugendlichen Teenieschwarm Justin Bieber.[95]

Muster 10: Jesus war gestern. Jetzt rettet uns SUPER-WIR.

Die Wirkung von Demagogen beruht vor allem auf einem sorgsam gepflegten Image. Die Anhänger sehen in ihnen dann keinen realen Menschen aus Fleisch und Blut, mit Fehlern und Schwächen. Ihre Bewunderer kennen IHN gar nicht. Was sie sehen, ist ein Idol, eine Kunstfigur, ein Popstar, ein Mensch, den es nicht gibt: das SUPER-WIR.

Auch FPÖ-Chef Strache sagte, als er 2005 die FPÖ übernahm und in den Wien-Wahlkampf zog, man brauche nun einen *»Retter«* und er werde *»der Retter Wiens«* sein.[96]

SUPER-WIR steht außerhalb

SUPER-WIR steht jenseits der Welt der WIR und der ANDEREN. Es nimmt eine Außenposition ein. Das SUPER-WIR ist kein Teil des politischen Systems, weil es über das System richtet. Es hat besondere Fähigkeiten. Es kann sich direkt mit dem einen Willen »des Volkes« verbinden und erkennt den Kampf zwischen den WIR und den ANDEREN in voller Schärfe. Es erklärt UNS, wer gerade zu den WIR und wer zu den ANDEREN gehört. Das SUPER-WIR scheidet die Schafe von den Böcken.

Muster 11: Machen Sie SUPER-WIR zum Überirdischen.

Bis heute sprechen selbst die Gegner des 2008 tödlich verunglückten Jörg Haider von dessen Ausnahmetalent, von Haiders unglaublichen Fähigkeiten als Politiker. Und erst recht seine Fans, die seinen Tod betrauerten, als sei ein Rockstar ums Leben gekommen. Natürlich hatte Haider seine Fähigkeiten. Aber vor allem hat er sein SUPER-WIR perfekt inszeniert – sodass nicht nur seine Fans, sondern auch seine Gegner darauf hineinfielen. [97]

So lauten die wesentlichen Regeln dieses Schauspiels: SUPER-WIR ist nicht von dieser Welt. SUPER-WIR ist allen Menschen, den WIR und den ANDEREN, entrückt. Als jemand, der außerhalb steht, ist es auch frei, sich seine eigenen Spielregeln zu geben. Seine Meinungen, egal in welcher Form es sie vorbringt, sind immer SUPER-GUT. Andere Meinungen sind SUPER-BÖSE, sie sind *»Fake News«*[98], *»antidemokratischer Gesinnungs- und Meinungsterror«*,[99] *»Gehirnwäsche«*[100] und befördern eine *»politischen Hexenjagd«*.[101]

Man sieht also: Übliche Umgangsformen gelten für ein SUPER-WIR nicht.

SUPER-WIR ist unfehlbar

Weil dieses SUPER-WIR alles andere als real ist, muss es sich auch nicht an die Wirklichkeit halten. SUPER-WIR ist das einzige Wesen, das immer und jederzeit GUT ist, einfach ein Superheld, eine Kombination aus Robin Hood und Batman. Aber nur das SUPER-ICH ist so supertoll. Jede andere Person muss auf der Hut sein: Sie kann jederzeit vom WIR zum FEIND, zum ANDEREN, werden – und auch andersherum.

Muster 12: Geben Sie niemals einen Fehler zu.

Die Unfehlbarkeit hat zumeist mit der Herkunft und dem früheren Leben zu tun. Für Trump ist zentral, darzustellen, dass er als Unternehmer unfehlbar war. Und dass er nun auch die Vereinigten Staaten wie ein Super-Unternehmen führt. Bei Marine Le Pen geht es um Unfehlbarkeit in ihrer bisherigen Rolle als Politikerin. FPÖ-Chef Heinz-Christian Strache achtet stets darauf, dass seine heutige FPÖ selbstredend nichts mit den Machenschaften von Haider zu tun hat, die zum Desaster der Hypo Alpe Adria mit Milliardenverlusten für die österreichischen Steuerzahler geführt haben. Und trotz seiner vielfach nachgewiesenen engen Kontakte in die Neonaziszene während seiner Jugend- und frühen Erwachsenenjahre,[102] gab Strache 2007 extra eine Grundsatzerklärung ab, in der er betonte: *»Ich war nie ein Neonazi und ich werde nie einer sein.«*[103]

Super-Held, Super-Opfer

Das SUPER-WIR wird von den bösen ANDEREN andauernd schlecht behandelt.

Washington, Mai 2017, Trump über den Umgang der Medien mit ihm: *»Kein Politiker in der Geschichte ist schlechter und unfairer behandelt worden.«*[104]

Wien, Februar 2012. Die FPÖ-Prominenz trifft sich auf dem Ball der deutschnationalen Burschenschaften, auch rechtsextreme Prominenz aus dem Ausland ist angereist. Der rechte Polit-Ball steht schon seit längerem unter medialer Kritik, vor der Tür wird gegen diesen Burschenschaftsball demonstriert. *»Das war wie die Reichskristallnacht«,* empört sich Heinz-Christian Strache zu späterer Stunde, aber wen wundert das schon, *»wir sind die neuen Juden«.* Brandanschläge habe es gegeben auf die Burschenschafterbuden, erzählt er vor seiner Loge mehreren Ballgästen, ohne dabei zu wissen, dass ein Journalist in der Nähe ist. *»Wer für diesen Ball arbeitet, der bekommt gleich den Judenstern aufgedrückt«,* sekundierte Klaus Nittmann, Geschäftsführer des freiheitlichen Bildungsinstituts.

So berichtete die österreichische Tageszeitung *Der Standard* am Tag nach dem Ball.[105] Rechtsextreme, die in der Wiener Hofburg, dem Zentrum der Republik, tanzen, als neue Juden – sich noch unverschämter zum Opfer stilisieren, das geht eigentlich kaum mehr.

Aber auch die AfD, die deutsche Schwesterpartei der FPÖ, ist in dieser Kunst durchaus talentiert: »*Man fühlt sich in Deutschland immer stärker in längst vergangene Zeiten zurückversetzt, in denen bei Ermangelung sachlicher Argumente und politischer Angebote den politischen Gegner der öffentliche Pranger, Existenzbedrohung und Verfolgung erwarteten. Wir werden einem Rückfall in diese alten Zeiten nicht tatenlos zusehen sondern die Verantwortung vor unserer Geschichte politisch wahrnehmen und umsetzen*«, erklärte AfD-Bundesvorstandsmitglied André Poggenburg.[106]

Muster 13: Wechseln Sie blitzschnell in die Opferrolle.

Die Opferrolle ist auch immer dann angebracht, wenn das SUPER-WIR unter Verdacht gerät, gesetzliche Möglichkeiten zu seinem oder ihrem Vorteil ausgenützt zu haben – wie der Vorwurf an Marine Le Pen, unerlaubt Parteimitglieder im EU-Parlament beschäftigt zu haben. Dies kann nur eine »*Lüge*« sein, reagierte Le Pen. Als der französische TV-Reporter Paul Larrouturou Le Pen bei einem offiziellen Termin mit zahlreichen weiteren Journalisten fragt, was sie dazu sagt, dass das EU-Parlament ihre Bezüge halbierte, weil sie sich weigert, zu Unrecht erhaltene Personalgebühren zurückzuzahlen, werfen die Sicherheitsleute den Journalisten im Auftrag von Front-National-Vertretern brutal aus dem Saal. Und das, obwohl Larrouturou ordnungsgemäß für die Veranstaltung akkreditiert war.[107]

Strache brachte die Logik der Angriffe auf das SUPER-WIR auf einem seiner Wahlplakate auf den Punkt: »*Sie sind gegen IHN* [gemeint ist er selbst], *Weil ER für EUCH ist.*« Das SUPER-WIR zu kritisieren, bedeutet also, gemein zum WIR zu sein. Wir verstehen: Wenn SUPER-WIR gesetzliche Möglichkeiten ausnützt, so kann das nicht BÖSE sein, weil nur die ANDEREN BÖSE sind – Le Pen nennt sie auch »*tous pourris*« (»*alle verfault*«).[108]

Umgekehrt gilt nach dieser Logik: Dass die ANDEREN BÖSE sind, erkennt man daran, dass sie privilegiert sind und gesetzliche Möglichkeiten ausnützen. Wenn SUPER-WIR dies tut, ist dies nicht BÖSE, weil SUPER-WIR nie Teil von den ANDEREN war und niemals sein wird. SUPER-WIR steht immer außerhalb der Norm. SUPER-WIR kann nicht BÖSE sein, weil es selbst (und niemand anderer) darüber entscheidet, wer zu den WIR und wer zu den ANDEREN gehört.

Das gespaltene Weltbild von Demagogen beinhaltet demnach einen Freispruch für alles, was sie tun. Genau das macht sie so gefährlich.

Sündenböcke braucht das Land

Das SUPER-WIR hat eine wichtige Aufgabe. Es muss Ängste ansprechen und Schuldige nennen. Weil das SUPER-WIR an ein erfundenes Bild von der Welt glaubt, kann es nicht von (komplexen) ursächlichen Faktoren, sondern nur von konkreten persönlichen Schuldigen sprechen. SUPER-WIR ist ein politischer Alchemist. Es verwandelt Sachprobleme in Personenprobleme. SUPER-WIR ist der große Schuldzuschreiber der Nation. Denn jedes Problem muss im gespaltenen Bild von der Gesellschaft auf der persönlichen Schuld der ANDEREN beruhen. Ist ja auch viel angenehmer, zu erfahren, wer am eigenen Elend Schuld trägt. Deshalb müssen Sündenböcke her – eine uralte und vielfach bewährte Denkfigur, die immer noch blendend funktioniert.

Muster 14: Erfinden Sie Sündenböcke.

Sündenböcke sind eine wunderbare Sache. Mit ihnen lässt sich jedes Problem erklären:

- Warum gibt es eine Budgetkrise? Weil es zu viele Sozialschmarotzer gibt. Weil die anderen Parteien den Staat ruiniert haben. Weil die Flüchtlinge zu viele Kosten verursachen.
- Warum gibt es so viele Gewaltverbrechen? Weil es zu viele Ausländer gibt. Weil die Politiker zu ausländerfreundlich sind. Weil die Gutmenschen der Polizei zu wenig Macht geben.
- Warum wird unser SUPER-WIR so angefeindet? Weil SUPER-WIR so super-mutig unsere Interessen vertritt. Weil DIE DA OBEN Angst um ihre Privilegien haben.
- Warum gibt es islamistischen Terror in Europa? Weil die EU und die Regierung der ANDEREN UNSER Land destabilisieren wollen. Weil die Moslems ausnahmslos zu den ANDEREN zählen und UNS den Krieg erklärt haben. Und wenn es nicht die Moslems waren, dann die USA oder die jüdische Weltverschwörung oder die Radfahrer (da muss man als SUPER-WIR super-flexibel sein).

Grundschema

- Nehmen Sie irgendein politisches Problem. Formen Sie das Problem in eine Warum-Frage um. Geben Sie darauf eine Antwort: Die Ursache sind die ANDEREN. Nennen Sie namentlich Personen, die Schuld haben.
- Üben Sie, komplexe soziale Probleme in Schuldzuweisungen an ANDERE zu übersetzen. Akzeptieren Sie keine anderen Erklärungen. So denken nur die ANDEREN. Widersprechende Informationen brauchen nicht zur Kenntnis genommen werden. Sie sind »*Fake News*«.

Nach dem Terroranschlag in Brüssel vom 22. März 2016 schreibt die AfD-Politikerin Beatrix von Storch: »*Der Anschlag galt uns allen. Unsere Art zu leben, unsere Kultur soll getroffen und zerstört werden. Wir erinnern uns: Wir haben eine eigene Kultur, eine die Deutsche mit Deutschen und Europäer mit Europäern verbindet. Sie ist verschüttet gegangen unter all dem Multi-Kulti-Gequatsche. Und jeder einzelne, der heute starb, der starb, weil es Menschen gibt, die diese unsere Kultur sterben sehen wollen.*«

»Ausländer«: Die idealen Sündenböcke

»*Ausländer*« sind ideale Sündenböcke.[109] Sie kombinieren in geeigneter Weise alle drei Gruppen der ANDEREN:

- Sie kommen von AUSSEN.
- Sie werden von DENEN DA OBEN ins Land gelassen, weil DIE UNS »*umvolken*« wollen.
- Sie gehören zu den »*Sozialschmarotzern*« DA UNTEN, weil sie als Arbeitslose oder Sozialempfänger die Staatskasse belasten.

Auf diese Weise wird der Staat planmäßig zerstört: »*Da echte Fachleute, sofern ihnen Redefreiheit zugestanden wird, zugeben, dass die elementarsten Bildungsvoraussetzungen für die breite Mehrheit der Migranten keinerlei Chancen eröffnen für den Arbeitsmarkt eines Hochtechnologielandes, wird eine Armee von Transferleistungsbeziehern entstehen, deren Kosten in die Billionen gehen werden,*« sagte die AfD.[110]

»*Ausländer*« sind die perfekten ANDEREN. Sie sind vollkommen SUPER-BÖSE. Haider wusste schon Anfang der 1990er-Jahre:[111] »*zu uns kommt der ganze Abschaum, die z'Haus nicht arbeiten wollen, die kommen zu uns und wollen hier auf unsere Kosten gut leben.«*[112]

Der FPÖ-Politiker Christian Höbart, Abgeordneter im österreichischen Parlament, formuliert heute ähnlich drastisch: *»Irgendwelche kulturfernen und ungebildeten Höhlenmenschen und Ziegenhirten (zugespitzt formuliert, aber Ihr wisst, was und wen ich damit meine!) plündern in Wahrheit unsere sozialen Sicherheitssysteme«*, erklärte der FPÖ-Politiker auf Facebook. Oder auch: *»Es reicht! Wir importieren uns mit vielen Asylanten Armut, Kriminalität und nun sogar Krankheiten!«*[113]

Jarosław Kaczyński, Chef der polnischen Partei *»Recht und Gerechtigkeit«* behauptete im Jahr 2015 auf einer Wahlkampfveranstaltung, Flüchtlinge seien eine Gesundheitsgefahr für das polnische Volk: *»Cholera auf den griechischen Inseln, Ruhr in Wien, alle Arten von Parasiten und Bakterien, die in den Organismen dieser Menschen harmlos sind, können hier gefährlich werden.«*[114]

Demagogen vermitteln mehrere große Botschaften über das Ausland:[115]

- *»Die Ausländer«* sind kriminell.
- *»Die Ausländer«* nehmen den Inländern den Arbeits- und Wohnplatz weg.
- *»Die Ausländer«* werden durch das einheimische Sozialsystem privilegiert.
- *»Die Ausländer«* zerstören »das Volk«: Eine *»Umvolkung«* findet statt«.

Daraus folgt:

- *»Wehren wir uns gegen die eurasisch-negroide Umvolkung deutschen Landes und ganz Europas!«* (die FPÖ-nahe Zeitschrift Aula)[116]
- *»Es wird Zeit, dass wir das Schicksal des deutschen Volkes, damit es ein deutsches Volk bleibt, aus den Händen dieser Bundeskanzlerin nehmen.«* (AfD-Politiker Alexander Gauland auf einer Parteiveranstaltung der AfD in Erlangen)[117]

Der Verkauf des Weltbildes

Als Demagoge ist es Ihre Pflicht, das einfache Bild von der zweigeteilten Gesellschaft Ihrem Publikum zu predigen. Sie müssen Ihre Zuhörer überzeugen, dass Ihr Modell keine Erfindung ist, sondern »Realität«. Wie kann man ein solches Modell beweisen?

Im sozialen Dschungel erscheint diese Aufgabe unlösbar. Wie will man jemandem allen Ernstes weismachen, dass es nur zwei Arten von Pflanzen gibt?

Verzweifeln Sie nicht: Ein Teil der Bevölkerung denkt bereits auf Ihre Weise. Sie müssen lediglich vorhandene Vorurteile, Ressentiments, Ängste und Halbwissen auf kraftvolle Weise zum Ausdruck bringen und in eine Geschichte kleiden.

Die Methode ist einfach:

- Aktivieren Sie negative Gefühle und vorhandene Vorurteile, indem Sie einen empörenden Einzelfall aus der Gruppe der ANDEREN schildern. Irgendwo in der Welt gibt es immer etwas Empörenswertes. Wenn Sie nichts bei der Hand haben, erfinden Sie ein Ereignis.
- Verallgemeinern Sie Ihren Einzelfall für die gesamte Gruppe. Alle ANDEREN sind so! Voilà: Ihr Weltbild ist »bewiesen«.

Muster 15: Immer den bösen Einzelfall verallgemeinern.

Demagogen sind begnadete Märchenerzähler. Sie erläutern ihre Botschaft anhand anschaulicher Geschichten. Sie greifen einzelne Personen aus der FEIND-Gruppe heraus und stellen sie exemplarisch für die gesamte Gruppe an den Pranger. Konkrete Einzelfälle dienen als »Beweis« dafür, dass das konstruierte Weltbild wirklich stimmt.

Rezept zur Konstruktion eines Privilegienfalls

1. Man nehme einen Einwanderer, der Zahlungen aus dem Sozialsystem bezieht, und berechne daraus ein möglichst hohes Einkommen.

MERKE: Die präsentierten Zahlen dürfen frei erfunden sein. Sie sind ohne längere Recherche meist schwer oder gar nicht überprüfbar. Im Zweifelsfall kräftig nach oben runden!

2. Erklären Sie dieses Einkommen als »*Privileg der Ausländer*«. Verschweigen Sie vornehm, dass auch Inländer aus diesen Titeln (zum Beispiel Pflegegeld, Trennungszulagen) Zahlungen beziehen.

MERKE: Es geht um die Konstruktion plakativer »Fälle«, nicht um Aussagen zu komplizierten arbeits- oder sozialrechtlichen Bestimmungen, die ohnehin niemand versteht.

3. Stellen Sie das hohe Einkommen *»der Ausländer«* einer völlig anderen Gruppe der WIR gegenüber, die weit weniger Einkommen bezieht.

MERKE: Einwanderer verdienen im Durchschnitt deutlich weniger. Die Hetzbotschaft kommt nur an, wenn Birnen aus dem Ausland mit Äpfeln aus dem Inland verglichen werden.

4. Präsentieren Sie diese Gegenüberstellung zum geeigneten Zeitpunkt als »Beweis« für die Berechtigung Ihrer Ausländerhetze.

MERKE: Es geht um Stimmungsmache, nicht um Fakten.

Muster 16: Vergleichen Sie immer Äpfel mit Birnen.

Bereits mehrmals veröffentlichte FPÖ-Chef Heinz-Christian Strache Auflistungen, wie viel Asylbewerber und wie wenig österreichische Arbeiter vom Staat erhalten. Das Ergebnis: Im Vergleich zu den Asylbewerbern sah es für die fleißigen Österreicher finanziell äußerst schlecht aus. Dass die von Strache geposteten Zahlen einer faktischen Überprüfung nicht standhalten, überrascht wenig.

So wurde in einer von Strache geteilten Auflistung nicht nur ein Asylbewerber mit sechs Kindern mit einem Facharbeiter mit drei Kindern verglichen, dem Asylbewerber wurden auch noch Zahlungen aus der Familienbeihilfe dem Familieneinkommen zugerechnet, obwohl Asylbewerber keine Familienbeihilfe erhalten. Dafür wurden Ausgaben aus der Krankenversicherung nur der Asylbewerberfamilie in Rechnung gestellt, obwohl Österreicher genauso darauf Anspruch haben.[118]

Die Zahlen sind falsch, die Botschaft ist trotzdem angekommen: Die WIR sind so arm, die ANDEREN nehmen uns alles weg, aber das SUPER-WIR wird uns vor den ANDEREN retten.

Strache nahm diese Auflistung, die noch dazu aus rechtsextremen Foren stammt, nach massiver Kritik von seiner Facebook-Seite. Aber da war das böse Gift schon längst in der virtuellen Welt verteilt.

Umgang mit Zahlen

Dieses Beispiel illustriert, wie Demagogen mit Zahlen umgehen. Fakten, Zahlen, Daten, Statistiken haben im demagogischen Weltbild keine Bedeutung. Erfindungen benötigen keine Empirie. Damit eröffnet sich ein ungeheures Betätigungsfeld. Machen Sie sich frei von unsinnigen »empirischen Beweisen«. Man kann sie vernachlässigen. Überwinden Sie die Wirklichkeit. Seien Sie kreativ. Erfinden Sie Ihre eigenen Zahlen.

Muster 17: Ignorieren Sie Statistiken, erfinden Sie Zahlen.

»*Bitte steht auf meiner Seite!*«, schrieb der FPÖ-Präsidentschaftskandidat Norbert Hofer und stilisierte sich als großer Kämpfer gegen das Handelsabkommen Ceta zwischen der EU und Kanada. »*Nun wird der Druck auf mich noch größer werden. Sie werden alles tun, um mich zu verhindern.*« Denn es gehe immerhin um »*ein Billiardengeschäft*«. Eine Billiarde sind eine Million Milliarden. Die EU exportierte zuletzt Waren im Wert von 35,2 Milliarden Euro und importierte Güter im Wert von 28,3 Milliarden Euro (Österreich: 440 Millionen) aus Kanada. Ceta wird wahre Zauberkräfte entfalten müssen, bis dereinst Hofers eine Million Milliarden erreicht sein wird. Aber ein Billiardengeschäft klingt eben besser, und mit den Zahlen nehmen es Demagogen nicht so genau.[119]

Donald Trump ist für seine Erfindungsgabe in Bezug auf Zahlen berühmt. So sagte er in seiner Siegesrede nach den Vorwahlen in New Hampshire im Februar 2016: Die 4,9 Prozent in der offiziellen Arbeitslosenstatistik müssten 28 Prozent sein oder vielleicht 39 – er habe sogar schon 42 gehört.[120] Zahlen sind Schall und Rauch, was haben sie zu bedeuten? Das amerikanische Journalisten- und Rechercheprojekt »PolitiFact« hat viele Zahlenangaben von Trump analysiert. Nach seinem Urteil sind nur ungefähr fünf Prozent von Trumps Behauptungen wahr, 12 sind fast wahr, 15 halb wahr, 21 meist falsch, 32 falsch und weitere 16 haarsträubend falsch.[121]

In Deutschland beteiligte sich die AfD erfolgreich an dem Spiel »Wer bietet mehr?«, es geht um die Kosten für Asylbewerber: »*Ökonomen haben die Kosten in den nächsten sechs Jahren auf mehr als 900 Milliarden geschätzt*« (AfD-Vorstandsmitglied Georg Pazderski im Juni 2016).[122] Sein Parteikollege Björn Höcke machte aus den Milliarden gleich Billionen: »*Für fremde Völkerschaften sind Billionen da und für das eigene Volk noch nicht mal ein paar läppische Millionen.*«[123]

Demagogiethemen

Demagogische Politik braucht sich nicht mit einer breiten Palette von Sachthemen zu befassen. Viele von ihnen sind schlichtweg zu kompliziert. Sie passen nicht in ihr einfaches Bild. Spezialisieren Sie sich auf jene wenigen Themen, die ein Höchstmaß an Emotionalisierung versprechen.

Muster 18: Beschränken Sie Ihre Agitation auf wenige Themen.

Nach internen E-Mails, welche die Online-Rechercheplattform Correctiv und das Nachrichtenmagazin *Der Spiegel* veröffentlicht haben, schrieb AfD-Vizechefin Beatrix von Storch an Vorstandskollegen, dass »*der Islam das brisanteste Thema des Programms überhaupt*« und für die »*Außenkommunikation*« am besten geeignet sei. »*Asyl und Euro sind verbraucht, bringen nichts Neues.* [...] *Die Presse wird sich auf unsere Ablehnung des politischen Islams stürzen wie auf kein zweites Thema des Programms.*«[124]

Was im Weltbild keinen Platz hat

Viele politische Probleme sprechen Demagogen bewusst nicht oder wenig an. Beispiele sind die Ursachen von Finanzkrisen oder Bankenprobleme, Steuerhinterziehung, legale Ausnützung gesetzlicher Bestimmungen, Steuerprivilegien, Korruption in und durch Unternehmen, Misswirtschaft privater Firmen, Fehlinvestitionen privater Großbetriebe usw. oder die Gefährdung der Biosphäre, diese wird meistens geleugnet.

Die Gründe, warum sie um viele tatsächliche Probleme einen Bogen machen, liegen auf der Hand:

- Für diese Themen ist in ihrem Weltbild kein Platz.
- Diese Themen stören ihr Weltbild.
- Diese Themen sind als Kritik an ihrem Weltbild geeignet.

Demagogen leugnen oder verharmlosen zum Beispiel gerne den Klimawandel. Marine Le Pens Front National sieht in der Klimarahmenkonvention der Vereinten Nationen ein »*kommunistisches Projekt*«. US-

Präsident Donald Trump bezeichnete die vom Menschen verursachten Klimaveränderungen mehrmals als »*Hoax*«, also als Schwindel. Auch die AfD findet, die Klimaschutzpolitik sei ein »*Irrweg*«, den es zu beenden gilt.[125]

In Österreich zweifelt FPÖ-Chef Strache den vom Menschen verursachten Klimawandel öffentlich an.[126] Er argumentiert unter anderem damit, dass auch Grönland einmal ein grünes Land gewesen sei, in dem Wein angebaut wurde. Das journalistische Rechercheprojekt »Fakt ist Fakt« hat das nachgeprüft: Es stimmt, dass Grönland einst grün war – allerdings vor 2,5 Millionen Jahre, also in der Altsteinzeit und lange bevor die Menschen sesshaft wurden und Wein anbauten.[127]

2 Werden Sie zum Gefühlsmanager

Demagogisches Weltbild und Gefühle

Politik bedient sich immer Gefühlen. Politiker appellieren an die Emotionen der Wählerinnen und Wähler. Diese entscheiden nach ihren Gefühlen.

Wer als Demagoge erfolgreich sein will, muss daher Stimmungen erzeugen und diese gezielt in eine bestimmte Richtung lenken können. Demagogen sind Gefühlsmanager, Gefühlsführer und -verführer. Besonders gerne sprechen sie intensive, auch tabuisierte Gefühle an.

Warum sind Gefühle für die populistische Verführung so besonders wichtig? Weil nur dadurch das Bild von den WIR gegen die ANDEREN auch auf einer emotionalen Ebene entsteht und sich verfestigt.

1. Welche Gefühle verbinden die WIR mit ihrer Gruppe? Die WIR erleben eine Verbindung, eine Verschmelzung mit ihrer WIR-Gruppe. Sie fühlen sich dazugehörig, spüren Liebe, Mitgefühl, Stolz. Als Mitglied »des Volkes« wird man Teil einer nationalen Gemeinschaft – eine Art Idealzustand, wie wir ihn instinktiv noch aus unserer engen Verbindung zur Mutter im Mutterleib kennen. Es ist ein Gefühl, das vergleichbar ist mit dem kollektiven Rausch, der bei großen Rockkonzerten entsteht.
2. Welche Gefühle verbinden die WIR mit den ANDEREN? Es sind ausschließlich negative Emotionen wie Ablehnung, Angst, Ärger, Neid, Ekel, Widerwillen, Hass, Aggression, Wut – all die hässlichen Gemütsbewegungen, die in jedem Menschen stecken.
3. Welche Gefühle verbinden die WIR mit ihrem SUPER-WIR? Bewunderung und Unterwerfung, Anerkennung und Angst, Begeisterung, Kraft, Befreiung, Verliebtheit, Schwärmerei, Geborgenheit, Sicherheit – wie wir es instinktiv aus der frühesten Kindheit kennen, in

der unsere SUPER-WIR die Eltern waren, denen wir hilflos ausgeliefert waren und deren Aufgabe es war, uns vor dem Bösen auf der Welt zu schützen.

Demagogische Politik ist umso erfolgreicher, je intensiver sie Gefühle anspricht. Je heftiger Emotionen aktiviert werden können, desto stärker wird die Bewegung. Am Ende steht eine kollektive Erregungswelle, eine massenwirksame Gefühlswolke.[1] Erfolgreiche Demagogen sind die Gefühlsmanager ihrer Nation. Sie sind Meister der Gefühlsinszenierung, mobilisieren bei ihren Anhängern Begeisterung und Wut und treiben dadurch die anderen Parteien – wenn diese dem demagogischen Treiben nicht wirkungsvoll begegnen – vor sich her.

Verzaubern mit Gefühlen

Was passiert da genau?

- Wer erregt ist, dessen Urteilskraft ist deutlich herabgesetzt. So wird man empfänglich für plakative Slogans und schlichte Ammenmärchen.
- Intensive Gefühlszustände erleichtern es, persönliche Ansichten umzuformen. Erschreckte Menschen glauben eher an Gespenster.
- Gefühle steuern Aufmerksamkeit und verändern Wahrnehmung. Unzufriedene, neidische, ängstliche Personen sind leicht manipulierbar, wenn die Manipulation im Einklang mit ihrer Stimmung erfolgt. Einer Person, die sich ärgert oder erschreckt, können Sie locker jene Sündenböcke unterjubeln, die Sie im Augenblick als FEINDE benötigen.
- Sündenböcke sind ein treffliches Instrument, um von eigenen Problemen und eigenem Versagen abzulenken. In einer emotional aufgewühlten Stimmung geht es bei Wahlen weniger um die Bewertung der Leistungen der einzelnen Parteien in der vergangenen Legislaturperiode. Es geht vor allem um einen »*Denkzettel*« für den neuesten Skandal, die letzte Schandtat der ANDEREN. So werden Ihre Wähler bei der Stimmenabgabe nicht an die Qualität Ihrer Arbeit, sondern an die (vermeintlichen oder tatsächlichen) Fehler der ANDEREN Parteien denken.
- Emotionale Massenereignisse schweißen Menschen zusammen. Unterschiedliche Individuen empfinden sich als gleichartige WIR. Man

fühlt sich mit anderen in einer Gefühlswelle verbunden, ein mitunter rauschhafter Zustand, der wiederum zu Punkt 1 führt.

- Erfolgreiche Demagogen lösen nicht bei Einzelnen, sondern gleich bei ganzen Gruppen Begeisterung, Wut oder Raserei aus. Wenn die Volksseele kocht, können Demagogen Tabus und Schamschwellen überwinden und zum Beispiel dem Staatsoberhaupt Landesverrat vorwerfen und sogar leicht überprüfbare Fakten als »*Fake News*« abtun.
- Gefühle schaffen Beziehung. Gemeinsame Gefühlsausbrüche binden Ihr Publikum an Sie. Im Rausch verbrüdert man sich eher. Zuneigung, Loyalität, Treue, Verehrung kommen auf. Das Image des SUPER-WIR hängt von der Stärke der Gefühle ab, welche die Bewunderer dem »Führer« oder der »Führerin« entgegenbringen. Im extremsten Fall kann es gelingen, Menschen zu bedingungslosen Gefolgsleuten zu machen, die jeden bizarren Schwenk blind gutheißen.

Die Kraft der Gefühle

Wie werden Sie zum Gefühlsmanager? Wer erfolgreich auf der Klaviatur der kollektiven Emotionen spielen will, sollte folgende Fähigkeiten besitzen:

- einen Zugang zur aktuellen Verfassung anderer,
- ein Gespür für die gegenwärtige Stimmung und für plötzliche Gefühlsschwankungen in der Bevölkerung,
- eine besondere Sprache, die direkt auf Gemütszustände abzielt,
- den Einsatz gefühlsbehafteter Symbole,
- die Anwendung suggestiver Sprachformen, die Trance- und Hypnosemethoden entlehnt sind, sowie
- ein intuitives Wissen um die suggestive Kraft »innerer« Bilder.

Diese Fähigkeiten sind zum Teil in der Persönlichkeitsstruktur angelegt. Man kann sie aber zumindest zum Teil auch erlernen und gezielt in Trainings entwickeln.

Sachsprache und Gefühlssprache

Sprache ist das Instrument der Politik. Mit Sprache denken wir und in Sprache erinnern wir uns. Mit Sprache formen wir Meinungen und verändern Überzeugungen. Welche Sprache Politiker wählen, bestimmt in hohem Maße die Art der Politik, die sie verfolgen.

Wer als Demagoge punkten möchte, muss eines schnell verlernen: eine sachliche Sprache. Denn mit Sachsprache kann man Emotionen abwiegeln, aber nicht aufstacheln. Demagogen setzen hingegen auf eine Gefühlssprache: kurze, prägnante Sätze mit vielen Stimmungsmomenten.

Muster 19: Verwenden Sie eine gefühlvolle Sprache.

Seien Sie ja nicht zu sachlich. Sie wollen ja schließlich nicht Inhalte transportieren, sondern mit Ihren Inhalten die Massen emotionalisieren. Das funktioniert dann zum Beispiel so:

Sachsprache	Gefühlssprache
Wir vertreten andere Positionen als die übrigen Parteien.	»Rot, Schwarz und Grün dulden nicht nur, sondern fördern auch noch die Gewalt gegen eine starke, demokratisch legitimierte Partei. Es ist daher auch an der Zeit, sich die Frage zu stellen, ob man von diesen Gesinnungsterroristen wirklich regiert werden möchte.«[2]
Wir werden in der Presse kritisiert.	»Wir haben nicht nur Altparteien, wir haben Altmedien, wir haben eine alte Elite. Hier muss einiges aufgeräumt werden, in diesem Land.«[3]
Es findet eine Immigration von Afrika nach Europa statt.	Der »lebensbejahende afrikanische Ausbreitungstyp« verdrängt den »selbstverneinenden europäischen Platzhaltertyp«.[4]

Die Gefühlssprache hievt politische Inhalte auf die Ebene persönlicher Beziehungen. So wird Politik zum Kampf zwischen FREUND und FEIND. Auf komplexe Sachverhalte, die ohnehin niemand versteht, kontert ein guter Demagoge am besten mit einem persönlichen Angriff. Anstelle von Sachthemen reden Demagogen lieber von den bösen Charaktereigenschaften der ANDEREN (Muster 3, 4 und 5) – im Kontrast zur mutigen Haltung des SUPER-WIR (Muster 9 bis 11). So wird Politik zur

Seifenoper: Die GUTEN müssen sich gegen die BÖSEN wehren – vergleichbar dem Streit, den ein »*kleiner Mann*« mit seinem heimtückischen Nachbarn hat.

Gefühlswirkungen

Sprache, die Gefühle transportiert, ist das eigentliche Werkzeug von Demagogen. Das betrifft sowohl die gesprochene Sprache als auch die Körpersprache, die Sprache der Symbole und die Sprache, die in Inszenierungen, Auftritten und Werbekampagnen zum Ausdruck kommt. Demagogie bedeutet nicht, selbst in Emotionen zu versinken. Im Gegenteil: Demagogie bedeutet, die Gefühle anderer kühl zu steuern und Emotionen kalkuliert einzusetzen.

Machen Sie einen Selbsttest. Lesen Sie sich diesen Satz langsam und intensiv laut vor:

»Man versucht, Deutschland aufzulösen wie ein Stück Schmierseife unter einem heißen Wasserstrahl.«[5]

Welche inneren Bilder weckt dieses Zitat bei Ihnen? Welche Szenen entstehen in Ihrem Kopf? Welche Gefühle spüren Sie?

Andere Beispiele: Welche Bilder rufen diese Sätze in Ihnen wach?

- *»Die EU ist ein großes Verhängnis, ein antidemokratisches Monster. Ich will verhindern, dass es fetter wird, weiteratmet.«* (Marine Le Pen)[6]
- *»Es droht der innere Zerfall der als Völker definierten Gemeinschaften, es drohen Versorgungsengpässe (Nahrungsmittel, Öl …), es drohen soziale Unruhen und im schlimmsten Fall ein an Brutalität nicht zu überbietender Bürgerkrieg, der unterschiedliche soziale Schichten und Ethnien zu erbitterten Feinden macht bzw. bestehende Feindschaften mit eruptiver Gewalt ausbrechen lässt.«* (FPÖ-Politiker Michael Howanietz)[7]

Der Körper des SUPER-WIR

Demagogen setzen nicht nur ihre Worte, sondern auch ihre Blicke und Gesten, die ganze Körpersprache, wirkungsvoll ein. Das große Vorbild heute ist Donald Trump. Er hat von Kindesbeinen an gelernt, seinen Körper so einzusetzen, dass es dominant und einschüchternd wirkt.

Den Schliff hat er sich dann viele Jahre lang in Filmen und im Radio und in TV-Reality-Shows hart erarbeitet. Trump ist ein Meister im Setzen von Dominanzsignalen.[8] Er steht aufrecht mit beiden Füßen fest auf dem Boden. Den Kopf eher oben, durchbohrt er mit seinem Finger andere. Er macht wirkungsvolle Pausen, um die Spannung im Publikum zu steigern, und bewegt die Lippen, wenn andere reden.[9]

Trump hat ein sehr ausdrucksstarkes Gesicht. Er transportiert mit seinem Gesicht andauernd Emotionen auf eine ungemein kontrollierte Weise. Er sieht andere offen mit einem drohenden und durchbohrenden Blick an, den Körper voll zugewandt, sie sollen auf diese Weise eingeschüchtert werden. Der Akt des Schauens vermittelt Macht und Unterordnung. Wer da wegsieht, hat schon verloren. Trump stoppt Fragen mit einem theatralischen Achselzucken, rollt die Augen, wenn ein anderer spricht (besonders effektiv in TV-Debatten: Trumps nonverbaler Kommentar wird so gleich mitgeliefert), fletscht die Zähne und knurrt, wenn er nicht am Wort ist, feixt zum Gesagten anderer (sie sollen dumm dastehen) und bewegt oft seine Hände in ausladenden Gesten parallel – das vermittelt Vertrauen und Autorität. Trump markiert die für seine Botschaften wichtigen Sätze mit kräftigen Handbewegungen im Takt des Gesagten, das wirkt dominant. Diese Sätze werden wiederholt auf die gleiche Art verbal und nonverbal erzählt, so können sich die Anhänger das besser merken. Er nickt oder schüttelt konstant den Kopf, wenn andere reden, sein Körper signalisiert ständig Zustimmung oder Ablehnung.[10] Der Verhaltenspsychologe Peter Collet hat bei Trump vier Muster im Gesichtsausdruck ausfindig gemacht: Trump »lacht« so, dass dies wie eine Drohung wirkt. Er streckt das Kinn nach vorne, das wirkt »männlich«. Er lacht mit sehr breitem Mund, das machen Chefs oft. Sein Markenzeichen ist eine Geste, bei der sich Daumen und Zeigefinger berühren und die anderen Finger im Halbrund abstehen, das signalisiert Präzision und Kontrolle.[11]

Diese Botschaft wird auch durch das offizielle Foto des Präsidenten Trump vermittelt.[12] Lars Bauernschmitt, Professor für Fotojournalismus, kommentiert es so: »Es stellt einen radikalen Bruch mit den Aufnahmen der vergangenen Zeit da. Das Foto zeigt keinen Präsidenten, der Wert darauf legt, Sympathiepunkte zu bekommen. […] Zu sehen ist ein – grimmig – entschlossener, weißer Mann, der signalisiert, dass er nicht unbedingt an Gesprächen interessiert ist, die länger dauern als seine Twitter-Botschaften. […] Der Präsident ist leicht vorgebeugt, den Kopf hält er leicht gesenkt. Die Lippen zusammengekniffen blickt er den Betrachter an. […] Seine Körperhaltung signalisiert Angriffsbereitschaft. Die rote Krawatte und die leicht zusammengekniffenen Augen unterstreichen die Botschaft. Donald Trump signalisiert durch das Foto: *Mein Land. Mein Haus. Mein Wille. Meine Macht*.«[13]

Gefühlssprache und Weltbild

Demagogische Sprache zielt auf Gefühle. Die Zuhörer und Sympathisanten sollen sich den WIR zugehörig fühlen, Angst und Hass den ANDEREN gegenüber empfinden und sich voller Begeisterung hinter ihrem SUPER-WIR sammeln. Dazu braucht es:

- für die ANDEREN eine Hasssprache, die negative Gefühle hervorruft,
- für die WIR und das SUPER-WIR eine Liebessprache, die positive Gefühle weckt.

Gefühlssprache ist kein Nebenprodukt demagogischer Politik. Sie basiert nicht auf spontanen »Entgleisungen«, die einem Politiker in der Hitze des Gefechtes passieren. Sie ist ein bewusstes und zielgerichtetes Instrument, eine ausgeklügelte Marketingstrategie. »Neueinsteiger«, die politische Ämter übernehmen, lernen diese Sprache durch Nachahmung und gezielte Trainings.

So besuchte zum Beispiel der führende FPÖ-Politiker Norbert Hofer zwischen 1995 und 1999 »Seminare wie Rhetorik, Kommunikation, Crash-Rhetorik, Team-Design, Medienarbeit, Projektmanagement und NLP – eine Kommunikationstechnik, die nicht nur in Therapien eingesetzt wird, sondern auch missbraucht werden kann, um andere Menschen zu manipulieren.[14] Über viele Jahre arbeitete Hofer selbst als ausgebildeter Kommunikations- und Verhaltenstrainer«, berichtete die österreichische Wochenzeitung *Falter*:[15] »All das stand lange auch auf seiner Homepage, wie eine Archivrecherche des *Falter* zeigt.« Aber, welch Überraschung: Seit Hofer als Kandidat für die Bundespräsidentschaftswahl antrat, verschwanden diese Details aus seinem offiziellen Lebenslauf.

Hasssprache

Hate Speech oder auch Hasssprache ist kein neues Phänomen, auch wenn ein Blick in soziale Medien diesen Eindruck erweckt. Demagogen haben immer schon damit gearbeitet. Die ANDEREN sollen wie Wesen von einem anderen Stern erscheinen, auf dem ausschließlich die schwarze Göttin der Bosheit herrscht. Den ANDEREN gebührt aller Abscheu, Ekel, Widerwillen, Verachtung, Schimpf und Schande. Den ANDEREN gilt all unser Hass.

Demagogie ist der Einsatz von Hass für politische Zwecke. Hass kann man in Sprache auf viele Arten bekunden:

- Durch Kategorienamen. Bezeichnen Sie die ANDEREN als gleichartige Masse von BÖSEN, zum Beispiel *die Politiker, die Ausländer, die EU, die Flüchtlinge, die Polen, die Türken, die Feministinnen*.
- Durch Schimpfwörter wie »*Volksverräter*«, »*Gutmenschen*«, »*Pinocchiopresse*«, »*Negerkonglomerat*« (der EU),[16] »*nigger*« oder »*ein Stück Exkrement*« (über Obama).[17]
- Durch Brandmarken namentlich genannter ANDERER, wie es zum Beispiel Trump gerne macht, der auf Pressekonferenzen anwesende Journalisten bereits als »*schmierig*«, »*Lügner*« und »*generell schlechte Menschen*« bezeichnet hat.
- Durch Entmenschlichung der ANDEREN, z. B. auf die Frage »Soll man notfalls auch auf Flüchtlinge schießen?« die Antwort: »*Ja. Wir haben genug afrikanisches Frischfleisch aufgenommen.*«[18]
- Durch Tiernamen für die ANDEREN, wie: »*Es geht um die Schweine, die wir aus den Ställen ausmisten wollen.*«[19] (Haider). Und sein Nachahmer Strache im Jahre 2011 zu den Regierungsparteien in Österreich: »*Was diese beiden Parteien schon jetzt angerichtet haben, das ist ein Saustall, den wir ausmisten müssen.*«[20] Und Georg Pazderski von der AfD meint 2016 in Bezug auf das Berliner Abgeordnetenhaus, er wolle »*diesen Augiasstall hier ausmisten*«.[21]
- Durch Aufruf zur Gewalt: Ein besonders gutes Beispiel dafür ist ein Ausspruch des hochrangigen FPÖ-Politikers und Wiener Vizebürgermeisters Johann Gudenus, der bei einer öffentlichen Ansprache meinte: »*Dann heißt es bei Bedarf auch ›Knüppel aus dem Sack‹ für alle Asylbetrüger, Verbrecher, illegalen Ausländer, kriminellen Islamisten und linken Schreier.*«[22]. Diplomatischer drückt sich AfD-Chefin Frauke Petry aus. Am 30. Januar 2016 sagte sie im *Mannheimer*

Morgen darüber, was ein Grenzpolizist tun müsste, wenn ein Flüchtling über einen Grenzzaun klettert: »*Er muss den illegalen Grenzübertritt verhindern, notfalls auch von der Schusswaffe Gebrauch machen. So steht es im Gesetz.*« Zwei Tage später wirft Petry der Zeitung eine »*verkürzte und völlig sinnentstellte*« Wiedergabe vor. »*Man wollte die Schlagzeile produzieren, dass die AfD auf Flüchtlinge schießen will*«, sagt Petry. Das habe aber niemand gesagt.[23] Da war die Botschaft aber schon längst bei den Wählerinnen und Wählern angekommen.

Jeder Demagoge verfügt über einen großen Vorrat an Hasssprache. Hier einige aktuelle Beispiele.

Schimpfwörter

Trump hat den Wahlkampf gewonnen, indem er einen Konkurrenten nach dem anderen gezielt beschimpft hat. Seinen innerparteilichen Konkurrenten Mitt Romney verglich Trump mit einem »*Pinguin*«, weil er wie dieses Tier »*beim Gehen auch so watschelt*«. Als Susana Martinez, die republikanische Gouverneurin des Bundesstaats New Mexico, Trump die Unterstützung verweigerte, attackierte er sie als »*unqualifiziert*«.[24] Seine demokratische Gegenkandidatin Hillary Clinton nannte Trump im Wahlkampf die »*korrupteste Kandidatin aller Zeiten*«. In einem Twitter-Beitrag wurden dazu die Umrisse eines Davidsterns hinzugefügt, im Hintergrund waren zahlreiche 100-Dollar-Scheine zu sehen. (Nach einem Sturm der Entrüstung ersetzte Trump den sechseckigen Stern durch einen roten Kreis.)[25]

Wahlkämpfe durch Beschimpfungen der FEINDE zu führen und so medial Aufmerksamkeit zu erringen, kennzeichnet alle Demagogen. Der FPÖ-Kandidat für die österreichische Wahl zum Bundespräsidenten 2016, Norbert Hofer, bedachte seinen Gegner, den heutigen Bundespräsidenten Alexander Van der Bellen, in TV-Streitgesprächen im Jahr 2016 unter anderem mit folgenden Ausdrücken: Er sei ein »*Angstmacher*«, »*wankelhaft*«, »*aggressiv*« und habe »*aggressive Anhänger*«. »*Der Herr ist so vergesslich.*« Van der Bellen sei ein »*Systemvertreter*« und »*Befehlsempfänger aus Brüssel*«, er folge dem »*Klüngel aus Brüssel, der Sie unterstützt*«. Denn: »*Dieses System fühlt sich unwohl, wenn jemand kommt, um von den Menschen gewählt zu werden.*« Van der Bellen diskutiere *»nicht ernsthaft«* und besitze *»keine Wirtschaftskompetenz«* (Van der Bellen ist übrigens Professor für Volkswirtschaftslehre), denn er habe *»keinen Tag in der Wirtschaft gearbeitet«* – immer nur darüber *»geredet«*. Und: *»Ich habe meine Kandidatur nicht mit einer Lüge begonnen wie Sie.«* Weiterhin: *»Von Ihnen will ich keine Entschuldigung«*, *»Reden Sie mit einer Flasche«*, Sie reden dauernd die *»Unwahrheit«*, haben *»zu viel Kaffee getrunken«*, *»Wo haben Sie das geträumt?«*.[26]

Muster 20: Beschimpfen Sie Ihre FEINDE.

»Über Gender Mainstreaming könnte ich ganz viel sagen. Für mich ist das einfach nur eine … Geisteskrankheit.« (AfD-Politiker Björn Höcke)[27]

Persönliche Angriffe

Um das Bild der gespaltenen Gesellschaft zu transportieren, ist es absolut notwendig, die ANDEREN zur Gänze abzuwerten. Demagogen dürfen keine Hemmung haben, die ANDEREN persönlich zu attackieren, sie als Menschen insgesamt (und nicht nur in ihrer Rolle, zum Beispiel als Politiker) herabzusetzen. Machen Sie also die ANDEREN nieder!

Mittlerweilen haben auch andere Parteien diese Diktion übernommen. So hatte etwa der damalige Tiroler SP-Chef Ingo Mayr 2016 den FPÖ-Präsidentschaftskandidaten Norbert Hofer auf Facebook einen »Nazi« geschimpft und wurde dafür gerichtlich verurteilt.[28]

Donald Trump stellt hier ein unerreichtes Vorbild dar. In seinem Wahlkampf spickte er jede Wahlrede mit Angriffen auf Personen. Hillary Clinton nannte er in Anspielung an die gleichnamige TV-Serie, in der vier ältere Frauen die Hauptfiguren sind, ein *»Golden Girl«*. Jeb Bush wurde als Konkurrent von Anfang an abgewertet, er sei *»kein Faktor«*. Zu Rick Perry, dem Gouverneur von Texas, meinte er, mit seiner neuen Brille wirke er immerhin *»intelligenter als Lindsey Graham«*.[29] Graham war einer der frühen Konkurrenten von Trump in der Bewerbung als republikanischer Präsidentschaftskandidat. Im Wahlkampf hatte Graham Trump öffentlich beleidigt. Trump nannte ihn dann einen Idioten und ein *»absolutes Leichtgewicht«* und las dessen Handynummer öffentlich vor.[30]

In einer Wahlrede sprach Trump vor Tausenden Leuten zwölf Minuten lang über eine Klage, die gegen die Trump University eingebracht worden war. Der Richter wurde ein *»Hasser von Donald Trump«* genannt, fälschlicherweise als Mexikaner bezeichnet und namentlich vorgestellt. [31]

Persönliche Attacken sind für Trump seit vielen Jahrzehnten Teil seines Erfolgsrezeptes. In seinem Ratgeber für Geschäftsleute *The Art of the Deal* empfahl er kontrollierte Provokationen und Übertreibungen, um in die Medien zu kommen. *»Die Presse ist immer hungrig«*, man müsse sie füttern. Im Wahlkampf hat Trump mit seinen Attacken andauernd Schlagzeilen gemacht. Über niemanden wurde so viel berichtet wie über ihn.[32]

Die ANDEREN haben grässliche Körper

»Der Kern des Rassismus ist die Abwertung von Menschen anhand äußerer Merkmale.«[33] Demagogen müssen keine ausgesprochenen Rassisten sein, aber sie werten wirkungsvoll ANDERE ab, indem sie deren körperliche Besonderheiten anprangern.

»Der Wiener Bürgermeister, ein renitenter Alt-Sechziger, wenn man ihn so reden hört, der das Problem hat, dass mit der rapiden Zunahme seines Körpergewichtes die geistige Reife nicht mithalten konnte«, sagte der erfolgreiche Demagoge Jörg Haider im Jahr 2000.

Haiders demagogischer Nachkömmling Donald Trump formuliert ähnlich: *»Schaut euch dieses Gesicht an ... Würde jemand für so etwas stimmen? Könnt ihr euch das vorstellen, das hier ist das Gesicht unseres nächsten Präsidenten?«* So sprach Trump über seine republikanische Mitbewerberin Carly Fiorina.[34]

Muster 21: Schmähen Sie die Körper der ANDEREN.

Trump hat diese Produktion von Hass aber sogar noch weitergetrieben. Er hat sich im Wahlkampf öffentlich über einen Journalisten mit Behinderung lächerlich gemacht[35] und die Menstruation von Fox-News-Journalistin Megyn Kelly, die kritisch über ihn berichtet hatte, abschätzig kommentiert: *»Sie fängt an, mir alle möglichen absurden Fragen zu stellen. Man konnte sehen, dass Blut aus ihren Augen kam, Blut aus ihr, woher auch immer.«*[36]

Einen ähnlichen Kommentar gab er ab, als Hillary Clinton in einer TV-Debatte mit ihm während einer Pause die Toilette aufsuchte: *»Ich* *weiß, wohin sie gegangen ist. Es ist ekelerregend, ich will darüber gar nicht reden. Das ist zu ekelhaft, sprechen wir nicht darüber …«*[37]

Auch in Österreich hetzen FPÖ-Politiker gegen den politischen Gegner. Ein FPÖ-Gemeinderat, der mittlerweile zurückgetreten ist, nannte den neuen Bundespräsidenten Alexander Van der Bellen einen *»verlausten Bettler«* und *»Vollidioten«*. Über seinen politischen Gegner postete er: *»Ich hätte die grünen Idioten am liebsten erwürgt.«* Und über eine ihm nicht genehme Journalistin: *»Ich denke die sehnt sich förmlich nach einer Vergewaltigung diese perverse Dreckskuh!!!!«*[38] [Interpunktion wie im Original.]

Als der Deutsche Bundestag eine Resolution über den Völkermord an den Armeniern im Osmanischen Reich während des Ersten Weltkrieges verabschiedete, wetterte der türkische Präsident Erdoğan gegen die türkischstämmigen Abgeordneten im Bundestag. Erdoğan forderte, das Blut der Abgeordneten müsse *»durch einen Labortest untersucht werden«*. Zwar solle es im Bundestag elf türkischstämmige Abgeordnete geben, sagte Erdoğan und fügte hinzu: *»Von wegen. Sie haben nichts mit Türkentum gemein. Ihr Blut ist schließlich verdorben.«*[39]

Die ANDEREN sind Tiere

Hass kann noch stärker angesprochen werden, indem man die ANDEREN nicht mehr als Menschen, sondern als Tiere bezeichnet. Im demagogischen Denken ist das eine konsequente Steigerung: Denn die ANDEREN sind ja keine »richtigen« Menschen.

Anne-Sophie Leclère, damals Kandidatin des Front National, verglich in einem Facebook-Posting die dunkelhäutige französische Justizministerin mit einem Äffchen. Leclère rechtfertigte dieses rassistische Posting zuerst als Humor. Danach setzte sie noch einen drauf und sagte über die Justizministerin, diese sei *»eine Wilde«*, deren Platz eher auf Ästen der Bäume sei als in einem Ministerium.[40] Leclère wurde aus dem Front National ausgeschlossen. Dieser wurde wegen seiner rassistischen Ex-Kandidatin zu 30 000 Euro Strafe verurteilt. Der Front National bezeichnete den Prozess als *»juristischen Hinterhalt«* und warf dem Gerichtspräsidenten Parteilichkeit vor. Der Front-National-Gründer Jean-Marie Le Pen verglich das Gericht mit der *»stalinistischen Justiz von Nordkorea«* und erklärte, die Richter hätten die *»Moral vergewaltigt«* und *»das Gesetz verraten«*.[41]

Ein Beispiel von Trump im Wahlkampf: Laut Polizeiangaben wurde am 16. Oktober 2016 in Orange County in North Carolina von einer unbekannten Person eine Flasche mit einer entflammbaren Flüssigkeit durch ein Fenster in das Hauptquartier der Republikanischen Partei geworfen, wodurch ein Zimmer in Brand geriet. Nachdem dies bekannt geworden war, twitterte Trump: »*Die Tiere, die Hillary Clinton und die Demokraten vertreten, haben gerade eine Feuerbombe in unserem Büro in Orange County gelegt – weil wir gewinnen.*«[42]

Muster 22: Bezeichnen Sie die ANDEREN als Tiere.

Wenn die ANDEREN Tiere sind, dann soll man sie wie Tiere behandeln: Der AfD-Vorsitzende von Sachsen-Anhalt André Poggenburg sagte über Studierende, die eine Veranstaltung der AfD-Hochschulgruppe an der Uni Magdeburg verhindert hatten: »*Helfen Sie dabei, die Wucherung am deutschen Volkskörper endgültig loszuwerden.*«[43]

Verfestigen Sie den Hass[44]

Die ANDEREN zu entmenschlichen, reicht aber nicht aus. Um die Massen zu mobilisieren, muss der Hass tiefer gehen. Werner Kallmeyer vom Institut für deutsche Sprache (Mannheim) hat schon in den 1990er-Jahren in einer zehnjährigen Studie untersucht, wie sich soziale Ausgrenzung durch Sprache verfestigt. Seine Analyse ist bis heute gültig – mit dem Zusatz, dass sich die Ausgrenzungsmaschinerie in sozialen Medien noch schneller dreht:

1. Ein Vorurteil wird geäußert (»*Ausländer sind faul*«).
2. Andere Mitglieder der Gruppe stimmen zu und berichten von eigenen »Erfahrungen«. Reihenweise werden Vorurteile aufgezählt (höhere Arbeitslosigkeit von Migranten). Und: »Jetzt reden die Leute eng verzahnt. Das ist die eigentliche Identitätsarbeit der Gruppe.«
3. Als nächste Stufe folgt der Erklärungsversuch, warum die Ausländer so sind.
4. Dann kommen Forderungen: »*Die sollen sich einmal so anstrengen wie wir.*«

Jeder zaghafte Einwand wird niedergeschmettert: »*Trotzdem – WIR machen so was nicht.*« Die WIR und die ANDEREN werden in solchen Gesprächen immer in krassen Gegensätzen geschildert – und die WIR sind immer die Ausgenützten, die Opfer.

Hass schüren

Altbewährte Methoden sind:

- Gewaltphantasien den ANDEREN gegenüber anregen.
- Den ANDEREN drohen.
- Kein Mitleid zeigen, wenn den ANDEREN etwas Schlimmes zugestoßen ist.
- Den ANDEREN ausschließlich böse Motive unterstellen.
- Behaupten, die ANDEREN hätten nur ein Ziel: die WIR zu vernichten.
- Den ANDEREN jedes Verbrechen unterschieben.

Gewalt ansprechen

Begriffe, Bilder, Szenen, die von Gewalt handeln oder unterschwellig Gewalt ansprechen, wecken und verstärken Hass nachhaltig. Dies gilt sowohl für Gewalt, welche die WIR an den ANDEREN ausüben, als auch für Gewalt, welche die WIR von den ANDEREN erleiden müssen.

Muster 23: Regen Sie Gewaltphantasien an.

Der AfD-Politiker Björn Höcke, der Bundeskanzlerin Angela Merkel auch als »*Pattex-Frau*« und »*Trulla aus der Uckermark*« schmähte, meinte, sie müsse »*in der Zwangsjacke aus dem Bundeskanzleramt abgeführt*« werden.[45]

Ein Salzburger FPÖ-Funktionär stellte Ende August 2016 Bilder von scharfen Waffen, Munition und einem Schießstand auf Facebook und schrieb darüber: »*Wenn das Schwimmbad voll ist wirds Zeit für eine andere Beschäftigung. Deutschland empfahl doch sich vorzubereiten oder hab ich das falsch verstanden?!*« [Interpunktion wie im Original.] Auf Kritik reagierte der FPÖ-Funktionär mit der Behauptung, er sei eben in seiner Freizeit Sportschütze und dürfe wohl auch einmal etwas Privates auf Facebook posten.[46]

Der niederländische PVV-Chef Geert Wilders erklärte bei einem Treffen der europäischen Rechtspopulisten im Januar 2017 in Koblenz, dass Frauen angesichts muslimischen Einflusses Angst hätten, *»ihr blondes Haar zu zeigen«*.[47] Vor Menschen, die so gefährlich sind, muss das SUPER-ICH seine WIR natürlich beschützen.

Der oberösterreichische FPÖ-Lokalpolitiker Wolfgang Kitzmüller wünschte sich im Jahr 2013 auf Facebook: *»Ab mit den Schwuchteln hinter das Voest-Gelände«*.[48] Auf diesem Gelände befanden sich während der Nazizeit ein Außenlager des Konzentrationslagers Mauthausen. Vom Vorwurf der Verhetzung wurde der FPÖ-Politiker, der sich für die Attacke gegen Homosexuelle entschuldigte, im Zweifel freigesprochen. Der FPÖ-Funktionär erklärte vor Gericht, er habe von der Existenz dieses Außenlagers nichts gewusst.

Auch Donald Trumps Sprache ist von Gewalt durchtränkt. Trump hat im Wahlkampf mehrmals zu Gewalt gegen die ANDEREN aufgerufen. Als ihn ein Demonstrant in Las Vegas unterbrach, sagte er, er würde ihm am liebsten *»ins Gesicht schlagen«*.[49] In Iowa forderte Trump im Februar 2016 die Anwesenden brutal auf: Wenn jemand mit Tomaten wirft, dann *»prügelt die Scheiße aus ihnen«*. Trump fügte hinzu, er werde auch die Gerichtskosten für seine Unterstützer übernehmen.[50]

Gewalt ist eine faszinierende Sache. Verbrechen genießen hohe Aufmerksamkeit. Befriedigen Sie dieses Bedürfnis. Bauschen Sie Ereignisse erbarmungslos auf. Und wenn es nichts zum Aufbauschen gibt, erfinden Sie einfach Gewalttaten. Übertreiben Sie dabei, wie Trump zu 09/11: *»Ich habe in Jersey City, in New Jersey beobachtet, wie Tausende und Tausende jubelten, als das Gebäude zusammenstürzte.«*[51] Trump hat auch suggeriert, der Vater von Ted Cruz, eines Mitbewerbers im Wahlkampf, sei in die Ermordung von John F. Kennedy verwickelt gewesen – Beweise dafür hat er nicht vorgelegt.[52]

Auch FPÖ-Chef Strache teilte unter seinen mehreren hunderttausend Facebook-Followern ein Posting, in dem behauptet wurde, Asylbewerber hätten in marodierender Weise einen Supermarkt in Wien gestürmt. Das Posting war allerdings ein Fake. Polizei und Supermarktkette stellten kurz darauf öffentlich klar, dass es den behaupteten Vorfall nie gegeben hat. Da war das Strache-Posting mit der falschen Information aber längst viele hundert Mal geteilt.[53]

Variante

Demagogen sind gut darin, die schaurigsten Zukunftsszenarien zu erfinden. Die heutigen Aktionen der FEINDE sind die Vorboten künftiger Gewalttaten. Machen Sie heute Angst vor dem, was die FEINDE angeblich morgen anrichten werden!

»*Von wegen Frieden durch den Euro – das Gegenteil ist der Fall! Wir gehen auf bürgerkriegsähnliche Zustände zu! Wir sehen die fehlgelenkte Integrations- und Einwanderungspolitik, die Früchte, Parallelgesellschaften mit Paralleljustizen, mit Blut, was da fließt, was wir schon gar nicht mehr veröffentlichen in Zeitungen – die Fakten würden uns zu sehr erschrecken*«, erklärte zum Beispiel Matthias Wohlfarth, der frühere AfD-Landessprecher von Thüringen.[54]

»*Durch den ungebremsten Zustrom von kulturfremden Armutsmigranten, die in unsere Sozialsysteme einsickern, wird unser von Solidarität und Zusammenhalt getragenes gesellschaftliches Gefüge in seinen Grundfesten erschüttert* [...] *und das macht mittelfristig einen Bürgerkrieg nicht unwahrscheinlich*«, meinte FPÖ-Chef Strache.[55] Der FPÖ-Chef witterte bereits einen Volksaufstand im sonst so friedlichen Österreich: »*Wer seine Staatsgrenzen nicht schützt, Gesetze bricht, ein Zuwanderungs-Chaos anrichtet, das bis zu 12 Milliarden mehr kostet, der löst einen Volks-Aufstand aus*«, sagte Strache zu Jahresbeginn 2016.[56]

Der Schweizer SVP-Politiker Roger Köppel äußert in einem Beitrag zum Thema »*Völkerwanderung, nein zum Asylmissbrauch*«: »*Es kommen vor allem Wirtschaftsmigranten aus muslimischen und afrikanischen Staaten. Ein Heer von Entwurzelten entsteht. Gewaltige soziale und politische Probleme drohen – siehe Paris und Brüssel.*«[57]

Der Lega-Nord-Vorsitzende Matteo Salvini meint: »*Die Geschichte wiederholt sich in dem mehr oder weniger bewaffneten Konflikt zwischen westlicher und islamischer Welt. Immer wenn der Westen sich auf seine Positionen zurückzog, marschierte die islamische Welt gewaltsam ein.* [...] *Willst du im Frieden leben, bereite dich auf einen Krieg vor.*«[58]

In Polen sieht PiS-Chef Jarosław Kaczyński wegen der (in Polen fast nicht vorhandenen) Flüchtlinge sogar den Untergang des Landes drohen: »Wenn Polen Flüchtlinge aufnehmen würde, müsste es seine Kultur ändern und das Land könnte dabei untergehen, sagte Kaczyński«, schreibt der *Tagesspiegel*. »*Allein um unsere Frauen zu schützen, müssten wir Repressionen anwenden – und man würde uns Nazis schimpfen*«, warnte Kaczyński.[59]

Stefan Möller, Sprecher der AfD Thüringen, machte nach dem Anschlag auf den Bus des Fußballvereins Borussia Dortmund sofort Islamisten verantwortlich – ohne dass die Polizei einen derartigen Hintergrund bestätigt hatte. Wörtlich sagte Möller: *»2016 erlebte Europa einen dramatischen Anstieg an islamistischen Terroranschlägen, der ohne die Blindheit von Staatsführung, Altparteien, Kirchen und Gewerkschaften für die Gefahren massiver islamisch geprägter Zuwanderung so nie möglich gewesen wären. Anschläge wie der mutmaßliche islamistische Terrorakt auf die Fußballer von Borussia Dortmund sind keine Ausnahme mehr.«*[60] Ein islamistischer Hintergrund konnte bis heute nicht nachgewiesen werden. Derzeit geht die Polizei davon aus, dass das Attentat verübt worden war, weil der mutmaßliche Täter (es gilt die Unschuldsvermutung) auf einen sinkenden Aktienkurs des Fußballvereins gewettet hatte.[61]

Den ANDEREN Angst machen

Die ANDEREN bedrohen die Gruppe der WIR. Dauernd machen sie UNS Angst. WIR sind ihre Opfer. WIR müssen UNS wehren. Deshalb drehen WIR jetzt den Spieß um und drohen den ANDEREN.

Natürlich tarnen wir unsere Gewalt als einen Akt von Notwehr. Das beste Mittel: die ANDEREN in Angst und Schrecken zu versetzen.

Muster 24: Drohen Sie den ANDEREN.

Trump hat im Wahlkampf Hillary Clinton mehrmals angedroht, er würde sie – wenn er Präsident ist – ins Gefängnis bringen.[62] Auch AfD-Politiker Gauland meinte, *»die Politiker wie Maas und Merkel mögen sich warm anziehen: die AfD ist auf dem Weg!«*[63]

Der sonst recht unauffällige AfD-Abgeordnete Franz Kerker schrieb als Kommentar auf seiner Facebook-Seite wörtlich: *»Lasst uns den Islam vernichten damit er die Welt nicht vernichtet......... Der Islam ist heute die größte Gefahr für den Weltfrieden!«* [Interpunktion wie im Original.] Der unter dem Verfassernamen »Franz Kerker« gepostete Text bezieht sich auf ein Video, das von einem anderen Facebook-Nutzer eingestellt wurde und eine Hinrichtung zeigt, die offenbar eine Terrorgruppe vollzog, berichtete die *Frankfurter Allgemeine Zeitung*.[64]

In einem TV-Duell aller sechs Präsidentschaftskandidaten in Österreich im April 2016 erläuterte der FPÖ-Kandidat Norbert Hofer sein Amtsverständnis: »*Sie werden sich noch wundern, was alles gehen wird.*«[65]

Jemandem zu drohen, funktioniert auch nonverbal: indem man in den persönlichen Raum einer Person hineingeht. Genau das hat Trump in der zweiten TV-Debatte mit Clinton gemacht. Während Clinton redete, stellte Trump sich hinter sie und ging auf seine Konkurrentin bis auf wenige Zentimeter Abstand heran.

Drohungen von Demagogen wirken eskalierend. Sie animieren Gefolgsleute, es ihnen gleichzutun. Die Puls 4-Moderatorin Corinna Milborn erkennt seit 2016 in Österreich folgende Systematik: Zuerst veröffentlicht FPÖ-Chef Strache auf Facebook einen kritischen Kommentar über sie. »Dann kommen Kommentare, die diskreditierend und beleidigend sind. Fast nie sind es strafrechtlich relevante, sondern immer nur indirekte Drohungen«, schreibt Milborn. Die Formulierungen der Hassposter seien vielfach ähnlich und immer juristisch wasserdicht. Außerdem lasse sich recht einfach feststellen, dass es sich bei vielen von ihnen um Fake Accounts handelt, hinter denen keine echten Personen stehen.

Mehrere tausend Postings würden so auf die Journalisten hereinprasseln, die skandalisieren, beschimpfen und verhetzen. Ziel sei die Lufthoheit im Netz und die Weitergabe des eigenen Spins. Dafür sorgt auch der parteieigene Videokanal namens FPÖ-TV. Dessen Kamerateams sind bei jeder Debatte mit dabei und drehen einen eigenen Beitrag, in dem die für die FPÖ genehme Version des Live-Gesprächs zusammengeschnitten wird. Einzelne Journalisten werden von den Kameras auch bis nach Hause verfolgt.[66] FPÖ-kritische Demonstranten nannte Hofer wiederum »*Krakeeler*«, ganz zum Gaudium seiner Anhänger.[67]

Keine falschen Gefühle

Demagogen müssen ihre eigenen Gefühle bei öffentlichen Aufritten kontrollieren. Sie müssen es vermeiden, Gefühle anzusprechen, die dem Weltbild zuwiderlaufen: zu den WIR niemals negative, zu den ANDEREN niemals positive Gefühle!

Demagogen zeigen kein Verständnis für die ANDEREN. Sie sprechen niemals davon, wie schwer es »*fleißige und tüchtige kleine Leute*« bei uns haben, die vor einem Krieg fliehen mussten. Diese Regel muss eisern auch für extreme Fälle befolgt werden. Angenommen, einer von den ANDEREN wird ermordet. In diesem Fall ist es nicht angezeigt, Mitleid zu zeigen. Mit-Leid wäre eine positive Gefühlsverbindung mit den ANDEREN. Das widerspricht grundsätzlich der Demagogie. Demagogen wissen um die Gefährlichkeit einer solchen Aktion. Sie bleiben hart – oder noch besser: Sie machen aus dem Opfer einen Täter, dem (zu Recht!) negative Gefühle gebühren.

Muster 25: Kein Mitleid mit den ANDEREN.

Als der Wirt einer Osteria in einem norditalienischen Städtchen einen rumänischen Einbrecher erschoss, reiste Matteo Salvini von der Lega Nord schnurstracks an den Tatort, umarmte den Wirt und versicherte ganz Italien, er sei »*immer bei denen, die sich verteidigen*«.[68]

»*Ich will das auf keinen Fall herunterspielen, aber es ist doch klar, dass ein Gutteil dieser angeblichen Brandanschläge von den Flüchtlingen selbst kommt, meist aus Unkenntnis der Technik. Mal ehrlich, viele von ihnen dürften es gewohnt sein, in ihren Heimatländern daheim Feuer zu machen*«,[69] sagte Armin Paul Hampel, AfD-Chef von Niedersachsen.

»[…] *und wenn ich das sehe, wie ein Afrikaner an der Bushaltestelle von irgendwelchen ›Rechten‹ zusammengeschlagen worden ist, sehe ich aber auch den Hintergrund: Ich sehe den Hintergrund, dass möglicherweise durch eine lasche Handhabung mit kriminell agierenden Einwanderern so eine Antistimmung gefördert wird, ja*«, erklärte Matthias Wohlfarth, ehemaliger Sprecher der AFD Thüringen.[70]

Ebenfalls ein Experte in der Opfer-Täter-Umlenkung ist der österreichische FPÖ-Politiker Hofer. In einer TV-Konfrontation vor der Bundespräsidentschaftswahl fragte die Moderatorin Ingrid Thurnher: »Herr Hofer, würden Sie als Bundespräsident in diesen Tagen kommentieren, dass wieder 500 Menschen im Mittelmeer ertrunken sind?«

Hofer: »*Das hab ich schon getan, weil das etwas ganz Schreckliches ist.*«

Thurnher: »Als Bundespräsident würden Sie's auch tun?«

Hofer: »*Ja, auch in dieser Funktion. Weil klar ist, dass ein falsches Signal ausgesandt worden ist. Das, was Merkel getan hat, ›wir schaffen das‹, hat ja erst dieses Problem mitverursacht. Dass viele Menschen mit einer Hoffnung kommen und dann aber erkennen müssen, dass wir das eben nicht schaffen. Wozu ich mich aber auf jeden Fall geäußert hätte, wäre dieser Deal mit der Türkei. Ich halte das für ganz fürchterlich. Da wird am Weltfrauentag mit Gummigeschossen auf Frauen geschossen.*«[71]

Die ANDEREN begehen jedes Verbrechen

Demagogen bleiben in ihrem Hass auf die ANDEREN nicht auf halbem Wege stehen. Wenn die ANDEREN (kraft ihrer Natur) ausschließlich BÖSE sind, ist es nur logisch, ihnen jedes denkbare Verbrechen anzudichten.

Muster 26: Unterstellen Sie den ANDEREN jedes Verbrechen.

»*Und Frau Merkel wird scheitern mit all ihren vaterlandslosen Brandstiftern aus der SPD und dem widerwärtigen Umfeld der pädophilen Grünen.*« (Uwe Junge, Landesvorsitzender der AfD Rheinland-Pfalz)[72]

»*Jeder, der weiterhin leugnet, dass der Islam in direkter Verbindung mit dem islamistischen Terror steht, macht sich mitschuldig an jedem weiteren Opfer.*« (André Poggenburg, Landesvorsitzender der AfD in Sachsen-Anhalt)[73]

»*Wolfgang Schäuble und viele andere, die uns ständig diffamieren und uns mit ihrer Hetze buchstäblich die Existenzberechtigung absprechen, sind die wahren Hintermänner des Mordschützen. Sie haben in Karlsruhe mitgeschossen. Die braune Uniform hätte zu diesen Schreibtischtätern vor 80 Jahren genauso gut gepasst, wie heute Schlips oder Fliege.*« (Sven Tritschler, Bundesvorsitzender der Jungen Alternative)[74]

Donald Trump behauptete – ohne einen Beweis zu nennen – nach seiner zweiten TV-Konfrontation mit Hillary Clinton, seine Gegnerin habe während der Debatte unter Drogen gestanden.[75]

Dietmar Gelig, Polizeibeamter und AfD-Funktionär in Nordrhein-Westfahlen, nannte die deutsche Bundeskanzlerin Angela Merkel »*kriminell*« und »*wahnsinnig*« und forderte, den deutschen Justizminister Heiko Maas »*wegzusperren*«.[76]

FPÖ-Chef Strache nannte im Januar 2016 den damaligen Bundeskanzler Werner Faymann überhaupt einen »*Staatsfeind*«.[77]

Diese Liste kann man beliebig verlängern. Sie umfasst fast alle denkbaren Verbrechen.

Beobachtungstraining

Sehen Sie Trump in die Augen, und zwar genau in dem Augenblick, wenn seine Anhänger über seinen jüngsten Spruch johlen: Die Zuhörer toben – ER bleibt cool.

Gefühlsmanagement erfordert nicht, selbst in Gefühle zu versinken. Ein beeindruckender Schauspieler kann glaubhaft Leidenschaft zeigen, ohne von ihr beherrscht zu werden. Ein umjubelter Gefühlsmanager putscht die Gefühle anderer auf, verliert aber dabei nicht die Kontrolle über die eigenen Gefühle.

Sachsprache

Hasssprache gebührt nur den ANDEREN. Sie hat keine Berechtigung für die WIR. Unangenehme Dinge bei den WIR sind, wenn überhaupt, dann nur in eiskalter Sachsprache abzuhandeln.

Muster 27: Kommentieren Sie »Unerfreuliches« für die WIR in nüchterner Sachsprache.

Der AfD-Chef von Sachsen-Anhalt, André Poggenburg, hat in der WDR-Politsendung »Hart aber fair« die »*Volksverräter*-« und »*Lügenpack*«-Rufe gegen Bundespräsident Joachim Gauck und Bundeskanzlerin Angela Merkel (CDU) als »*gelebte Demokratie*« und »*Meinungsfreiheit*« verteidigt.[78]

Als FPÖ-Chef Strache in einem Interview auf (mittlerweile rechtskräftig verurteilte) freiheitliche Politiker angesprochen wurde, die in der Ära Jörg Haider an Korruption beteiligt waren, antwortete er: »*Wir haben in ganz Österreich seit Jahrzehnten ein System, das aufzubrechen beginnt. Dabei zeigt sich, wie die Parteien skandalöserweise mit Steuergeld umgegangen sind.* […] *Ich lasse kein Kärnten- und Haider-Bashing zu. Schauen Sie einmal nach Wien, nach Niederösterreich. Der Skylink-Terminal etwa. Manche Landesfürsten glauben, alles sei ihr Eigentum. Das funktioniert jetzt nicht mehr.*«[79]

Ausweichend reagierte der FPÖ-Chef auch auf die Frage, wieso seine Partei eine rechtskräftig wegen Verhetzung verurteilte Nationalratsabgeordnete in ihren Reihen habe. Die frühere FPÖ-Abgeordnete Susanne Winter hatte bei einer Parteiveranstaltung erklärt, der muslimische Prophet sei ein »*Kinderschänder nach heutigem Rechtsverständnis*« und habe den Koran im Rahmen epileptischer Anfälle geschrieben. Außerdem warnte sie vor einem »*Einwanderungs-Tsunami*«. Sie wurde zu drei Monaten Bewährung und 24 000 Euro Geldstrafe verurteilt, blieb aber als FPÖ-Politikerin Volksvertreterin im österreichischen Parlament.[80] Dazu sagte Strache: »*Susanne Winter ist für mich eine gerichtlich anerkannte Islamismuskritikerin. Sie hat ihre Meinung artikuliert und wurde dafür mit einem Meinungsurteil bestraft.*«[81] Im Jahr 2015 wurde Winter schließlich nach einem antisemitischen Posting auf ihrer Facebook-Seite aus der FPÖ ausgeschlossen.

Der AfD-Politiker Björn Höcke hat in einem Interview die Standardantwort zur Verteidigung von Anspielungen auf die Nazizeit formuliert: »*Ich meine, dass es in einer freien Gesellschaft möglich sein muss, auch über das Dritte Reich unorthodoxe Meinungen zu äußern.*«[82] Diese Antwort könnte er sich von der FPÖ abgeschaut haben. Schließlich forderte FPÖ-Chef Strache bereits 2007 in einem Interview die Abschaffung des gesetzlichen Verbotes nationalsozialistischer Wiederbetätigung mit dem Argument, »*eine demokratische Gesellschaft muss auch verrückte und dumme Meinungen aushalten*«.[83] Zuletzt forderte Strache, die Terrororganisation »Islamischer Staat« in das Gesetz zum Verbot nationalsozialistischer Wiederbetätigung aufzunehmen und erklärte: »*Das ist der gefährliche Faschismus der Neuzeit.*«[84] Der stellvertretende FPÖ-Chef Norbert Hofer forderte ebenfalls vor einigen Jahren eine Volksabstimmung über das NS-Verbotsgesetz und meinte später, das Verbotsgesetz würde sich ein bisschen mit der Meinungsfreiheit spießen, später dann, er stehe »*voll und ganz*« hinter diesem Gesetz. Heute sieht der Burschenschafter die Notwendigkeit des NS-Wiederbetätigungsgesetzes vor allem aufgrund der vielen Flüchtlinge oder, wie Hofer es nennt, »*der Völkerwanderung*«, gegeben. Durch diese würde nämlich der Antisemitismus nach Österreich importiert.[85]

Verteidigung des SUPER-WIR

Die Logik der Verteidigung des Eigenen mit Sachsprache gilt in vermehrter Weise für das SUPER-WIR selbst: die Verkörperung der GUTHEIT der WIR.

Muster 28: Verteidigen Sie die Hasssprache des SUPER-WIR mit Sachsprache.

Viele demagogische Bewegungen haben dieses Muster perfektioniert. Auf Fragen nach den jüngsten Beschimpfungen wird routiniert in einer Sachsprache in der Art von Bürokraten oder Wissenschaftlern geantwortet.

Oder man redet sich auf eine Ungeschicklichkeit heraus. Als ein Facebook-Fan ein Posting von FPÖ-Chef Strache mit den Worten kommentierte, die Steinigung der österreichischen Regierung sei »*angebracht*«, gab es dafür von Straches Seite ein Like. Von einer Zeitung damit konfrontiert, erklärte Straches Sprecher, das Like sei »*unabsichtlich*« passiert. Ein FPÖ-Mitarbeiter habe sich »*vertan*«: »*Bei unserer Software liegen Like- und Lösch-Button nebeneinander.*«[86]

Über die AfD-Politikerin Beatrix von Storch berichtete die Tageszeitung *Die Welt*: »Am 31. Januar 2016 antwortet von Storch in der Debatte um Grenzübertritte von Flüchtlingen auf ihrer Facebook-Seite auf die Frage eines Nutzers, ob die AfD »Frauen mit Kindern an der grünen Wiese den Zutritt mit Waffengewalt hindern« wolle: »Ja.« Einen Tag später schreibt von Storch dann aber auf ihrer Facebook-Seite: »*Ich bin grundsätzlich gegen Gewalt gegen Kinder, das umfasst auch den Einsatz von Schusswaffen gegen minderjährige Migranten durch die Polizei.*« Gegenüber dem *Spiegel* erklärte sie außerdem, sie sei auf ihrer Computermaus »*abgerutscht*«.[87]

Liebessprache

Die Hasssprache für die ANDEREN findet ihr Gegenüber in einer Liebessprache für die WIR – und in noch höheren Maße für das SUPER-WIR.

Muster 29: Für die WIR nur Liebessprache.

»*Das deutsche Volk ist ein gutherziges und barmherziges Volk, es ist ein hilfsbereites und tolerantes Volk und es ist ein duldsames Volk. Die Pegida-Demonstranten sind Teil dieses Volkes. Die Unterstützer der Pegida üben die im Grundgesetz niedergelegten Freiheits- und Bürgerrechte in vorbildlicher Art und Weise aus. Selbst Störaktionen von Provokateuren, die in ihrem rechtswidrigen Tun noch indirekt durch abwertende Äußerungen der Altparteienprominenz unterstützt werden, lassen sie in beispielhafter Gelassenheit über sich ergehen«*, sagte der AfD-Politiker Björn Höcke.[88]

Und über seine eigenen Motive erklärte er: »*Ich bin aus einer tiefen Liebe zu meinem Land in die Politik gegangen.*«[89]

Der freiheitliche Bundespräsidentenkandidat Norbert Hofer versprach, er werde nach seiner Wahl ein »*Schutzherr für Österreich*« sein.[90] Sein Parteichef Strache erklärte bereits 2012 in einer Parteiansprache: »*Wir handeln mit der Kraft der Liebe.*«[91]

Liebessprache hat viele Erscheinungsformen. Hier eine kurze Anleitung:

1. Überschütten Sie die WIR mit Lob. Schmeicheln Sie Ihren WIR, indem Sie sie als »*anständig*«, »*tüchtig*«, »*ehrlich*«, »*brav*« bezeichnen.
2. Unterstellen Sie den WIR nur edle Motive. Reden Sie vom »*bildungswilligen Aufsteiger, für den persönliche Leistung im Vordergrund steht*«.
3. Zeigen Sie Verständnis für die Sorgen Ihrer WIR. Sprechen Sie deren Ängste an. Haben Sie Mitgefühl mit den WIR. Geben Sie den WIR das Gefühl, sie als Einziger zu verstehen.
4. Bemitleiden Sie die WIR. Sie sind ja schließlich unschuldige Opfer der ANDEREN. Schüren Sie Neid auf die »*Privilegien*« der ANDEREN. Haben Sie Ihr Ohr am Volk. Sprechen Sie alle Vorurteile, Schuldzuweisungen, Geschichtslegenden an, die in Ihr Weltbild passen. Alles ist Wasser auf Ihre Mühlen.
5. Versprechen Sie Ihren WIR eine glänzende Zukunft. Aber nur, wenn Sie selbst an die Macht kommen. Bleiben Sie dabei vage. Es geht doch nicht darum, konkrete Sachprobleme zu lösen. Es geht nur darum, dass die WIR ihr SUPER-WIR lieben.

Historisches Beispiel aus Österreich

Demagogische Hass- und Liebessprache kann neue Schichten für Politik begeistern. Dies gelingt, wenn ein politisches System erstarrt ist (wie es in vielen Ländern heute der Fall ist) oder wenn sich die politische Basis verbreitert (wie beim schrittweise eingeführten allgemeinen Wahlrecht Ende des 19., Anfang des 20. Jahrhunderts). Einer der erfolgreichsten Demagogen der damaligen Zeit in Österreich war Karl

Lueger. Er war 1897 bis 1910 Bürgermeister von Wien[92] und predigte gegen »*die Reichen da oben*«, »*den Pöbel da unten*«, die »*Ungläubigen*« und die »*Fremden*«, *die uns die Frauen, Wohnungen, Arbeit […] abnehmen*«. Lueger appellierte bewusst an Gefühle und Instinkte, nicht an die Vernunft und den kritischen Verstand. Hugo von Hofmannsthal formulierte in dieser Zeit den Ausspruch: »Politik ist Magie. Welcher die Massen aufzurufen weiß, dem gehorchen sie.«[93]

Spätestens ab 1887 ist Lueger glühender Antisemit. Er tritt in den Verein »*Die Antisemiten*« ein und übernimmt bald die Führung. 1893 gibt sich die Gruppe offiziell den Namen »*Christlichsoziale Partei*« (behält aber intern die alte Bezeichnung bei). Die Christlichsozialen (die Vorläufer der heutigen konservativen Österreichischen Volkspartei) sahen ihre politische Hauptaufgabe darin, die »*Macht der Juden*« zurückzudrängen. Lueger konzentriert alle FEIND-Bilder auf »*die Juden*«. Er propagiert für Wien, damals die sechstgrößte Stadt der Welt, die Parole »*Groß-Wien darf nicht Groß-Jerusalem werden*«. Mehr als ein Jahrhundert später, im Herbst 2005, plakatierte die FPÖ: »*Wien darf nicht Istanbul werden*«.

Lueger und Hitler

Lueger – daran soll doch erinnert werden – war ein Vorbild für Adolf Hitler. Zwar nicht in seiner Ideologie, aber in seinen Methoden. Hitler besuchte die Massenshows von Lueger und studierte genau, was hier ablief. »Der Anstoß für Hitlers intensive Beschäftigung mit dem Typ des Volkstribunen«, schreibt die Historikerin Brigitte Hamann, »und den strategisch besten Mitteln, um Massen zu fanatisieren und zu Gefühlsräuschen zu bringen, kam zweifellos vom persönlichen Erlebnis der Reden Luegers. […] Die Anziehungskraft, die Lueger auf Hitler ausübte, liegt eindeutig in seiner speziellen Wirkung auf ein Massenpublikum. Immer wieder kam Hitler später auf das Beispiel Luegers zurück, wenn er sich mit Problemen der Massensuggestion und-fanatisierung beschäftigte oder sich über den Wert politischer Propaganda verbreitete. An Luegers Beispiel erörtert er in MEIN KAMPF den politischen Wert der *Gewalt der Rede*, schreibt über die Zauberkraft des gesprochenen Wortes und – enthüllend genug – über die Brandfackel des unter die Massen geschleuderten Wortes.«[94]

Anleitung zum richtigen Sprachgebrauch

Die folgende Abbildung zeigt, wie ein Demagoge Sprache für seine Zwecke einsetzen soll. Die vertikale Achse symbolisiert die Gefühlsintensität von Sprache. Die Skala reicht von Gefühlssprache (Sprache, die direkte Gefühle transportiert) über eine neutrale Sprache (wie sie im Alltag üblich ist) bis zu einer Sachsprache, die nüchtern, trocken und ohne (großen) Gefühlsmomente ist, wie wir sie etwa aus Behördenschreiben kennen.

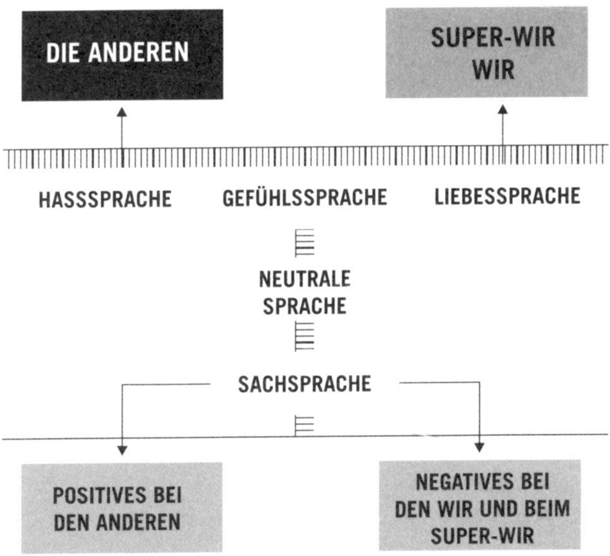

Die horizontale Achse stellt den positiven und negativen Inhalt von Gefühlssprache dar. Die Pole sind Liebessprache (starke positive Gefühle) auf der einen und Hasssprache (starke negative Gefühle) auf der anderen Seite.

Gefühlssprache dient zur Propaganda des Weltbildes:

- Liebessprache für die WIR und das SUPER-WIR,
- Hasssprache für die ANDEREN.

Sachsprache dient für Inhalte, die dem eigenen Weltbild widersprechen:

- für Antwort auf Kritik, die »unerfreuliche« Dinge bei den WIR und beim SUPER-WIR betrifft (wenn sich zum Beispiel jemand über die letzte Hetze des SUPER-WIR beschwert),
- für Dementi, zu denen das SUPER-WIR (widerstrebend) gezwungen wird,
- für »Erfolge« der ANDEREN, die (notgedrungen) anzuerkennen sind.

Umdeuten

Politik ist immer auch eine Auseinandersetzung um Begriffe. Demagogen wissen das genau. Der AfD-Politiker Höcke zum Beispiel spricht von der *»Begriffsherrschaft, die wir abwenden wollen«*.[95] Demagogische Politik will ihre starren Schwarz-Weiß-Begriffe mehrheitsfähig machen: Die Mehrheit soll lernen, im demagogischen Weltbild zu denken. Dazu werden die Techniken des Umdeutens verwendet:

- Begriffen wird eine neue Bedeutung gegeben.
- Der Betrachtungsrahmen wird verändert, Ereignisse werden zum Beispiel in einen neuen Kontext gestellt.

Muster 30: Geben Sie herkömmlichen politischen Begriffen eine neue Bedeutung.

Demagogische Politiker waren hier in den letzten Jahren in Europa äußerst erfolgreich. Sie haben – auch aus der Opposition heraus – das politische Denken deutlich verändert. Ein gutes Beispiel ist die Einstellung gegenüber Personen, die sich zum Islam bekennen. Im öffentlichen Diskurs sind viele Stimmen zu vernehmen, die *»den Islam«* (in der Einzahl) demagogisch beschreiben: Denn *»der Islam«* ist die Religion von ANDEREN. Das bedeutet: *»Der Islam«*, der bekanntlich unterschiedliche Konfessionen aufweist, muss als monolithischer, statischer

Block erscheinen. Es muss gesagt werden, dass er sich nicht ändern kann, dass er keine Gemeinsamkeiten zu Religionen wie dem Christentum aufweist, dass er im Vergleich zu UNSEREN Religionen minderwertiger ist und dass er zur Gänze barbarisch, irrational, primitiv und sexistisch ist.[96] So meinte etwa der AfD-Politiker Gauland: *»Man muss sehen, dass der muslimische Glaube etwas völlig anderes ist als der katholische oder der evangelische, wahrscheinlich auch der hinduistische«* und forderte einen generellen Einreisestopp auch für Muslime, die aus politisch stabilen Ländern stammen.[97]

Sich hinter den Wählern verstecken

Eine erfolgreiche Art des Umdeutens, die Demagogen gerne verwenden, wenn sie kritisiert werden: Die Kritik an ihnen wird als Kritik an ihren Wählern umgelenkt.

Auf diese Weise kann auch die Auseinandersetzung mit den Praktiken einer demagogischen Bewegung vermieden werden. Die persönliche Verantwortung zum Beispiel für Aktionen des SUPER-WIR wird auf die Wähler umgelegt (die aus sehr unterschiedlichen Gründen ihre Stimme abgegeben haben): Kritik am SUPER-WIR ist eine Kritik an den Wählern – SUPER-WIR steht immer außerhalb jeder Kritik.

Ein Beispiel für eine andere Variante des Umdeutens findet sich in einer TV-Debatte zur Wahl des österreichischen Bundespräsidenten zwischen den beiden Kandidaten Alexander Van der Bellen (parteilos, zuvor bis 2008 Vorsitzender der Grünen) und Norbert Hofer (FPÖ).[98] Das Thema war der 8. Mai, der Tag der Befreiung Österreichs vom Naziregime:

Alexander Van der Bellen: »Der 8. Mai, zufällig ist heute der 8. Mai. Vor wenigen Tagen war das für Sie ein Trauertag.« [...]

Hofer: *»Herr Doktor Van der Bellen, die Nazikeule bitte stecken lassen. Bitte!* [...] *Herr Doktor Van der Bellen, immer dann wenn es eng wird, kommt die Nazikeule. Das erlebe ich seit so vielen Jahren. Ich bin Jahrgang 71.«*

In der gesamten, hier auszugsweise zitierten Passage geht Hofer kein einziges Mal inhaltlich auf die Frage ein, ob für ihn der Tag der Befreiung Österreichs von der Naziherrschaft ein Trauertag ist. Stattdessen startet er sofort einen Gegenangriff (*»Nazikeule«*), deutet an, dass diese Frage nichts mit ihm zu tun habe (*»Ich bin Jahrgang 71«*), degradiert den Zweiten Weltkrieg, an dem Österreich wesentliche Mitschuld hatte, zu einem Krieg wie jeden anderen (*»bei jedem Krieg, wenn Menschen zu Tode kommen«*) und weicht der Frage aus (*»Ich bin auch froh, weil meine Mutter am 8. Mai Geburtstag hat«*).

Den Betrachtungsrahmen ändern

In der zweiten Variante stellen Demagogen ein Ereignis in einen anderen Zusammenhang beziehungsweise Rahmen. Dadurch erhält es eine neue Bedeutung. Ein geschickter Demagoge löst alle politischen Probleme aus ihrem ursprünglichen Zusammenhang und ordnet sie in sein erfundenes Gedankengebäude ein:

- Die ANDEREN Politiker sind korrupt.
- Ausländer sind kriminell.
- WIR sind ehrlich.
- Die Presse ist eine Lügenpresse.

Der Missbrauchsrahmen

Eine kurze und schnell erlernbare Form des Umdeutens, für demagogische Propaganda hervorragend geeignet, ist die Verwendung des Wortes »*Missbrauch*«. Ein echter Demagoge bewegt sich in einer Welt, wo überall Missbrauch zu finden ist. Alles, was die ANDEREN tun, ist ein einziger Missbrauch.

Muster 31: Bezeichnen Sie das Tun der ANDEREN als Missbrauch.

Im Parteiprogramm der AfD steht: *»Unter dem Schlagwort ›Klimaneutrales Deutschland 2050‹ durch ›Dekarbonisierung‹ missbraucht die deutsche Regierung die steigende CO2-Konzentration zur ›Großen Transformation‹ der Gesellschaft, mit der Folge, dass die persönliche und wirtschaftliche Freiheit massiv eingeschränkt wird.«*[99]

Der österreichische FPÖ-Chef Heinz-Christian Strache brachte im November 2015 sogar eine Strafanzeige gegen den damaligen Bundeskanzler und die damalige Innenministerin ein. Er warf den Regierungspolitikern das Delikt des »*Missbrauchs der Amtsgewalt*« vor, weil sie Kriegsflüchtlinge »*rechtswidrig*« ins Land gelassen hätten, und beschuldigte sie des Gesetzesbruches: »*Die Republik Österreich ist jetzt selbst als Schlepper tätig*«, sagte Strache.[100]

Der Schweizer SVP-Politiker und Publizist Roger Köppel wirbt mit dem Slogan »*Völkerwanderung, Nein zum Asylmissbrauch*«.[101] Auf Parteitagen der AfD wird die Presse eingeschränkt. Denn es ist klar – darauf wies schon 2014 Lucke hin –, »*dass hier die Pressefreiheit missbraucht wird, um Menschen den Mut zu nehmen, ihre eigene Meinung zu sagen*«.[102]

Das Prinzip der Wiederholung

Demagogische Propaganda braucht stetige Wiederholung, Donald Trump hat dies in seiner Wahlkampagne meisterhaft vorgeführt. Schon früh hat er begonnen, seine Rivalin Hillary Clinton als »*betrügerisch*« (»*crooked Hillary*«) zu brandmarken. Seit dem Konvent, auf dem er zum Kandidaten der Republikanischen Partei gewählt wurde, hat er sein Publikum auf ein aggressives Ritual trainiert, das sich jedem eingeprägt hat: Immer, wenn er »*crooked Hillary*« sagte, brüllten seine Anhänger: »*Lock her up*« (»*Sperrt sie ein!*«). Ähnlich zur Mauer, mit der er die USA gegen Mexiko abschotten will: Trump rief: »*Who's gonna pay?*« (»*Wer wird zahlen?*«), das Publikum rief zurück: »*Mexiko!*«[103]

Lernen Sie von Trump! Starten Sie mit einer absurden Behauptung. Beschuldigen Sie einen FEINDLICHEN Politiker, wahlweise irgendeines Verbrechens, alkohol- oder drogensüchtig zu sein oder über einen schlechten Charakter zu verfügen, am besten in einem kurzen einprägsamen Slogan. Der öffentliche Aufschrei zu Beginn Ihrer Kampagne wird Ihnen guttun, denn Sie haben schlagartig eine hohe Aufmerksamkeit in den Medien. Bleiben Sie zäh. Wiederholen Sie unentwegt Ihren Vorwurf – ohne Rücksicht darauf, dass ANDERE Ihren Vorwurf durch sogenannte Fakten schon längst widerlegt haben. Genießen Sie nach einiger Zeit die Wirkung Ihrer Behauptung.

So wurde zum Beispiel der hochrangige FPÖ-Politiker Johann Gudenus rechtskräftig verurteilt, weil er öffentlich behauptet hatte, dass dem Sprecher einer österreichischen Menschenrechts-NGO »*nur illegale Ausländer wichtig sind, weil er, wie die Schlepper-Mafia auch, mit ihnen ein gutes Geschäft macht*«.[104]

»Man sollte die Macht des wiederholten Wortes nicht unterschätzen. Schon viele sind auf diesen Trick hereingefallen, denn mit der Zahl der Wiederholungen einer Behauptung wächst die Bereitschaft beim Hörenden, die Behauptung als wahr zu akzeptieren. Das gilt für alle Behauptungen, die dem Hörenden nicht auf Anhieb als unwahr erscheinen. Ist er unsicher, und das ist die Grundhaltung vieler Menschen gegenüber vielen Behauptungen, dann hilft die stetige Wiederholung, die Sperre der Unsicherheit abzubauen und gar ein Feld von Gewissheit über die Wahrheit dieser Aussage zu legen. Ist aber eine Behauptung von einigen akzeptiert worden, dann beschleunigt sich der [...] Prozess. So kann man auf andere Personen verweisen, die ebenfalls dieser Ansicht sind. Die anfangs vielleicht absurde Behauptung kann von Teilen der Bevölkerung geglaubt werden. Dies verstärkt den sozialen Druck auf andere, sich diesem Trend anzuschließen, ohne dass der Prozess erkannt wird. Mehr und mehr Menschen bestärken einander gegenseitig in der teilweisen oder gänzlichen Richtigkeit Ihres Vorwurfes. So kann Ihre Behauptung schließlich zur Wahrheit werden. Sie muss nur konsequent und lange genug stereotyp wiederholt werden«, schreibt der deutsche Philosoph und Psychotherapeut Rupert Lay.[105]

Ein historisches Beispiel

Joseph Goebbels, Altmeister erfolgreicher Demagogie, hatte das Prinzip der Wiederholung richtig begriffen: »*Man muss ewig dasselbe in ewig wechselnden Formen sagen, [das] Volk muss durch ständige Wiederholung von unseren Anschauungen gänzlich durchdrungen werden. Bis es sitzt!*« Und: »*Propaganda heißt Wiederholen, ewig wiederholen.*«[106]

Drei erprobte Techniken manipulativer Wiederholung:[107]

- Die stereotype Wiederholung: immer und immer wieder ein und dieselbe Botschaft.

- Die quantitative Multiplikation: Je mehr Menschen eine Botschaft verkünden oder bestätigen, umso glaubwürdiger wirkt sie. Deshalb behaupten Demagogen lauthals, sie wären die Stimme *»des Volkes«*.
- Die qualitative Verstärkung: durch die vielen freiwilligen und unfreiwilligen Helfer in den Zeitungen, im Fernsehen, durch Leserbriefe, im Gaststätten … und heute durch die vielen Möglichkeiten in den sozialen Medien. Man muss sich nur auf diese Stimmen berufen und schon wird die Botschaft noch glaubwürdiger.

Ein Beispiel für eine geglückte Wiederholung aus dem österreichischen Bundespräsidentschaftswahlkampf: *»Da wird auf Frauen geschossen am Weltfrauentag, mit Gummigeschossen, da wird eine Zeitung gestürmt, nur weil diese Zeitung nicht genehm berichtet, die Frau von Erdoğan träumt vom Harem«*, sagte der FPÖ-Kandidat Norbert Hofer in der ORF-Pressestunde vom 10. April 2016. Diese Passage haben wir fast wortgleich in der Runde der Bundespräsidentschaftskandidaten des ORF, in der Talksendung »Das Duell« des österreichischen Privatsenders Puls 4 sowie in der »Elefantenrunde« aller Personen, die zur ersten Stichwahl antraten, auf Puls 4 gefunden. Gleichlautende Sätze über Gummigeschosse, Harem und gestürmte Zeitungen erzählte Hofer unter anderem auch im Duell gegen den konservativen Präsidentschaftskandidaten Andreas Khol (»Die 2 im Gespräch« auf ORF), im Duell gegen Van der Bellen (Radiosendung Klartext vom 15. September auf Ö1) und in der ORF-Nachrichtensendung ZiB 2 am 18. März 2016.[108]

Demagogische Trance

Dauernde Propaganda hat das Potential, die Welt umzudeuten. Sie versinkt dann in einem gefühlvollen Nebel. Die sogenannten Fakten spielen eine immer geringere Rolle. Je mehr Menschen in demagogische Gefühlswolken eintauchen, umso wirklicher wird das Phantasiebild der Demagogie. Die Wahrnehmung selbst verschiebt sich. Man sieht nicht mehr die reale Welt, sondern eine durch Propaganda verformte Welt. Überall werden neue Bedrohungen, neue Ängste, neue FEINDE entdeckt.

Menschen in einem Propagandanebel leben wie in einer leichten Trance. Ihre Aufmerksamkeit wird durch Gefühle gelenkt, zum Beispiel durch ihren Ärger über »*die Ausländer*«, »*die Politiker*« oder »*die EU*«. Andere Themen blenden sie aus.

Die Kunst, andere in leichte Trance zu bringen, ist vielschichtig und verlangt Übung. Menschen mit Charisma üben sie scheinbar selbstverständlich aus. Ihr Auftreten lässt eine bestimmte Atmosphäre entstehen: Die Luft flimmert, man fühlt sich verwandelt. Im Gegensatz zur landläufigen Meinung kann »Charisma« – zumindest in einigen Aspekten – erlernt werden.

Suggestive Sprache

Suggestive Sprache wirkt direkt auf das Unbewusste. Jeder gute Rhetoriker setzt suggestive Sprachmuster ein – oft ohne zu wissen, dass er dies tut. Viele Demagogen überlassen das nicht dem Zufall, sondern schulen sich intensiv in suggestiver Sprache. Demagogen wollen das Unbewusste erreichen und das Bewusste ausschalten. Ihr Ziel ist, Menschen in einen Gefühlstaumel zu versetzen, der es ihnen unmöglich macht, nüchtern nachzudenken, wohin der Rausch führt und welche Konsequenzen eine solche Politik hat. Demagogen sind Spezialisten in der Verabreichung suggestiver Dosen. Lernen auch Sie von den großen Trance-Künstlern der Politik. Wie auch Sie ganz schnell suggestive Sprachmuster einsetzen können: [109]

1. Verknüpfen Sie Dinge, die nicht zusammengehören.
2. Verwenden Sie Ausdrücke, die eine Notwendigkeit suggerieren, wie *müssen*, *sollen* etc.
3. Erzählen Sie einprägsame Geschichten.
4. Sprechen Sie altvertraute Mythen an.
5. Setzen Sie gefühlsbeladene Symbole ein.

Verknüpfungen

Wer suggestive Wirkungen erreichen will, sollte Dinge verknüpfen, die nichts miteinander zu tun haben – als ob es selbstverständlich wäre, dass sie zusammengehören.[110]

Muster 33: Verknüpfen Sie Dinge, die eigentlich nicht zusammengehören.

Verknüpft werden können Themen, Personen, Zeiten etc. Günstig sind Redewendungen, wie: »*wenn … dann …*«, »*…und…*«, »*weil*«, »*Das … erlaubt …*«, »*… führt zu*«, »*nicht bevor*«, »*während*«.[111]

Mit dieser Anleitung lassen sich Suggestionen anfertigen, die das Denken vernebeln und direkt Gefühle ansprechen. Ihre eigentliche Wirkung entfalten sie im Unbewussten – heimlich und unbemerkt. Jeder gute Demagoge wählt seine suggestiven Sätze bewusst. Sie sind Teil seiner Strategie, die Zuhörer in einen Nebel zu führen, ihr Denken zu blockieren und ihr Unbewusstes zu beeinflussen.

Strache in einem Facebook-Posting am 22.5.2017: »*Massive Ungereimtheiten bei der Stimmauszählung in Nordrhein-Westfalen. Auch in Frankreich waren Le Pen Stimmen schon bei der Auslieferung beschädigt. Komisch, dass gerade die AfD und Le Pen davon betroffen ist … Erinnert irgendwie an die österreichische Präsidentschaftswahl im Mai 2016!*«

Besonders wirksam ist das Wort »*während*«. Als Demagoge sollten Sie das in viele ihrer Sätze einbauen: »*Während Steuerhinterziehung auch vergleichsweise kleiner Beträge in Deutschland konsequent verfolgt und bestraft wird, bleibt die weit mehr gemeinwohlschädliche Steuerverschwendung straffrei.*« (Wahlprogramm der AfD zur Bundestagswahl 2017)

Geschichten erzählen

Geschichten hört man gerne. Schon in der vorschriftlichen Zeit waren Geschichtenerzähler angesehene Persönlichkeiten. Jeder einigermaßen begabte Demagoge verkauft sein Bild von der Gesellschaft mit Hilfe von spannend oder witzig erzählten Einzelfällen, über die auf die Gesamtheit geschlossen wird. Geschichten wirken suggestiv und sprechen direkt Gefühle an.

Muster 34: Erzählen Sie Geschichten.

In so gut wie jeder Rede von Demagogen findet sich eine oder mehrere Geschichten über konkrete Schandtaten der ANDEREN, die dann verallgemeinert werden (Muster 15). Aber auch zur Darstellung der überragenden Qualitäten von SUPER-WIR sind Geschichten notwendig. Trump erzählt seine Lebensgeschichte immer als Aufsteigerstory, jetzt seinen Wahlerfolg: Ein unbekannter »Außenseiter« macht sich auf die

Reise, bekommt von überall Widerstand entgegengebracht und setzt sich schließlich gegen die ANDEREN durch, die immer über ihn gelacht haben.

Fast alle Demagogen erzählen Heldengeschichten über sich selbst (Muster 8 und 9). Der FPÖ-Politiker Norbert Hofer, der 2016 antrat, um Bundespräsident von Österreich zu werden, hat schon im Jahre 2014 seine dramatische Geschichte von einem Unfall beim Paragleiten in eine Broschüre des FPÖ-Bildungsinstituts mit dem Titel *»Leben nach der Querschnittslähmung«* verpackt: *»Die Erde raste auf mich zu. […] Dann der Aufprall, brutal. […] die Wirbelsäule, ein Wirbel nach dem anderen gibt nach, bricht, zerbröselt«.*[112] Genau diese Geschichte spielte auch im Wahlkampf 2016 zur Aufwertung seines Images als SUPER-WIR eine Rolle: Hofer hatte sie im Fernsehen fast wortgleich erzählt.

Demagogische Geschichten beleben Reden und verankern Suggestionen im Unbewussten. Demagogen und Demagoginnen präsentieren sich so wie ein Mann oder eine Frau aus dem Volke, der/die am Stammtisch eine Geschichte zum Besten gibt. Sie sind scheinbar einer von UNS und zugleich Helden und Vorbilder und wollen mit ihren Geschichten im Publikum genau jene Gefühle auslösen, die sie für ihr Politspiel benötigen.[113]

Mythen

Mythen sind kollektive Geschichten, die tiefe Schichten des Unbewussten erreichen. Mythen sind einfache, bildhafte Deutungen der Wirklichkeit. Das demagogische Bild von der Gesellschaft ist selbst ein Mythos, der seinerseits in andere Volksmythen eingebettet ist. Erfolgreiche Demagogen kennen die Erzählungen des Volkes, wissen um die nationalen Geschichtsmythen und bauen ihr eigene Bilder geschickt in diese Mythen ein.

Demagogie basiert immer auf Mythen. Beispiele sind der Mythos von den guten WIR und den bösen ANDEREN, der Mythos von Licht und Schatten, von Erlösung, von Schuld und Verrat, von Nestbeschmutzung und vom Dolchstoß. Demagogische Politiker umgeben sich mit dem Mythos vom Führer, vom Erlöser, von ihrer eigenen Unfehlbarkeit und von ihrer historischen Sendung. Sie binden ihre Gefolgschaft mit dem Mythos von Treue, Ehre und Glaube. Sie suggerieren eine Einheit von Führer und Volk, die Volksgemeinschaft der WIR. Ihr Bild von den

ANDEREN nützt jahrhundertealte Mythen von Sündenböcken, von Schuld und Verstoßung oder den Mythos einer übermächtigen Weltverschwörung (vgl. Kapitel 5).

Mythen sprechen unmittelbar Gefühle an. Mythologische Stimmungen sind ein Hauptbestandteil des ideologischen Nebels, mit dem Demagogen die Wirklichkeit verhüllen.[114] Mit Mythen können ganze Volksmassen an den Führer gekettet und ohne Aufbegehren (wie das Beispiel des Nationalsozialismus zeigt) in den Tod getrieben werden. Mythen nützen Elemente religiösen Glaubens und alter Sagen. Sie wenden sich nicht an den Verstand, sondern an das Gefühl und – in demagogischer Lenkung – an archaische, tiefliegende Sehnsüchte, Ängste und Rachegefühle.

Symbole

Symbole sind ein anderes wirkungsvolles Mittel, um das Unbewusste direkt anzusprechen. Die suggestive Macht von Symbolen ist aus Märchen und Mythen bekannt.

Politische Symbole dienen den gleichen Zwecken. In der Politik spielen Symbole eine große Rolle. Bei Staatsempfängen werden Flaggen gehisst, Kränze niedergelegt, die Ehrenkompanie abgeschritten. Viele politische Handlungen werden als symbolische Handlungen inszeniert. Politische Zeichen finden wir in allen Lagern und bei allen Parteien. Demagogische Politiker besitzen hier einen Vorteil: Als Gefühlsspezialisten setzen sie Symbole ein, die eine höhere Ausstrahlung verkörpern. Sie sind ein hervorragendes Mittel, ihr Weltbild zu transportieren, ohne direkt davon zu sprechen.

Muster 35: Setzen Sie gezielt Symbole mit hoher Gefühlswirkung ein.

2013 verbrennt der AfD-Gründer Bernd Lucke vor dem Brandenburger Tor falsche Euroscheine. In der Nähe, am Bebelplatz, wurden am 10. Mai 1933 Bücher verbrannt.

Beim Besuch der Holocaust-Gedenkstätte Yad Vashem in Jerusalem trug FPÖ-Chef Strache nicht irgendeine Kopfbedeckung, sondern die Burschenschafterkappe mit der Bezeichnung »*Deckel*« der extrem rechten deutschnationalen Burschenschaft Vandalia, in der er Mitglied ist.

In anderen Fällen ist es geschickter, Symbole einzusetzen, sich aber über ihre Bedeutung unwissend zu stellen. Beispiele sind der Einsatz von Symbolen mit Anklängen an die nationalsozialistische Zeit:

- Seit FPÖ-Chef Strache Parteichef ist, trugen FPÖ-Abgeordnete zur Angelobung regelmäßig eine Kornblume im Revers. Die Kornblume war nach dem Zeithistoriker Oliver Rathkolb von der Universität Wien »ganz klar ein Symbol für die antisemitische Schönerer-Bewegung und diente in den 1930er-Jahren den illegalen Nazis in Österreich als Erkennungszeichen«.[116] In einer Pressemitteilung erklärte die FPÖ, dass die Kornblume, *»als blaue Blume der Romantik, von Dichtern besungen, von Malern porträtiert, vielfach als Dekor von Porzellan-Manufakturen verewigt, Sehnsucht und Liebe symbolisiert«*. Außerdem stehe sie *»weiterhin als Symbol für die Freiheitsbewegung von 1848, in deren Tradition sich die FPÖ sieht«*.[117] Der FPÖ-Politiker Walter Rosenkranz behauptete wiederum, die Kornblume sei *»auch die Europablume, also des Europarates«*.[118] Tatsächlich gibt es aber keine *»Europablume«*.
- Nach Wahlen bedankte sich die FPÖ bei ihren Wählern mit einem *»Danke«* in Frakturschrift – eine Schrift, die seit der Nazizeit in Österreich nicht mehr gebräuchlich ist.[119]
- Orbán hatte, wie bereits in Kapitel 1 erwähnt, eine monumentale Statue des mythischen Vogels Turul eingeweiht, diese Figur wurde auch von ungarischen Faschisten verwendet. Spöttern dieser Symbolik ließ der Orbán-Freund und Fidesz-Mitbegründer Zsolt Bayer in der regierungsnahen Zeitung *Magyar Hirlap* ausrichten: *»Ihr werdet verschwinden. Ihr alle, und für immer. Die Mythen von Drachen und Turul werden euch begraben. Und dann wird die Welt schöner sein.«*[120]

Innere Bilder

Viele Menschen nehmen Sprache nicht sonderlich ernst und achten nicht genau auf das, was ein Politiker sagt. Sie glauben, demagogisches Reden entspränge aus dem Augenblick, beruhe auf keinem ausgeklügelten System und sei weitgehend wirkungslos. Demagogen hingegen wissen um die Wirkung von Worten. Sie studieren, wie sie andere mit Sprache verführen (können) und wie sich das Denken und Wahrnehmen ihrer Zielgruppe kurz- und langfristig wandelt.

Wie kann man – durch bloßes Reden – die Gedanken eines anderen verändern? Ist es möglich, sogar die Wahrnehmung zu beeinflussen? Der Weg dazu verläuft über »innere Bilder« – und zwar jene Bilder, die wir (automatisch und unbewusst) entwerfen, wenn wir an andere denken, zum Beispiel an *»die Ausländer«*, *»die Politiker«* oder *»die Islamisten«*. Die Wichtigkeit innerer Bilder für das menschliche Handeln wird oft unterschätzt. Die wenigsten Menschen wissen, wie sehr sie durch innere Bilder gesteuert werden und wie andere andauernd versuchen, ihre inneren Bilder zu beeinflussen.

Probieren wir ein kurzes Selbstexperiment: Schließen Sie die Augen. Denken Sie an eine Person, die Ihnen sympathisch ist. Nennen wir diese Person A. Stellen Sie sich vor, Sie wären jetzt mit dieser Person zusammen. Entwerfen Sie ein inneres Bild von A. Achten Sie, wo dieses Bild auftaucht. Wo in Ihrem inneren Raum »sehen« Sie A? An welcher Stelle, in welcher Entfernung? Weiter: Welche Farben sind mit dieser Person verbunden? (Auch wenn Ihnen diese Frage merkwürdig vorkommen mag.) Nehmen Sie auch Ihre Gefühle wahr. Versuchen Sie, ruhig zu werden und sich auf Ihr inneres Bild zu konzentrieren. Halten Sie den Ort, die Entfernung, die Farben und die Gefühle zu dieser Person fest (wenn möglich in schriftlicher Form oder in einer kleinen Skizze).

Denken Sie nun an eine Person, die Sie ablehnen, zum Beispiel an jemanden, der Sie gekränkt hat. Nennen Sie diese Person B. Stellen Sie sich vor, B wäre bei Ihnen. Halten Sie wiederum den Ort fest, an dem Sie diese Person innerlich »sehen«. Welche Farben umgeben diese Person? Welche Gefühle ruft sie in Ihnen wach?

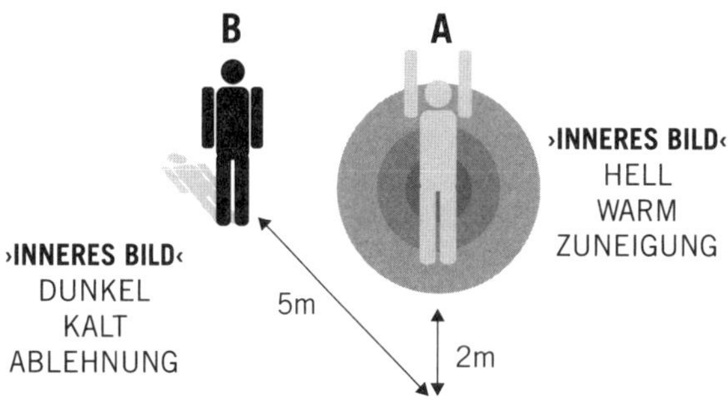

Ein typisches Ergebnis dieses Experiments könnte sein: Wenn Sie an die sympathische Person A denken, taucht vor Ihrem inneren Auge das Bild einer hellen, großen Person mit wenig Abstand vor Ihnen auf (inneres Bild A). Sie »sehen« vielleicht gelbe Farben und empfinden ein warmes Gefühl. Die unsympathische Person B hingegen wird etwas links und weiter weg umgeben von dunkleren Farben gesehen (inneres Bild B). Das Bild ruft in Ihnen kalte Ablehnung hervor.

Automatische innere Bilder

Bilder dieser Art sind von großer Wichtigkeit. Ohne es bewusst zu merken, produzieren wir andauernd innere Bilder über andere Menschen. Sie sind immer mit Gefühlen verbunden. Diese Bilder und Gefühle bestimmen unser Verhalten in weit höherem Maße als die meisten ahnen. Angenommen, wir treffen mit A oder mit B tatsächlich zusammen. Schlagartig wären wir mit genau jenen Gefühlen konfrontiert, die wir erleben, wenn wir an A oder B nur denken.

Das innere, unbewusste Bild von einer Person funktioniert wie eine »Brille«, eine Vorlage, die aktiviert wird, wenn wir diese Person real sehen. Die äußeren Informationen über die Person werden durch das innere, erlernte Bild blitzschnell »gefiltert«. Ich »sehe« nicht die Person, wie sie »wirklich« ist, sondern ein »Bild«, das durch meine inneren Informationen systematisch beeinflusst ist.

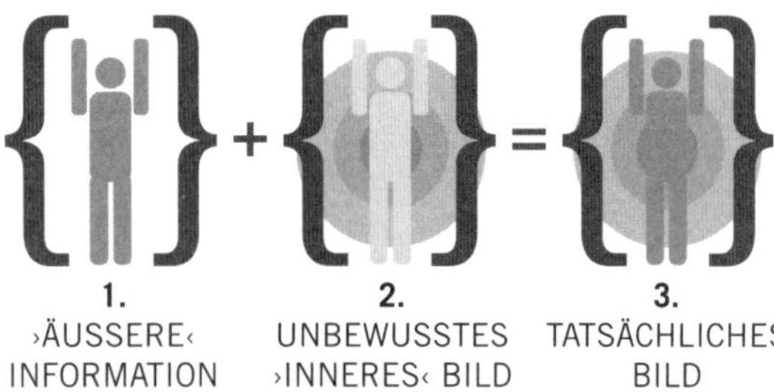

Der gesamte Prozess ist ungemein komplex und verläuft unbewusst. Dabei werden die äußeren Informationen mit inneren Bildern gemischt. Das tatsächliche Erleben (was ich »wirklich« sehe) stammt aus beiden Informationsquellen, die so stark miteinander vermengt werden, dass eine nachträgliche Aufspaltung kaum möglich ist.[121]

Innere Bilder und Verhalten

Innere Bilder formen auf unbewusste Weise das, was wir wahrnehmen. Sie legen die Welt fest, in der wir leben. Innere Bilder sind für Handlungen unmittelbar relevant. Einer Person, die mir in meinem inneren Modell als sympathisch erscheint, werde ich vermutlich mit Freude oder Achtung gegenübertreten.

Sich dieser Prozesse bewusst zu werden, ist dann angebracht, wenn wir eine Veränderung des eigenen Verhaltens oder des Verhaltens anderer verstehen wollen. Ausgangspunkt ist die enorme Flexibilität innerer Bilder. Es ist möglich, ein und denselben Tatbestand innerlich auf völlig andere Art zu »sehen«. Ein und dieselbe Person kann im inneren Bild als geliebte Person, als Angehörige einer fremden sozialen Schicht oder als verachtenswerter Außenseiter erscheinen.

Politische Propaganda vermag innere Bilder zu beeinflussen. Und beeinflusst dadurch auch unsere Wahrnehmung und unser Verhalten.

Sprache und innere Bilder

Zahlreiche Experimente belegen, dass es möglich ist, innere Bilder direkt mit Sprache zu beeinflussen. Man kann zum Beispiel in einer Gruppe systematisch abwertend über ein Mitglied reden und beobachten, wie sich schrittweise das Verhalten der gesamten Gruppe gegenüber dieser Person zum Negativen verändert.

Demagogische Sprache wirkt ähnlich. Sie kann Einstellungen und innere Bilder über Personen und Gruppen verändern. Demagogische Propaganda beruht auf der Einsicht, dass die meisten sozialen Einstellungen ohne direkte »Beweise« entstehen. Sie werden durch gegenseitiges Reden übermittelt: indem wir über andere sprechen oder indem wir hören, wie andere über andere sprechen. Der Großteil der sozialen Haltungen beruht (so unglaublich das klingen mag) auf Urteilen aus zweiter Hand. In vielen Fällen besitzen Menschen verallgemeinernde Ansichten über Individuen und Gruppen, denen sie niemals begegnet sind. Bei fast allen sozialen Urteilen sind wir auf die Meinungen anderer angewiesen. Die meisten Bereiche unterziehen sich einer eindeutigen Bewertung. Fragen der Kunst, der Wissenschaft, der Ethik, der Religion, der Politik oder der Wirtschaft sind ungemein kompliziert. Wir verlassen uns auf den Standpunkt derer, denen wir vertrauen, weil sie uns kompetent erscheinen. Gelingt es einem Demagogen, Fans durch intensive Gefühle an sich zu binden, dann kann er ihnen buchstäblich alles einreden. Jede Behauptung, wie obskur auch immer, Verschwörungsmythen oder Dolchstoßlegenden (vgl. Kapitel 5), kann Anhängern dann als »Wahrheit« erscheinen. »Beweise« spielen keine Rolle. Kein Gläubiger beachtet sogenannte Fakten.

Das Gefährliche an demagogischer Propaganda ist nicht ihr Versuch, innere Bilder zu beeinflussen. Diesen Versuch unternehmen Politiker aller Couleur. Demagogische Propaganda zielt jedoch – im Unterschied zu anderen Arten politischer Einflüsterung – auf eine ganz bestimmte Klasse innerer Bilder ab.

Die Wirkung von Hasssprache

Vereinfacht gesprochen gibt es zwei Arten von inneren Bildern über andere Menschen:

1. Bilder, die Menschen als naturgemäß menschlich beschreiben.
2. Bilder, die Menschen ihr eigentliches Menschsein absprechen.

Eine scheinbar merkwürdige Frage: Wie kommt es, dass wir andere in unseren inneren Bildern als Menschen und nicht als Tiere oder gar als leblose Dinge »sehen«? Durch welche Merkmale konstruieren wir innerlich »etwas« als Person, im Unterschied zu einem Tier oder einem Ding? Diese eigenartige Frage ist für Politik von außerordentlicher Bedeutung. Das Überleben jeder Person auf diesem Planeten kann davon abhängen, ob andere Menschen ihr gegenüber diese Art von Konstruktionsleistung erbringen oder nicht.

Andere innerlich als Menschen zu denken, beruht auf einem (unbewussten) Ähnlichmachen. Wir unterstellen anderen Menschen, dass sie uns in wichtigen Merkmalen gleichen. Sie sehen, fühlen, begehren und denken auf ähnliche Weise wie wir. Letztlich empfinden wir andere als Menschen, weil wir ihnen eine Innenwelt in Ähnlichkeit zu unserer eigenen Innenwelt zusprechen. Wir glauben, dass sie über Gefühle, Gedanken, Wünsche, Vorstellungen und so weiter verfügen.

Diese Dinge sind nicht selbstverständlich. Es gibt Menschen, die anders »funktionieren«. In ihrer inneren Welt ist – für bestimmte Gruppen von Menschen – das Bild von Menschen als eigentliche Menschen zerstört. Die Konturen dieser Bilder sind durch nicht-menschliche Elemente aufgefüllt. Im inneren Bild erscheinen sie nicht als »Menschen«, sondern als Tiere oder Objekte. Bilder dieser Art sind (demagogische) Gegensatzbilder.

»Gegensatzbilder«

Innere Bilder über Menschen können (vereinfacht) einer Skala zugeordnet werden. Ihr Maßstab ist die Ähnlichkeit oder Unähnlichkeit – verglichen mit uns selbst. Im Alltag pendelt die Skala zwischen Liebe und Hass. An einem Pol befinden sich die Bilder über Menschen, die wir heiß und innig lieben, am anderen Pol die Bilder über jene Menschen, die wir abgrundtief hassen oder vor denen uns zum Beispiel ekelt. Der Rest verteilt sich auf gesamte Skala.

Demagogische Bilder sind hingegen nie im Zwischenbereich angesiedelt: Hier gibt es nur Liebesbilder (die Bilder über die WIR und das SUPER-WIR) oder Hassbilder (die Bilder über die ANDEREN). Zwischentöne fehlen (Muster 6). Gleichzeitig wird eine neue Klasse von Unähnlichkeit erschaffen: Bilder von Menschen, denen das eigentliche Menschsein abgesprochen wird (Gegensatzbilder). Im inneren Bild bekommen sie tierische oder objekthafte Züge. Man stellt sich dabei eine Person vor und denkt an etwas, das wie ein Tier oder ein Gegenstand ist.

Die Sprache, mit denen Demagogen die ANDEREN belegen, kann (aber muss nicht) die Wirkung haben, Gegensatzbilder hervorzurufen oder vorhandene Gegensatzbilder zu verstärken. Insbesondere die Fans sind gefährdet. Viele demagogische Muster können diesen Einfluss ausüben, sie wurden bereits genannt: die ANDEREN als Tiere zu bezeichnen (Muster 22), sie mit Gewaltsprache, Gewaltphantasien und Gewaltdrohungen zu belegen (Muster 23 und 24), kein Mitleid zu zeigen (Muster 25), ihnen jede Moral abzusprechen (Muster 5) oder ihnen jedes nur mögliche Verbrechen zu unterstellen (Muster 26).

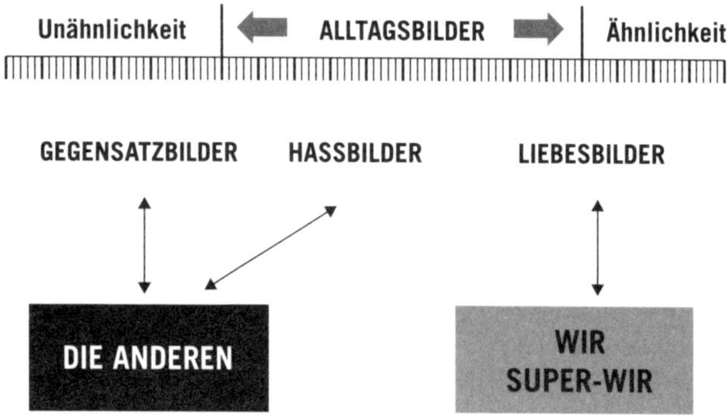

Gegensatzbilder »sehen«

Gegensatzbilder verändern die Wahrnehmung radikal. Man »sieht« innerlich eine Person, der alle spezifisch menschlichen Komponenten genommen wurden. Man stellt sich Menschen dann vor, als ob sie tatsächlich Tiere oder Objekte wären. Wenn man an die ANDEREN denkt oder ihnen begegnet, »sieht« man innerlich keine Menschen mehr.

Viele Beispiele von Rassisten belegen diese Vorgänge. Ein extremer Rassist denkt die ANDEREN nicht als Wesen mit menschlichen Zügen. Sie werden mit Tierausdrücken belegt, zum Beispiel mit dem Wort »*Schmarotzer*« – eine Sprachschöpfung der Nationalsozialisten. (1933 bezieht der *Große Brockhaus* das Wort *Schmarotzer* noch ausschließlich auf Tiere und Pflanzen.) Die Nationalsozialisten haben in ihrer Propaganda immer behauptet, der »*deutsche Volkskörper*« sei von »*Schmarotzern*« und »*Parasiten*« befallen. Der frühere Schatzmeister der hessischen AfD, Peter Ziemann, schrieb 2012 auf einer Internetseite: »*Der heutige Sozialismus, der sich Demokratie schimpft, muss das gleiche Schicksal wie der Ostblock vor mehr als 20 Jahren erleiden. Nur so können wir die satanistischen Elemente der Finanz-Oligopole von den westlichen Völkern wieder abschütteln, die wie die Zecken das Blut der Völker aussaugen und die Körper mit tödlichen Bakterien verseuchen.*«[122] Er wurde daraufhin von der AfD seines Amtes enthoben.

Wie weit dieser Hass gehen kann, wie schnell die Entmenschlichung der ANDEREN fortschreiten kann, zeigt ein menschenverachtendes Lied, das zum Propagandaschatz des in Deutschland und Österreich bekannten Neonazis Gottfried Küssel gehörte. Küssel organisierte in den 1980er-Jahren paramilitärische »*Wehrsportübungen*«, an denen der heutige FPÖ-Chef Heinz-Christian Strache zumindest ein Mal persönlich teilnahm. Zum Liedschatz von Küssels VAPO (»*Volkstreue außerparlamentarische Opposition*«) gehörte auch folgender Gesang: »*Kennst du seine Nase, seine Nase kennst du nicht, ist sie krumm und hässlich, ja dann schlag ihm ins Gesicht. Das ist kein Mensch, das ist ein Jud, denk nicht lang nach mach ihn kaputt. Kennst du seine Farbe, seine Farbe kennst du nicht, ist sie schwarz und hässlich, ja dann schlag ihm ins Gesicht. Das ist kein Mensch, das ist ein Aff, denk nicht lang nach, mach einfach paff …*«[123]

Wer fähig ist, innere Gegensatzbilder zu erschaffen, kann in allerletzter Konsequenz die größten Verbrechen ohne Gewissensbisse begehen. Man kann Wesen, die innerlich wie Tiere oder wie Gegenstände »gesehen« werden, alles antun. Tiere unfruchtbar zu machen, sie zu töten oder leblose Gegenstände in Einzelteile zu zerlegen, ruft keine Schuldgefühle wach. In einer völlig entpersönlichten Vorstellungswelt wird jedes Verbrechen möglich.

Der Weg zu Gegensatzbildern ist mit Hasssprache gepflastert. Andere als »*Tiere*«, als »*Verbrecher*«, als »*Schädlinge*«, als »*Schmarotzer*« etc. zu kennzeichnen, ist viel mehr als nur »Sprache«. Es ist Sprache besonderer Art. Es ist der erste Schritt zur Entmenschlichung. Ihre Gefährlichkeit liegt darin, dass eine solche Sprache im Zuhörer (der sie ernst nimmt) Gegensatzbilder hervorrufen kann. Sprache kann innere Bilder verändern. Dieser Vorgang bedarf der Unterstützung und Ermunterung durch andere. Kollektiv kann so langsam und schleichend eine Wahnwelt entstehen, die die Verfolgung und Vernichtung ANDERER erst möglich macht.

Sprache, innere Bilder und Taten

Der Weg von Sprache zur Verformung innerer Bilder bis hin zu verfestigten Gegensatzbildern, die Gewalt an den ANDEREN rechtfertigen, ist lang und verläuft über viele Stadien. In einem Standardwerk unterscheidet der US-amerikanische Psychologe Gordon W. Allport fünf Stufen der Eskalation von Gewalt.[124] Jedem Stadium entspricht eine Neukonstruktion innerer Bilder, die Schritt für Schritt in den Bereich von Gegensatzbildern abdriften. Am Schluss verfestigt sich die Vorstellung von Nicht-Menschen: Wesen, denen jede Menschenähnlichkeit versagt wird, die innerlich zu Tieren oder Gegenständen verwandelt wurden.

Stufe 1 – Die Verleumdung

Die ANDEREN werden als »störend, böse, minderwertig oder gefährlich hingestellt. Negative Vorstellungen breiten sich aus. Wer Vorurteile hat, redet auch darüber.«[125]

Stufe 2 – Die Vermeidung

Ab einer gewissen Größenordnung führen Vorurteile zur Absonderung. Die WIR vermeiden den Kontakt mit den ANDEREN.

Stufe 3 – Die Diskriminierung

Den ANDEREN wird die politische, rechtliche oder soziale Gleichberechtigung vorenthalten.

Stufe 4 – Körperliche Gewaltanwendung

Die Emotionalisierung von Stufe 3 mündet in Gewalt: Grabsteine jüdischer Friedhöfe werden geschändet. Flüchtlingsquartiere gehen in Flammen auf. »*Besorgte Bürger*« machen Jagd auf Migranten.[126]

Wenn die Angegriffenen sich wehren, kann eine neue Gewaltspirale entstehen. Bestehende Vorurteile werden bestätigt: Die ANDEREN sind kriminell, gewalttätig und gefährlich. Personen, die gegen Diskriminierung (Stufe 3) und Gewaltanwendung (Stufe 4) auftreten, werden zu »*Volksverrätern*«. Die Gewalt bekommt damit neue Ziele. So erhielten zahlreiche deutsche Bürgermeister in der jüngsten Vergangenheit Morddrohungen, weil sie sich für die menschenwürdige Aufnahme und Integration Geflüchteter engagieren, darunter der Oberbürgermeister von Dresden,[127] der Bürgermeister von Bernau[128] oder der Bürgermeister von Zirndorf, der gegen einen Neonaziaufmarsch mobilisierte.[129]

Stufe 5 – Die Vernichtung

Am Ende der Gewaltspirale steht die Ermordung der ANDEREN: durch Lynchjustiz (bis Ende der 1960er Jahre in den US-Südstaaten gegen Schwarze), Progrome, Massenmorde oder die industrielle Ausrottung ganzer Gruppen (wie jene der Juden durch die Nationalsozialisten). Mit dem Anwachsen der Gewalt wächst die Billigung von Gewalt.

Brave Bürger stehen auf der Straße und klatschen Beifall, wenn eine Asylunterkunft in Flammen aufgeht.

Indizien für die ersten vier Stufen finden sich allen Ländern, in denen demagogische Bewegungen stärker geworden sind. Überall konnte in den letzten Jahre »eine enorme Verrohung« in der Sprache festgestellt werden, wie die AfD-Expertin und *Spiegel*-Journalistin Melanie Amann zur AfD meint, »wo gemäßigte Funktionäre wie Jörg Meuthen die alltäglichen Vorfälle achselzuckend hinnehmen: Eine Stuttgarter Abgeordnete darf ungestraft von einem ›*schleichenden Genozid*‹ an den Deutschen warnen, ein Hamburger Bürgerschaftsmitglied Musliminnen als ›*Frauen in Müllsäcken*‹ diffamieren, ein Gemeinderat aus Lahr Verständnis dafür zeigen, dass manche Bürger am liebsten ›*Merkel und ihr Kabinett am nächsten Baum aufhängen*‹ wollen.«[130]

Aber die Eskalation beschränkte sich nicht nur auf Sprache. So berichtete der *Tagesspiegel* von 3 533 gemeldeten Übergriffen auf Asylbewerber in Deutschland im Jahr 2016, durchschnittlich gab es zehn gemeldete Übergriffe auf Flüchtlinge oder Asylunterkünfte pro Tag, 560 Menschen wurden verletzt, darunter 43 Kinder.[131] In Österreich stieg die Zahl der polizeilich gemeldeten rechtsextremen und rassistischen Tathandlungen von 750 im Jahr 2014 auf 1 313 im Jahr 2016 an.[132] 2016 wurde auch eine noch nicht bezogene Asylunterkunft durch Brandstiftung völlig zerstört.[133]

Historisches Beispiel

Die Nationalsozialisten haben die Eskalationsspirale über alle fünf Stadien praktiziert. Die Vernichtungsaktionen der Nazis gegen Juden, Sozialisten, Kommunisten, Behinderte, Homosexuelle, Sinti und Roma und viele ANDERE demonstriert, was durch demagogische Gefühlspropaganda (die über die entsprechenden Machtmittel verfügt) erreicht werden kann. Jede Vernichtungswelle wurde von der Propaganda vorbereitet. Dabei wurden die inneren Bilder vieler Menschen systematisch in Richtung Gegensatzbilder verändert. In der emotionalen Bindung vieler Menschen an den »geliebten Führer« gelang es den Nationalsozialisten, die Mehrheit der Bevölkerung zumindest zur stillschweigenden Duldung der größten Menschheitsverbrechen zu gewinnen. Ähnliche Prozesse können in vielen diktatorischen oder totalitären Systemen beobachtet werden.

Die Nazis haben die Juden (und andere Verfolgte) viele Jahre systematisch als FEINDE propagiert. Die Juden wurden als »*Vampire*«, »*Völkerparasiten*«, »*Schmarotzer*«, »*Blutjuden*«, »*Völkertyrannen*« und »*Blutegel*« bezeichnet. Sie »*verpesten unser Blut*«, »*vergiften den Volkskörper*«, »*verwüsten durch ihre Bastardisierung das Volk*« und »*schänden planmäßig unsere unerfahrenen, jungen, blonden Mädchen*«. Die Juden »*schrecken vor keiner Gemeinheit zurück*«. Sie sind darauf aus, das deutsche Volk »*vollkommen zu versklaven*«. Jeder Missstand sozialer, politischer und ökonomischer Art wurde »*den Juden*« in die Schuhe geschoben. Juden sind keine Menschen, weil sie »*niemals im Besitz einer eigenen Kultur*« waren und über keine »*kulturbildende Kraft*« verfügen. Sie haben »*keine idealistische Gesinnung*« und »*verfügen nur über einen primitiven Herdeninstinkt*« ähnlich wie Wölfe oder Pferde: »*Der Jude ist nur einig, wenn eine gemeinsame Gefahr ihn dazu zwingt oder eine gemeinsame Beute lockt; fallen beide Gründe weg, so treten die Eigenschaften eines krassesten Egoismus in ihre Rechte, und aus dem einigenden Volke wird im Handumdrehen eine sich blutig bekämpfende Rotte von Ratten.*«[134]

Kriegspropaganda

Die Methoden demagogischer Propaganda können vor jedem Kriegsausbruch studiert werden. Jedem Krieg geht eine geistige Aufrüstung voran. Die Denkschemata sind in jedem Fall identisch: Den WIR wird eine gleichartige Gruppe von ANDEREN gegenübergestellt, die ausschließlich FEINDE sind. Die Propaganda belegt sie mit den übelsten Ausdrücken und unterstellt ihnen jedes Verbrechen. Dabei werden die kollektiven inneren Bilder über die FEINDE verändert. Den FEINDEN wird ihr eigentliches Menschsein aberkannt. Es handelt sich nicht um vollwertige Menschen, sondern um Verbrecher, Terroristen, Mörder, Parasiten und ähnliches. Nur mit dieser Sprache (die vor jedem Krieg eingesetzt wird) ist es möglich, kollektiv die Hemmschwelle zum Töten herabzusetzen.

Jeder Krieg bedarf der emotionalen Rechtfertigung durch die, die ihn führen. Kriegstreiber predigen ein demagogisches Bild: Die WIR, die Guten, sind von den ANDEREN, den BÖSEN, bedroht. Die BÖSEN sind unsere FEINDE, keine Menschen im eigentlichen Sinn. WIR müssen uns gegen die ANDEREN wehren. WIR müssen die ANDEREN töten – und der, der das tut, ist ein Held. Das demagogische Weltbild, egal in welcher ideologischen Färbung, ist ein hervorragendes Instrument, Krieg und Vernichtung zu propagieren und Verbrechen zu rechtfertigen.

Wahrnehmungswandel

Ändern sich innere Bilder, dann wandelt sich die Welt, weil die Wahrnehmung sich ändert. Die Augen sehen auf einmal etwas, was man früher nicht gesehen hat.

Adolf Hitler beschreibt in *Mein Kampf* einen solchen Wahrnehmungswandel (in Klammern die Seitenzahlen der Zitate).[135] Er betrifft seine Zeit in Wien. Hitlers Ausführungen sind kein Tatsachenbericht, sie wurden zu Propagandazwecken geschrieben. Sie beweisen jedoch, dass Hitler sich bewusst war, dass es möglich ist, Wahrnehmung zu verändern, wenn das dahinterliegende Weltbild ausgetauscht wird.

Hitler war nach eigener Aussage ursprünglich kein Judenhasser. Er habe den Antisemitismus als »*unwürdig der kulturellen Überlieferung eines großen Volkes*« abgelehnt (S. 56). Nach »*monatelangem Ringen zwischen Verstand und Gefühl*« bringt ihn eine »*Erscheinung in langem Kaftan mit schwarzen Locken*« auf die entscheidende Frage: »*Ist dies auch ein Deutscher?*« (S. 59). Hitler beginnt, antisemitische Bücher zu lesen, seine inneren Bilder und seine Wahrnehmung ändern sich: »*Denn seit ich mich mit dieser Frage zu beschäftigen begonnen hatte […] erschien mir Wien in anderem Lichte als vorher. Wo immer ich ging, sah ich nun Juden.*« Immer deutlicher werden die neuen »anderen« wahrgenommen »*und je mehr ich sah, umso schärfer sonderten sie sich für das Auge von anderen Menschen ab*«. Hitler »sieht« »*den Juden*« nun als vollkommen ANDEREN Menschen. Er gehört jetzt zu »*einem Volke, das schon äußerlich eine Ähnlichkeit mit dem deutschen nicht mehr besaß*« (S. 60).

Schritt für Schritt werden die Juden immer andersartiger. Hitler »*entdeckt*« »*über die körperliche Unsauberkeit hinaus plötzlich die moralischen Schmutzflecken des auserwählten Volkes*« und auf diese Weise die Ursachen der Probleme des »*kulturellen Lebens*«: »*Soweit man nur vorsichtig in eine solche Geschwulst hineinschnitt, fand man, wie die Made im faulenden Leibe […] ein Jüdlein.*« (S. 61) Das innere Bild eines abstoßenden Tieres (einer Made) wird mit dem inneren Bild »*des Juden*« kurzgeschlossen. Die Juden werden zu Vertretern des BÖSEN schlechthin; eine »*geistige Pestilenz, schlimmer als der schwarze Tod von einst*« (S. 62). Immer schwärzer wird die Wahnwelt: »*Der Jude*« steckt hinter

»neun Zehntel alles literarischen Schmutzes«. Er betreibt *»Prostitution«* und *»Mädchenhandel«*, kontrolliert liberale Presse und stellt die *»Führer der Sozialdemokratie«: »Ich begann sie allmählich zu hassen.«* (S. 67)

Nun ändert sich das gesamte Denken: *»Es war für mich die Zeit der größten Umwälzung gekommen, die ich im Inneren jemals durchzumachen hatte. Ich war vom schwächlichen Weltbürger zum fanatischen Antisemiten geworden.«* (S. 69) Das neue Denk- und Wahrnehmungssystem wird schließlich theoretisch »untermauert«. Hitler vertieft sich in die *»Lehre des Marxismus«* und findet hier seine Bestimmung: *»Die jüdische Lehre des Marxismus […] leugnet im Menschen den Wert der Person. […] Sie würde als Grundlage des Universums zum Ende jeder gedanklich für Menschen fassbaren Ordnung führen. […] Siegt der Jude […] über die Völker dieser Welt, dann wird seine Krone der Totentanz der Menschheit sein, dann wird dieser Planet wieder wie einst vor Jahrmillionen menschenleer durch den Äther ziehen. […] So glaube ich heute im Sinne des allmächtigen Schöpfers zu handeln: Indem ich mich des Juden wehre, kämpfe ich für das Wort des Herrn.«* (Der letzte Satz ist im Original gesperrt gedruckt; S. 69 f.)

Wahrnehmungsverzerrung

Die heutigen Demagogen sind keine Hitler-Doubles, sie wollen keinen Faschismus mit Massenparteien und Mord ihrer Gegner errichten. Ihr politisches Handeln beruht allerdings auf Denkformen, die wir auch bei den Nationalsozialisten und bei vielen anderen demagogischen Richtungen finden. Sie alle entwerfen Bilder einer zweigeteilten Wahnwelt, in der die GUTEN WIR in einen Kampf gegen die BÖSEN ANDEREN ziehen.

Die Muster aller demagogischen Ideologien sind ähnlich. Ihre Sprache kann innere Bilder in Gegensatzbilder verwandeln. Ob sie tatsächlich eine eskalierende Gewaltspirale hervorrufen will oder nicht, spielt dabei keine Rolle. Entscheidend ist die Wirkung, die diese Art von Sprache ausüben kann. Demagogen als umjubelte Volkstribune haben Einfluss auf viele, die ihnen ihr Vertrauen schenken. Sie haben die Macht, mit Sprache innere Bilder zu verändern. Das ist ihre Verantwortung, die sie aber – gefangen in ihrer Denkweise – nicht wahrnehmen (können).

3 Schaffen Sie sich eine sektenähnliche Organisation

Organisationsformen

Demagogie kann in unterschiedlichen Organisationsformen gedeihen.[1] Sie kann spontan entstehen, wie die Demonstrationen der Pegida, oder aus der Dynamik eines Wahlkampfes, wie dies bei Donald Trump der Fall war. Eine andere Möglichkeit ist es, eine Partei zu gründen, wie bei der AfD, oder eine bestehende Partei zu übernehmen, wie dies in Österreich für die FPÖ bei Jörg Haider 1986 und Heinz-Christian Strache 2005 der Fall war. Meist verlangt eine erfolgreiche demagogische Politik eine charismatische Person, die eine »*Bewegung*« um sich schart, die im Kern wie eine Sekte funktioniert. Donald Trump hat seine Wahlbewegung an der Republikanischen Partei vorbeientwickelt, Geert Wilders' »Partei« besteht überhaupt nur aus einer Person – ihm selbst –, und Marine Le Pen hat den Front National von ihrem Vater übernommen – und diesen dann ausgeschlossen. Ein solches politisches SUPER-WIR hat die AfD derzeit noch nicht gefunden. Kurz sah es so aus, als könnte das »Doppel-P« aus Parteichefin Frauke Petry und ihrem zweiten Ehemann, dem AfD-Europaabgeordneten Marcus Pretzell, zum SUPER-WIR der AfD werden. Doch spätestens mit dem Rückzug Petrys von der Spitzenkandidatur für die Bundestagswahl 2017 ist das Rennen um die Position des SUPER-WIR wieder offen.

Fest steht: Diese fehlende Spitzenperson ist eines der zentralen Hindernisse der AfD auf dem Weg, so erfolgreich zu sein wie es die Führer-Parteien FPÖ oder Front National sind. Demagogie beruht auf der Fiktion des einen Willens des einen Volkes. Als Ausdruck dessen braucht es eine uniforme Politik, die am besten von einer Person verkörpert wird. Interner Streit und Opposition innerhalb der Partei widersprechen dem einen Willen. Ergo funktioniert Demagogie am besten, wenn es einen Führer gibt, dessen Meinung nicht widersprochen wird: das SUPER-WIR.

In der kurzen Geschichte der erst 2013 gegründeten AfD ist diese Person, die einen unumstrittenen Führer oder eine Führerin abgeben könnte, noch nicht gefunden worden. Der Prozess dazu wurde, wie der *Tagesanzeiger* schreibt, »mit einer Lust und Niedertracht [geführt], die man auch in anderen jungen Parteien noch selten gesehen hat. Beobachter sprechen von ›permanentem Bürgerkrieg‹ und spotten über die ›untalentiertesten Rechtspopulisten Europas‹«.[2]

Bis jetzt gab es in der AfD zwei Ansätze einer Radikalisierung hin zum Führer. Einmal war es Petry, die im Sommer 2015 mit Hilfe der Radikalen um Björn Höcke und Alexander Gauland den wirtschaftsliberalen Parteigründer Bernd Lucke zum Rücktritt brachte. Petry wurde daraufhin die neue Vorsitzende. Aber Anfang 2017 eskalierte der Machtkampf in der Partei erneut. Im Richtungsstreit Petry gegen Höcke leitete Petry zuerst ein Parteiausschlussverfahren gegen ihren Konkurrenten ein. Dieser hatte die Holocaust-Gedenkstätte in Berlin als *»Denkmal der Schande«* bezeichnet. Dann musste die Parteichefin zurückstecken. Sie erklärte, nicht als Spitzenkandidatin bei der für die AfD so wichtigen Bundestagswahl 2017 zur Verfügung zu stehen. Gauland und Alice Weidel sind die Doppelspitze für die Wahl. Petry scheint von der Partei abserviert – vorerst zumindest.

Demagogie als Familienunternehmen

In jedem Fall braucht Demagogie eine schlagkräftige Organisation. Erfolgreiche Demagogen sind Organisationstalente. Sie verwenden viel Zeit und Energie darauf, eine Gliederung zu schaffen und am Leben zu erhalten, die ihren Bedürfnissen genügt. Demagogische Organisationen sind ein Widerhall des demagogischen Denkens. Sie sind auf permanente Mobilisierung aus und brauchen eine funktionsfähige Spitze, die auf aktuelle Entwicklungen schnell reagieren kann. Der Richtungsstreit in der AfD war auch ein Grund, warum im Frühjahr 2016 die Zustimmung für die Partei in der deutschen Bevölkerung gesunken ist.

Die Eindeutigkeit nach außen braucht eine Eindeutigkeit nach innen, in die eigene Organisation hinein. Widerspruch aus den eigenen Reihen, kontroverse Diskussionen oder gar eine parteiinterne Demokratie sind für *»die Bewegung«* schädlich: Der eine Wille des eines Volkes kann nun mal nicht im Dialog festgelegt werden. Um das zu bannen, haben demagogische Bewegungen in einigen Ländern eine interessante Organisationsform entwickelt: Zugegeben etwas zugespitzt, könnte man behaupten, die Partei beziehungsweise die Regierung wird mit Hilfe der eigenen Familie gesteuert. Trump, Le Pen und die FPÖ betreiben fast so etwas wie politische Familienunternehmen.

Trump und seine Familie

Im Weißen Haus herrscht Donald Trump mit seinen engsten Vertrauten. Nicht Ehefrau Melania, sondern Tochter Ivanka ließ sich im Zentrum der Weltmacht ein eigenes Büro einrichten. Formal hat sie kein Amt inne, dafür als Lieblingskind großen Einfluss auf den Präsidenten. Ivanka soll auch als vertraulich eingestufte Informationen erhalten. »Die einzigen Telefonanrufe, die Donald immer annimmt, sind jene von seiner Tochter Ivanka«, zitiert das Magazin *Politico* einen engen Vertrauten.[3]

Mit seinem Satz *»Wäre Ivanka nicht meine Tochter, würde ich sie vielleicht daten«* brach Trump eines der letzten Tabus der westlichen Gesellschaft. Und als sie und ihr Vater 2013 in einer US-Show gefragt wurden, was die beiden gemeinsam haben, antwortete Ivanka Trump: *»Entweder Immobilien oder Golf.«* Ihr Vater Donald hingegen meinte: *»Ich würde ja Sex sagen, aber ich kann das nicht mit ihr in Verbindung bringen.«*[4]

Neben Tochter Ivanka ist es deren Ehemann Jared Kushner, auf den Trump hört. Der Präsident hat seinen Schwiegersohn auch gleich zum offiziellen Berater ernannt und im Weißen Haus vereidigen lassen. Kushner soll »Frieden zwischen Israel und den Palästinensern stiften, den Kampf gegen die Terroristen des Islamischen Staats überwachen und direkte Kontakte zum saudischen Königshaus halten. Er mischt bei den Beziehungen zu Kanada und Mexiko mit, die Trump mit Neuverhandlungen des Handelsabkommens Nafta auf neue Grundlagen stellen will. Jüngst hat Kushner ein ›Office of American Innovation‹ im Weißen Haus gegründet, welches die gigantische Regierungsbürokratie in Zusammenarbeit mit Experten aus der Wirtschaft baldigst modernisieren und verschlanken soll. Dazu obliegt dem blassen Harvard-Absolventen eine bessere Versorgung von Kriegsveteranen und die Bekämpfung der in Trump-Hochburgen grassierenden Opiat-Sucht.«[5]

Fast schon zur Trump-Familie zählt Keith Schiller. Kaum einem anderen – mit Ausnahme von Tochter Ivanka – soll der US-Präsident derart vertrauen wie dem ehemaligen Polizisten, der seit 1999 in Trumps Diensten ist und ihm als Personenschützer nicht von der Seite weicht. Während des US-Wahlkampfes schlug Schiller einem Demonstranten mit der Faust ins Gesicht. Trump hielt trotzdem an Schiller fest und machte ihn zum »Director of Oval Office Operations« im Weißen Haus. Mit diesem Titel versehen, kontrolliert der Bodyguard, wer zu Trump vorgelassen wird, und kümmert sich um dessen Terminkalender. Auch als Trumps Schwiegersohn und Berater Kushner im April 2017 zu Verhandlungen in den Irak reiste, saß der frühere Leibwächter bei wichtigen politischen Verhandlungen mit am Tisch.[6]

Das Familienunternehmen Le Pen

Auch Marine Le Pen ist mit einem politisch aktiven Vater aufgewachsen. Sie war vier Jahre alt, als Jean-Marie Le Pen im Oktober 1972 in Frankreich den rechtsextremen Front National gründete. In ihrer Autobiographie beschreibt Le Pen, wie es war, als Tochter des meistgehassten Politikers Frankreichs aufzuwachsen, wie sie während ihrer Schulzeit wegen ihres Vaters gehänselt wurde, wie einmal ein Lehrer ihrer ältesten Schwester an den Rand einer Klassenarbeit »Vater Faschist« geschrieben hatte.

Als Marine Le Pen acht Jahre alt war, überlebte sie ein Bombenattentat auf das Haus der Familie, ein Ereignis, das das Kind schwer traumatisierte. Die Bombe riss einen zwanzig Meter tiefen Krater ins Stiegenhaus. Die drei Schwestern, Marine ist die Jüngste, kauerten im Zimmer der Ältesten und beteten flüsternd zur heiligen Jungfrau Maria, überall lagen Scherben. *»Das war der Tag, an dem ich verstanden habe, dass Politik Gewalt ist«*, sagte Marine Le Pen später über diesen Anschlag.[7]

Eigentlich war für die Rolle der Thronfolgerin die älteste Tochter Marie-Caroline vorgesehen. Doch beim Front-National-Parteitag 1998 meuterte diese gegen den Herrn Papa. So wurde statt der Erst- die Drittgeborene zur Kronprinzessin. 1998 beginnt Marine Le Pen ihre Tätigkeit im juristischen Dienst des Front National, im Jahr 2000 steigt sie ins Politbüro auf, 2003 wird sie stellvertretende Vorsitzende und 2011 übernimmt sie den Parteivorsitz von ihrem Vater. Auch ihr Privatleben bewegte sich stets im Parteirahmen. Ihre beiden früheren Ehemänner waren wie sie im Front National tätig. Ihr aktueller Lebensgefährte Louis Aliot ist einer der Vizepräsidenten des FN und derzeit Abgeordneter im EU-Parlament.

Über die neue Front-National-Chefin hatte deren Mutter Pierette Le Pen schon zuvor gesagt: *»Marine ist ein absoluter Klon ihres Vaters.«*[8]

Wie der Vater ist auch die Tochter alles andere als zimperlich, wenn ihr politisch jemand im Weg steht. Der französische Journalist Renaul Dély, der über die FN-Chefin eine kritische Biographie verfasst hat, schreibt über sie: »Le Pen ist eine Wölfin, die, wenn es brenzlig wird, auch Tiere des eigenen Rudels reißt.«[9]

Marine Le Pen setzte seit ihrem Antritt als Parteichefin auf eine Strategie der *»Debolisation«*, der *»Entteufelung«*. Während ihr Vater als Politiker durch antisemitische Ausfälle auffiel und auch gerichtlich verurteilt wurde, weil er Gaskammern als *»Detail der Geschichte«* abtat, bemühte sich Tochter Marine um eine klare Abgrenzung vom Nationalsozialismus. Um diese Strategie der Debolisation nicht zu gefährden, stellte sie sich 2015 gegen ihren Vater. Nachdem dieser in einem Interview erneut das mit den Nationalsozialisten kollaborierende Pétain-Regime verherrlicht hatte, warf die Tochter den Vater aus der von ihm selbst gegründeten Partei. Es war die Überwindung des SUPER-WIR, die es ihr ermöglichte, selbst zum SUPER-WIR zu werden. Vater Jean-Marie Le Pen wird zum Rauswurf später mit folgenden Worten zitiert: »Es handle sich bei dem Streit mit seiner Tochter um ein *›ödipales Drama‹*, bei dem Marine einen Vatermord begangen habe.«[10]

Neben Marine Le Pen war auch deren Nichte Marion Maréchal-Le Pen bis vor kurzem eine zentrale Figur im Front National. Maréchal-Le Pen gilt nicht nur als Liebling von Opa Jean-Marie. Sie wurde 2012 auch mit nur 22 Jahren als jüngste Abgeordnete in die französische Nationalversammlung gewählt. Nach der verlorenen Präsidentschaftswahl 2017 erklärte sie jedoch ihren Rückzug aus der Politik.

Familie FPÖ

Die Verwandtschaftsverhältnisse in der FPÖ sind nicht so offensichtlich wie im Front National. Trotzdem lassen sich durchaus Ähnlichkeiten erkennen. Zwar ist der heutige FPÖ-Parteichef Heinz-Christian Strache mit seinem Vorgänger, dem langjährigen FPÖ-SUPER-WIR Jörg Haider, nicht verwandt. Allerdings setzte der junge Strache in seinen Anfangsjahren in der FPÖ Gesten, die der damalige Parteichef Haider als Versuch deutete, dass Strache gerne die Rolle des Ziehsohns übernehmen würde. So habe ihm Strache *»oft Briefe geschrieben, seitenweise Briefe«*. Auch Haiders Ehefrau, die keine politische Funktion in der FPÖ innehatte, wurde von Strache mit Briefen bedacht. Haider sagte in einem Interview wenige Tage vor seinem Tod auf die Frage, warum der junge Strache ihm und seiner Ehefrau so viele Briefe geschrieben habe: *»Es gibt zwei Deutungen bei mir. Die eine Deutung ist, er selbst hat keinen Vater gehabt und ich war ein bisschen Vaterersatz für ihn. Ein Vorbild, zu dem man aufschauen kann, von dem man sagt, so möchte ich einmal werden wie der. Das andere kann sein, also die negativere Variante, dass er gezielt strategisch versucht hat, sich seine Zukunft aufzubauen.«*[11] Später fordert Strache Haider zum politischen Zweikampf, möchte die FPÖ übernehmen. »HC Strache, wie sich der schnieke 35-Jährige selbst nennt, sucht in letzter Zeit immer öfter den Konflikt mit dem blauen Alt-Guru«, schreibt das Nachrichtenmagazin *Profil* damals. »Es geht um die Machtfrage in der FPÖ, um einen möglichen Generationenwechsel.«[12]

Haider spaltet sich zusammen mit seiner Schwester und anderen Getreuen im Frühjahr 2005 von der FPÖ ab, gründet das *»Bündnis Zukunft Österreich«* (BZÖ) und wird kurzzeitig zum größten Feindbild von Strache. Nach der Nationalratswahl 2008, bei der die FPÖ und das BZÖ in das österreichische Parlament einzogen, kommt es zu einer Versöhnung zwischen der politischen Vaterfigur und dem Vertreter der nächsten Generation. Kurz darauf stirbt Haider bei einem Verkehrsunfall.

Strache spricht in seinen Interviews und Reden als Parteichef gerne von seiner *»freiheitlichen Familie«*. Etwa als er seine Partei mit den Überbleibseln von Haiders Kärntner Partei zusammenführte, um über diese Bande auch im Bundesland Kärnten erfolgreich zu sein: *»Nach dem tragischen Tod von Jörg Haider gab es ein historisches Fenster, um die freiheitliche Familie in Kärnten wieder zu vereinen, obwohl ich wusste, dass es in diesem BZÖ Fehlentwicklungen mit den nun sichtbaren Folgen gegeben hat.«*[13] In der FPÖ gibt es aber auch eine weitere Parallelstruktur, die an Familie erinnert: Ein großer Teil der freiheitlichen Spitzenfunktionäre vom Parteichef abwärts sind Mitglieder deutschnationaler, zum Teil extrem weit rechts stehender Burschenschaften. Die Burschenschaften haben dadurch einen starken Einfluss auf die Politik der FPÖ. Eine Mitgliedschaft in einer Burschenschaft ist ein »Lebensbund«, der erst mit dem Tod erlöscht, ähnlich einer Familie.

In die *»freiheitliche Familie«* ist auch die *»die neue Frau an der Seite des FPÖ-Bosses«* Philippa Strache eingebunden: Sie moderierte den FPÖ-eigenen Fernsehkanal FPÖ-TV, ist seit Herbst 2016 mit Strache verheiratet und begleitet ihren Mann auch im Wahlkampf.[14]

Auch für AfD-Chefin Frauke Petry ist die Partei Teil der Familie. Petry war mit einem evangelischen Pastor verheiratet, mit dem sie vier Kinder hat. Sie ließ sich scheiden und ist nun mit dem AfD-Europapolitiker

Marcus Pretzell verheiratet, mit dem sie seit Mai 2017 einen Sohn hat. Petry wurde im Juli 2015 Parteichefin und hat danach versucht, der AfD eine familiäre Führungsspitze »Petry-Pretzell« zu geben, dieser Versuch scheint aber vorerst gescheitert zu sein. Petry hatte sich im Mai 2015 von ihrem ersten Mann heimlich getrennt. Vor dem Parteitag von Essen im Juli 2015, auf dem sie Bernd Lucke entmachtete, hielt sie ihre schon damals bestehende Beziehung zu Pretzell geheim, die Öffentlichkeit erfuhr davon erst im Oktober 2015. Pretzell rückte dann schnell informell in der Partei auf, er galt als Berater von Petry und war bei wichtigen Sitzungen dabei. Die AfD-Expertin Melanie Amann beschreibt die Situation von Petry im Frühjahr 2016 so: »Fortan machte sie den Parteifreunden klar, dass für sie nur bedingungslose Loyalität zählt, dass jegliche Kritik als Kampfaussage gewertet wird. Wer sich nicht klar für ›Doppel P‹ positioniert, ob Parteifreund oder Journalist, gilt als Gegner.«[15] Dies führte jedoch zu wachsendem Widerstand in der Partei, die Folge war eine Teilentmachtung von Petry ein Jahr später.

Die Idealform der Sekte

In den meisten Fällen ist eine demagogische Bewegung auf eine Person zugeschnitten, wir haben sie SUPER-WIR genannt. Sie verkörpert in ihrem Image das, was das gute und wahrhaftige »Volk« ausmacht. Die eigene Organisation dient dazu, dieses Image zu pflegen und nach außen – gegen die FEINDE »des Volkes« – zu verteidigen.

Die am besten geeigneten Organisationsformen, die sich um das Image eines Führers oder eines Gurus gruppieren, sind Verschwörungsgemeinschaften oder Sekten. Eine typische Sekte weist folgendes Organigramm auf:[16]

- Das Machtzentrum liegt beim Guru. Er besitzt eine unumstrittene Stellung. Der Guru kann tun und lassen, was er will. Er wird von seiner Organisation unterstützt und niemals kritisiert.
- Um den Guru gruppiert sich der innerste Führungskreis. Er besteht aus Personen, die vom Guru persönlich ausgewählt wurden, ihm in Loyalität ergeben sind und bedingungslos gehorchen. Der innerste Kreis wirkt wie ein Schutzwall um den Guru. Er schirmt ihn vor den FEINDEN sowie vor »Freunden« ab, die den letzten Schwenk des Gurus nicht oder nicht schnell genug mitmachen (können).

- Um den innersten Kreis rotieren wie Trabanten weitere Kreise von Personen, die Aufnahme in den innersten Kreis begehren. Der Aufenthalt an diesem begehrten Platz ist in der Regel zeitlich beschränkt.
- Alle Kreise bilden eine Hierarchie. Die Kreise jenseits des innersten Kreises sind jedoch für die eigentliche Macht weitgehend bedeutungslos. Diese Positionen (zum Beispiel lokale Hierarchien) bilden keine Hierarchien im üblichen Sinn. Sie unterstehen direkt dem Guru, der jederzeit in alle Ebenen der Organisation eingreifen kann.

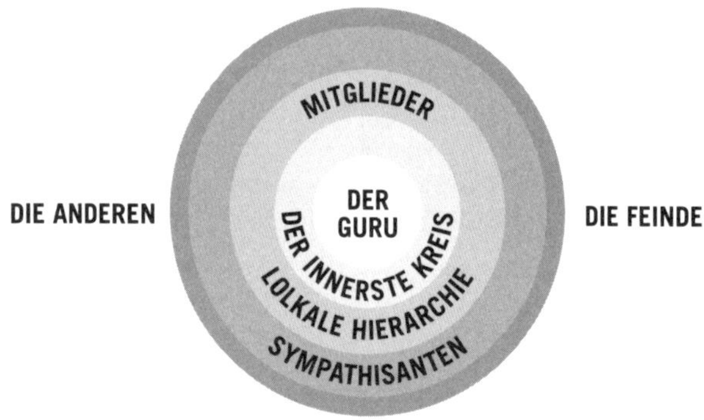

- Alle Mitglieder stehen in direkter Beziehung zum Guru. In der Regel konstruieren sie eine Liebes- oder Respektbeziehung zu ihm. Er wird im »inneren Bild« groß und überhöht wahrgenommen. Viele suchen seine Nähe.
- Den Guru interessieren weniger die menschlichen oder fachlichen Qualitäten seiner Anhänger, sondern ihre Begeisterung für die »*Bewegung*« und ihre Bereitschaft, ihm zu gehorchen. Ein typischer Guru fordert von seiner Gefolgschaft bedingungslose Loyalität. Er schließt nicht-loyale Mitglieder sofort aus und verhält sich, wenn es notwendig ist, zu allen absolut illoyal.
- Die Organisation pflegt intensiv das Ansehen des Gurus. Gleichzeitig wird sein Image als Person vom Image der Organisation sorgsam getrennt. Der Guru betreibt ein perfektes Doppelspiel. Nach innen steuert er die Organisation, besetzt alle wichtigen Positionen und fordert Macht und Verantwortung für alle bedeutsamen Belange ein. Nach außen hingegen übernimmt er keinerlei Verantwortung

für das, was ein von ihm Ausgewählter tut. Im Zweifelsfall wird eine solche Person rasch abgesetzt oder aus der Organisation entfernt.

Dieses ideale Bild ist das heimliche Leitbild einer demagogischen Organisation. Es kann im realen Leben nur annäherungsweise erreicht werden.

Muster 36: Schaffen Sie sich eine Organisation nach dem Vorbild einer Sekte.

Es gibt wohl kaum eine größere One-Man-Show als die »*Partei für die Freiheit*« des Holländers Geert Wilders. Der Parteichef ist das einzige Parteimitglied, wodurch er absolute Macht hat. Das nur eine A4-Seite umfassende Wahlprogramm hat er selbst verfasst, die Parteikommunikation läuft zentral über ihn und die meisten Mandatsträger wählt er selbst aus. »Wilders traut niemandem außer sich selbst«, schreibt die *Neue Zürcher Zeitung*. »Mitarbeiter müssen sich vor der Anstellung offenbar zu einer Zahlung von 25 000 Euro verpflichten, sollten sie je Informationen aus der Partei an die Öffentlichkeit tragen.«[17] Weil erst Parteien mit mehr als 1 000 Mitgliedern staatliches Geld erhalten, hat Wilders nach Schätzungen auf zehn Millionen Euro verzichtet. Die Partei lebt von Spenden, die aber großteils in Wilders' Anwaltskosten fließen.[18]

Der innerste Machtkern einer sektenähnlichen Organisation

Im Zentrum einer Organisation nach dem Vorbild einer Sekte steht der Guru. Zur Steuerung benötigt er eine kleine Gruppe handverlesener Getreuer. Sie werden von ihm persönlich ausgewählt. Gemeinsam mit dem Guru bilden sie das eigentliche Machtzentrum.

Haiders innerster Machtkreis bestand zuerst aus einer sehr kleinen Gruppe, die unter dem Namen »Buberlpartie« bekannt wurde. In späteren Jahren wurde dieser innerste Kreis immer wieder reorganisiert. Manch einstiger Getreuer wurde verstoßen, der Kreis durch Neuzugänge ergänzt.

Haiders Nachfolger Strache hält seinen kleinen Kreis an Vertrauten seit seinem Antritt als Parteichef völlig konstant. An erster Stelle steht der FPÖ-Generalsekretär Herbert Kickl, der schon unter Haider in der Partei diente und dann ins Strache-Lager wechselte. Er gilt als strategisches Mastermind der Partei, ist für die Gestaltung der FPÖ-Kampagnen und Wahlkämpfe zuständig, reimt Slogans wie »*Deutsch statt nix verstehen*«

oder »*Daham* (Wienerisch für zu Hause) *statt Islam*«. Ebenfalls seit langem an Straches Seite ist Johann Gudenus, seit 2015 Vizebürgermeister von Wien. Er ist seit seiner Jugend eng mit Strache befreundet, war mit dem FPÖ-Chef auf Techno-Raves unterwegs und wurde 1998 von Strache auch für die pennale Burschenschaft Vandalia angeworben. Damals wurde Strache der Leibbursch, eine Art burschenschaftlicher Mentor für Johann »*Wotan*« (so dessen burschenschaftlicher Couleurname) Gudenus. Nach dem burschenschaftlichen Ideal ist dies die Grundlage einer lebenslangen engen Freundschaft. Auch Norbert Hofer, seit 2005 Straches Stellvertreter als FPÖ-Chef, ist dem Parteivorsitzenden treu ergeben. So sagte Hofer über Strache: *»Für ihn lege ich meine Hand ins Feuer.«*[19]

Muster 37: Umgeben Sie sich mit einer kleinen Schar absolut Getreuer.

Die Regierung Trump ist ebenfalls ringförmig organisiert. Nach dem amerikanischen Journalisten Wayne Madsen gab es im Februar 2017 in der Regierung Trump drei Ringe des Einflusses um den US-Präsidenten:[20]

1. Zuerst der innere Kreis: die Tochter Ivanka Trump und ihr Mann Jared Kushner, Chefstratege Stephen Bannon, der Berater Stephen Miller und Justizminister Jeff Sessions.
2. Dann Personen aus dem Establishment der Republikaner, wie der Stabschef des Weißen Hauses Reince Priebus, Pressesprecher Sean Spicer, die Beraterin und frühere Kampagnenmanagerin Kellyanne Conway.
3. Dahinter Vertreter traditioneller politischer und wirtschaftlicher Macht, wie Vizepräsident Mike Pence, Verteidigungsminister James Mattis und Außenminister Rex Tillerson.

Phasen des Schüler-Seins

Gurus haben viel Erfahrung darin, andere Personen zu unterwerfen und an sich zu binden. Die typische Karriere eines Schülers kann drei Phasen umfassen:[21]

- Die Werbung. Am Anfang steht die Verführung. Der Guru spielt den Charmeur. Der Schüler fühlt sich beachtet und wichtig genommen.

Ihm wird Freundschaft, Sorge, Spaß, Einfluss versprochen – und er tritt der Organisation bei.

- Die Bindung. Ist der Schüler fixer Teil der Organisation, dreht sich der Spieß um. Von ihm wird jetzt Loyalität erwartet. Der Guru spielt die Rolle des strengen oder verständnisvollen Vaters. Manche Sekten setzen psychologische Techniken ein, die den Schüler zeitweise destabilisieren und ihn anschließend (wie eine »neue Person«) in enger Bindung an den Guru wieder festigen.
- Die Verstoßung. Bricht der Schüler die Loyalität oder erscheint es dem Guru opportun, ist das Spiel aus. Der Schüler wird, oft unter Demütigungen, aus der Sekte ausgestoßen. Der Guru spielt die Rolle des Rächers.

Unterwerfung

Der innere Kreis einer Sekte besteht aus Personen, die dem Guru ergeben sind. Sie besitzen die Fähigkeit, sich dem Willen des Gurus bedingungslos zu unterwerfen. Dazu sind nur bestimmte Personen geeignet. Persönlichkeiten mit eigenem Profil haben hier nichts verloren. In der Regel trifft man im innersten Kreis kaum Künstler, Intellektuelle, Wissenschaftler oder Fachexperten. Die Mechanismen von Unterwerfung verlangen sowohl vom Guru als auch von den Schülern Qualitäten besonderer Art. Ein Meister dieser Fertigkeit ist Donald Trump. Er hatte laut *New York Times* FBI-Chef James Comey »bei einem Abendessen bedrängt, ihm seiner Loyalität zu versichern. Comey habe ihm Ehrlichkeit zugesichert, nicht aber ›Verlässlichkeit‹ im politischen Sinn. Offenbar zu wenig für den US-Präsidenten.«[22] Die Konsequenz: Trump ließ den FBI-Chef feuern.

Muster 38: Fordern Sie Unterwerfung.

Der Klebstoff zwischen einem Guru und seinem Schüler ist Unterwerfung. Der Guru ist wie ein Vater, der für seine Kinder sorgt.[23]

FPÖ-Chef Strache hat die Geburtstage seiner zahlreichen Mitarbeiter in seinem Computer gespeichert, »da gibt es dann ein paar handschriftliche Zeilen, ein schnelles SMS, ein kleines Geschenk vom Chef. Als kürzlich die Mutter einer Bezirksrätin überraschend starb, schickte der FPÖ-Chef der Trauernden gleich ein persönliches Brieflein«, schreibt die österreichische Wochenzeitung *Falter*. Es gibt wohl kaum einen Parteichef, der seine Handynummer so sehr unter seinen kleinen Funktionären verteilt und ihnen damit das Gefühl gibt, sie wären ganz nah an der Macht. *»Wenn ich etwas brauch«*, erklärte zum Beispiel der FPÖ-Bezirkschef des Wiener Stadtteils Simmering in einem Interview, *»dann weiß ich, der Strache ruft mich in spätestens zwei Stunden zurück.«*[24] Nachdem Strache aber den langjährigen Salzburger FPÖ-Politiker Karl Schnell aus der Partei ausschließen ließ, bezeichnete dieser den FPÖ-Chef jedoch als einen *»Diktator«*. Schnell sagte, Strache habe *»sich einfach über demokratische Verhältnisse hinweggesetzt. Auch Jörg Haiders Untergang hat so begonnen.«*[25]

Den innersten Zirkel erkunden

Den innersten Zirkel einer Sekte zu erkunden, ist ungemein aufschlussreich. Alle Personen, die sich hier befinden, sind vom Guru ausgewählt. In gewisser Weise sind sie seine Geschöpfe. Was sie sind und was sie tun, zeigt eindrucksvoll, was die Macht des Gurus bewirkt und was sie in Zukunft für Folgen haben könnte.[26] Informationen über den innersten Zirkel werfen ein bezeichnendes Schlaglicht auf die gesamte Organisation.

Fragen zur Einschätzung einer Sekte oder einer sektenähnlichen Organisation

- Welche Personen gehören zum innersten Zirkel?
- Was haben diese Personen vor ihrem Eintritt in diesen Kreis gemacht? Wodurch haben sie sich ausgezeichnet, um hier aufgenommen zu werden?
- Welcher Typ oder welche Typen von Persönlichkeit herrschen hier vor?
- Welche Beziehungen gibt es zwischen diesen Personen?
- Entwickeln sich diese Menschen während ihrer Zugehörigkeit zum engen Kreis um den Guru zu eigenständigen Persönlichkeiten? Bleiben sie brave Gefolgsleute ohne eigenen Willen?
- Wie geht der Guru mit Personen im inneren Kreis um? Welche Aufträge erteilt er ihnen und wozu genau braucht er sie?
- Warum und wann werden Personen ausgewechselt?

- Wie verfährt der Guru mit Personen, die den innersten Kreis verlassen oder gehen müssen?

Parteihierarchie

Die Hierarchie einer demagogischen Organisation unterscheidet sich von »echten Hierarchien« – wie in Bürokratien oder Firmen – in entscheidender Weise. In einer echten Hierarchie sind Macht und Verantwortung auf einzelne Stufen verteilt. Formale und informelle Regeln legen fest, was zum Beispiel ein Abteilungsleiter tun darf und was er zu tun hat. Er führt die Vorgaben seines Vorgesetzten aus und erteilt seinen Mitarbeitern Weisungen. Verletzungen der hierarchischen Kommandokette sind Regelverstöße. Der Abteilungsleiter wird sich hüten, Aufträge von Personen zu befolgen, die seinem Vorgesetzten übergeordnet sind, ohne die Zustimmung des Vorgesetzten einzuholen. Gleichzeitig wird er seinen Einflussbereich gegen direkte Eingriffe übergeordneter Personen schützen. Ein direkter Zugriff des Vorgesetzten auf seine »Untergebenen«, wird als Affront oder als unfreundlicher Akt empfunden. Die hierarchischen Regeln sind verletzt, ein Streit wahrscheinlich.

Regeln dieser Art besitzen in demagogischen Organisationen ungemein weniger Gewicht. Ihre Hierarchie ist eine »unechte«, weil der Führer direkten Zugriff auf alle Ebenen besitzt. Das Ideal des Führers ist ein gleichgeschalteter Verein. Das demagogische Bild der Gesellschaft enthält eine Tendenz zur Gleichmacherei. Der Glaube an die gleichartigen WIR führt zur Schaffung einer Partei der WIR, die sich einem einzigen Willen unterordnen. Blinder Gehorsam wie blinde Befehlsgewalt durchziehen die Organisation. Der Blick geht nach oben, zum Führer, zum innersten Kreis.

Führer-Monopol

Eine autoritäre Führerpartei gibt dem Mann an der Spitze ein dreifaches Monopol:[27]

- ein Willensmonopol: Der Wille des Führers bestimmt die Dynamik der Organisation. Er legt die Marschrichtung fest und leitet die neuesten taktischen Manöver ein.

- ein Wissensmonopol: Der Führer verfügt über das meiste Wissen. Er ist niemandem in der Organisation über die Gründe seines Handelns Rechenschaft schuldig.
- ein Erklärungsmonopol: Nur der Führer oder von ihm beauftragte Personen sind berechtigt, im Namen der Organisation Erklärungen abzugeben.

Muster 39: Geben Sie sich ein Willens-, Wissens- und Erklärungsmonopol.

Besonders eindeutig ist dieses Führerkonzept in Geert Wilders' »*Partei für die Freiheit*« umgesetzt. Wenn eine Partei nur ein einziges Mitglied hat, ist es nur logisch, dass dieses auch alles alleine entscheidet. Aber auch Trump regiert, wie es ihm gefällt. Das liegt aber vor allem an seiner Persönlichkeitsstruktur.

Doppeldenk

George Orwell hat in seinem berühmten utopischen Roman *1984* den Begriff »Zwiedenken« oder »Doppeldenk« geprägt. Er bezeichnet eine spezifische Art des Denkens, die in einer Sekte gepflegt wird. Man kann dabei zum Beispiel zwei einander widersprechende Überzeugungen gleichzeitig aufrechterhalten. Der Politologe Jan-Werner Müller meint zu Trump: »Er kann Menschen dazu bringen, die Unwahrheit zu sagen, und es ist entscheidend […], dass alle wissen, dass es die Unwahrheit ist.«[28]

Im »Zwiedenken« verblasst der Wahrheitsbegriff. Die Logik wird außer Kraft gesetzt. *1984* ist eine schwarze Parodie auf eine totalitäre demagogische Gesellschaft. Orwell beschreibt eine Welt, in der das »Zwiedenken« absolute Kontrolle ausübt. Von jedem Parteimitglied wird erwartet, bereitwillig alle Schwenks des »Großen Bruders« mitzumachen (in Analogie zu den bizarren Schwenks, die Trump regelmäßig vollführt). Alle Gläubigen haben gelernt, blitzschnell ihre »Erinnerungen« der aktuellen Deutung anzupassen. Die Vergangenheit wird damit flexibel. Sie kann von der Parteispitze beliebig geformt werden. Wer heute zu den WIR oder zu den ANDEREN zählt, war immer dort zu finden: »Der augenblickliche Feind stellte immer das Böse an sich dar, und daraus folgte, dass jede vergangene oder zukünftige Verbindung mit ihm undenkbar war.«[29]

»Flugsand«

Die Personalpolitik einer Führerpartei birgt Risiken eigener Art. Menschen werden vorrangig nicht nach fachlichen Qualifikationen, Expertenwissen, beruflichen Erfahrungen oder persönlicher Integrität ausgewählt, sondern nach ihrer Eignung als Schüler. Der frühere persönliche Referent von Haider, Gernot Rumpold, sagte über dessen Personalpolitik: »*Wir waren wahnsinnig viel unterwegs, um Leute zu finden und in Funktionen zu bringen. In den Wirtshäusern, in den Diskotheken haben wir Leute aufgegabelt, wo halt Leute sind. Wir haben gewusst, dass ein bisserl ein Flugsand dabei ist. Das ist ein Risiko. Das nimmt man in Kauf.*« [30]

Im Gegensatz zur Propaganda einer »*Bewegung*« der GUTEN ist das »Flugsand-Risiko« in demagogischen Parteien, verglichen mit anderen, nicht geringer, sondern höher.

Dieser Befund überrascht nicht. Viele Sekten oder sektenähnliche Organisationen sind von einem nicht enden wollenden Strom von Skandalen begleitet. Die Gründe liegen auf der Hand: eine eigenwillige Personalpolitik, die das Aufkommen sachkompetenter Persönlichkeiten behindert, das Fehlen interner Kontrollsysteme und das Prinzip der allgemeinen Verantwortungslosigkeit, das die Organisation durchzieht, weil viele jede Verantwortung auf die Spitze abschieben.

So musste etwa der langjährige FPÖ-Politiker Andreas Mölzer 2014 von seiner Spitzenkandidatur für das EU-Parlament zurücktreten, nachdem ein Tonbandmitschnitt aufgetaucht war, auf dem er die EU mit der NS-Diktatur verglich und als »*Negerkonglomerat*« bezeichnete. 2015 musste die FPÖ-Nationalratsabgeordnete Susanne Winter wegen eines antisemitischen Facebook-Postings die FPÖ verlassen. 2011 musste der damalige FPÖ-Nationalratsabgeordnete Werner Königshofer die Partei verlassen, weil er das Massaker, dass der Rechtsextremist Anders Breivik an Jugendlichen in Norwegen verübt hatte, mit Abtreibungen verglichen hatte. Königshofer habe »*immer wieder in einer Art und Weise Verbalinjurien verwendet, hat immer wieder übers Ziel hinausgeschossen*«, erklärte FPÖ-Chef Strache damals.[31]

Auch bei der AfD findet sich einiges an »*Flugsand*«. So kam erst im Mai 2017 der AfD-Funktionär Gottfried Klasen mit einem Austritt dem Rauswurf aus der AfD zuvor. Er hatte rechtsextreme und antisemitische Inhalte auf Facebook geteilt.[32] Die Berliner AfD schloss im Herbst 2016 Kay Nerstheimer aus der Fraktion aus. Er hatte gegen Homosexuelle gehetzt und Flüchtlinge als »*widerliches Gewürm*« bezeichnet.[33]

Es sind Menschen mit belasteter Vergangenheit, zum Beispiel infolge ihrer Zugehörigkeit zu neonazistischen Organisationen oder neonazistischer Aktivitäten in der Vergangenheit. Manche davon werden später von der Partei wieder rehabilitiert. So musste ein freiheitlicher Jugendfunktionär die FPÖ-Jugendorganisation *»Ring Freiheitlicher Jugendlicher«* verlassen, weil er 2005 auf der Fahrt zum FPÖ-Parteitag, auf dem Strache zum neuen Parteichef gewählt wurde, das nationalsozialistische *»Horst Wessel-Lied«* gesungen haben soll. Mittlerweile ist derselbe Funktionär Bezirksvorsteher-Stellvertreter in einem Wiener Bezirk. Im Jahr 2004 entschied das Oberlandesgericht Wien in einem rechtskräftigen Urteil, man könne Strache »eine Nähe zu nationalsozialistischem Gedankengut nachsagen«.[34] Als im Jahr 2007 noch Bilder von Straches früheren Aktivitäten in der Neonaziszene auftauchten, verteidigte dessen enger Freund Gudenus, damals noch Vorsitzender der freiheitlichen Jugendorganisation RFJ, den FPÖ-Chef auf einer Pressekonferenz: »Die wiederholten Vorwürfe im Zusammenhang mit Straches möglichen Verbindungen zu Neonazis seien eine mediale ›*Hetzkampagne und Lynchjustiz*‹.«[35]

Der Mangel an kompetenten Experten ist für Parteien in der Größenordnung der FPÖ, dem Front National oder der AfD erschreckend.

Was diese fehlende Kompetenz konkret bedeutet, sollten diese Parteien an die Macht gelangen, konnte man zur Zeit der Regierungsbeteiligung der FPÖ in Österreich zwischen 2000 und 2006[36] erkennen. Die FPÖ war nicht in der Lage, alle ihr zugeteilten Ministerien mit Personen zu besetzen, die übliche Standards für ein Ministeramt erfüllen. Dieses Personalproblem war kein Zufall, sondern Ergebnis einer langjährigen Politik, nur Personen mit möglichst wenig eigenständigem Format und Hausmacht in Schlüsselfunktionen zu lassen und jene, die durch Eigenständigkeit und Widerspruch auffielen, zu verdrängen.

Loyalität fordern, illoyal sein

Ein Guru fordert von seiner Gefolgschaft absolute Loyalität. Die Schüler sollen jede seiner Maßnahmen billigen, ihm die Stange halten und ihn verteidigen.

Ein echter Guru erwidert diese Gefühle nicht. Er fordert von seinen Schülern Loyalität, ist aber nicht bereit, zu ihnen loyal zu sein. Wenn die Situation es erfordert, wird der Guru jeden wie eine heiße Kartoffel fallen lassen.

Demütigungsrituale

Gurus sind Experten in praktischer Psychologie. Sie kennen die wunden Punkte ihrer Anhänger und wissen, wie man jemanden bloßstellen kann.

Ein Beispiel dafür ist der Umgang von US-Präsident Donald Trump mit seinem Sprecher Sean Spicer. Immer wieder führt Trump seinen Sprecher vor Journalisten indirekt vor. »Viele Journalisten gehen davon aus, dass Trump jeden Auftritt von Spicer verfolgt und regelmäßig per Post-it-Zettel eingreift«, schreibt der *Spiegel*. Die gelben Zettel werden dem Trump-Sprecher in der laufenden Pressekonferenz von Trump-Mitarbeitern vor den Journalisten auf das Redepult gepickt. »Kurz darauf äußert er sich erneut zum Thema, diesmal klarer, entschiedener. Spicer bekommt häufig Zettel in seine Briefings gereicht, zweimal allein in der vergangenen Woche«, berichtet das Nachrichtenmagazin im März 2017. Außerdem lästere Trump oft über die Auftritte und die schlecht sitzenden Anzüge seines Sprechers.[37]

Im Weißen Haus herrscht, zumindest laut *Der Spiegel*, unter den Mitarbeitern Angst und Schrecken. »Während der Hofstaat versucht, den Präsidenten zu decken, verschleißt Trump seine Mitarbeiter auf demütigende Weise. Er zwingt sie, für ihn zu lügen, und desavouiert sie am nächsten Morgen, indem er per Tweet die Vorwürfe zugibt, die sie am Vorabend noch dementierten.«[38]

Gurus sind einsam. Sie reden von *»Freunden«*, haben aber kaum Freunde. Jeder »Freund« ist ein potentieller Feind. Muss er gehen, weil er für die Organisation untragbar geworden ist, dann wird er zum tatsächlichen FEIND. Er darf so behandelt werden, wie es FEINDEN zukommt. Gezielt kann jetzt das Wissen um seine schwachen Punkte eingesetzt werden. Seien Sie ein echter Guru. Demütigen Sie abtrünnige Verräter.

Abtrünnige beim Abgang zu demütigen hat viele Vorteile:

- Der Guru zeigt seine Macht.
- Potentielle Rebellen werden eingeschüchtert. Sie müssen befürchten, ein ähnliches Schicksal zu erleiden.
- Allen wird klargemacht, dass die abtrünnige Person ein FEIND ist (und von allen in der Organisation beschimpft werden darf).

- Ein persönlicher Angriff schwächt die Position des »Verräters«. Er darf sich mit seiner Verteidigung beschäftigen. Andere Themen bleiben unerwähnt.

Muster 41: Demütigen Sie Abtrünnige.

Trump ist noch weiter gegangen. In seinem Buch *Think Big and Kick Ass* hatte er der Welt die Geheimnisse seines Erfolgs mitgeteilt. Am Ende des Kapitels mit dem Titel »*Rache*« rät Trump, stets Vergeltung zu üben: »*Zaudern Sie nicht. Zielen Sie auf die Halsschlagader. Schlagen Sie massiv zurück! Wenn Sie keine Vergeltung üben, sind Sie bloß ein Schlappschwanz!*«[39]

Merkmale einer autoritären Organisation

Viele demagogische Parteien weisen folgende Merkmale auf:[40]

1. Abweichungen von der Parteilinie sind nicht erlaubt.
2. Alles, was der Guru macht, ist richtig – auch wenn dieses Verhalten bei ANDEREN kritisiert werden würde.
3. Es herrscht Vertrauen, dass die Führung weiß, was am besten ist.
4. Die Aktionen des Guru werden verteidigt, auch ohne zu wissen, was wirklich geschehen ist.

Als etwa im Bundesland Salzburg ein Konflikt zwischen FPÖ-Chef Strache und dem Salzburger FPÖ-Landesparteichef Karl Schnell eskalierte und Strache seinen früheren Parteifreund Schnell aus der FPÖ ausschloss, warf FPÖ-Generalsekretär Kickl Schnell eine »*abgehobene Führungsblase*«[41], das Verhalten »*eines Amokläufers*«[42] und Bespitzelungstätigkeiten[43] vor. Der »Parteifreund« war zu einem ANDEREN geworden.

Parallelen zum Nationalsozialismus

Natürlich sind die heutigen demagogischen Führer-Parteien keine direkten Nachfolgegruppierungen der NSDAP. Die Tatsache, dass die Organisation dieser Parteien bezeichnende Parallelen zur nationalsozialistischen »*Bewegung*« aufweist, verdient aber trotzdem eine genauere

Betrachtung. Hitler hat bereits 1924 in *Mein Kampf* ihre Organisationsprinzipien so formuliert (in Klammern die Seitenzahlen der Zitate):[44]

- Propaganda kommt vor Organisation. Propaganda muss der Organisation »*voraneilen*«. Die Organisation muss sich flexibel geänderten Propaganda-Erfordernissen anpassen.
- Erst, wenn die »*von einer Zentrale*« verbreiteten Ideen ein »*allmählich anwachsendes Menschenmaterial*« erreicht haben, muss dieses »*sorgfältig nach Führerköpfen*« durchsucht werden (S. 650).
- Dies führt zu einem kleinen inneren Zirkel. Er besteht aus »*an sich unscheinbaren Menschen*«, die keinen »*Reichtum an theoretischen Erkenntnissen*« besitzen müssen. Sie müssen »*Organisatoren*« und »*Agitatoren*« sein: »*Denn Führen heißt, Massen bewegen zu können*« (S. 650).
- In der Organisation gilt das »*Prinzip des Führergedankens*« (S. 662). Jeder »*untersteht nur dem ersten Vorsitzenden*«. Es gibt keine Mehrheitsbeschlüsse (S. 634 f.).
- Die Propaganda versucht, möglichst viele »*Anhänger*« zu erzeugen. Mitglied der Organisation darf nur werden, wer »*die Idee*« aktiv vertritt und verteidigt. Das sind höchstens zehn oder zwanzig Prozent der »*Anhänger*«. Diese müssen sorgfältig ausgesiebt werden. »*Die größte Gefahr, die einer Bewegung drohen kann, ist ein durch schnelle Erfolge abnorm angewachsener Mitgliederstand*« (S. 656).
- Der innerste Kern der Organisation braucht nur aus einer »*Handvoll Menschen*« zu bestehen. »*Propaganda und Organisation, also Anhänger und Mitglieder, stehen damit in einem […] gegenseitigen Verhältnis. Je besser die Propaganda gearbeitet hat, umso kleiner kann die Organisation sein, und je größer die Zahl der Anhänger ist, umso bescheidener kann die Zahl der Mitglieder sein.*« (S. 653 f.)
- Jede Vergrößerung der Organisation verlangt »*äußerste Vorsicht*« und »*gründlichste Prüfung*«. »*Ausschließlich*« der »*Kern alleine*« darf »*die Bewegung*« leiten.

Zusammenfassend: »*Alle großen Bewegungen, mochten sie religiöser oder politischer Natur sein, haben ihre gewaltigen Erfolge nur der Erkenntnis und Anwendung dieser Grundsätze zuzuschreiben, besonders aber alle dauerhaften Erfolge sind ohne Berücksichtigung dieser Gesetze gar nicht denkbar.*« (S. 657)

Das Machtsystem der Nazi

Wenn ein politischer Guru die Macht hat, ein politisches System nach seinem Willen zu gestalten, dann bildet das erprobte Organisationsmodell seiner »*Bewegung*« die Vorlage für die Umgestaltung der gesamten Gesellschaft.

Hannah Arendt charakterisiert in ihrem klassischen Werk *Elemente und Ursprünge totaler Herrschaft* das Herrschaftssystem der Nazis so:[45]

1. Das Machtzentrum lag beim Führer und einer kleinen Clique, die wie eine Geheimgesellschaft organisiert war.
2. Die wirkliche Macht lag in den Institutionen der »*Bewegung*«, die vom Machtzentrum direkt gesteuert wurden. Diese Institutionen waren außerhalb des Staates und des militärischen Apparates angesiedelt. Der Staat blieb nur als Fassade erhalten.
3. Im innersten Kreis herrschte eine strikte Hierarchie. Der Führer gab sich niemals als Gleichrangiger.
4. Die Vertrauten in der engsten Umgebung des Führers wurden häufig ausgewechselt – auch um zu verhindern, dass sich irgendeine Solidarität zwischen ihnen bildete.
5. Alle Instanzen in der Partei und im Staat waren dem Willen des Führers unterworfen. Das Machtzentrum hatte absolutes Durchgriffsrecht.
6. Es gab keine wirklichen Hierarchien mit festgelegten Autoritäten und Pflichten. Viele bürokratische Abläufe wurden von mehreren Organisationen gleichzeitig bearbeitet, denen jederzeit die Befugnisse genommen werden konnten.
7. Dies schuf ein Klima allgemeiner Verantwortungslosigkeit: »*Ich habe nur meine Pflicht getan.*«
8. Früher akzeptierte »Fakten« wurden durch Propaganda und Terror außer Kraft gesetzt.
9. Eine ungeheure Propagandamaschinerie zur Pflege des Führermythos. Am Höhepunkt des Mythos – 1936 bis 1938 – glaubte die Mehrheit der Deutschen an den Führer und war von seiner Besonderheit als überragendes SUPER-WIR überzeugt.[46]
10. Ein extremer Führerkult in der »*Bewegung*« und im Volk – ohne jemals einen Nachfolger aufzubauen.
11. Eine absolut willkürliche Festlegung von FEINDEN durch die Macht-Elite. (Die Mehrzahl der Menschen in den Konzentrationslagern

wurden inhaftiert, weil sie jüdisch waren oder einer anderen Minderheit angehörten, aber nicht, weil sie aktive Regimegegner waren oder ein Verbrechen verübt hatten.)

Führer-Image und Führer-Persönlichkeit

Das demagogische Bild der Gesellschaft verlangt eine zentrale Instanz oder eine Person mit Führungsanspruch: das SUPER-WIR. Das Image von SUPER-WIR ist für eine demagogische Politik von wesentlicher Bedeutung. Es ist ihre wichtigste Ressource. Das SUPER-WIR verkörpert den höchsten Kampf von GUT und BÖSE. Als potenzierte GUTHEIT steht es an vorderster Front im Kampf gegen die ANDEREN. Es führt den Angriff, legt die Taktik fest, lenkt die Heerscharen und steht im Pfeilhagel der FEINDE.

SUPER-WIR ist die Person, die am meisten kämpft, am meisten leidet. Unserem SUPER-WIR gebührt unsere Hochachtung und unser Mitgefühl!

Der Führer

Dieses Grundschema kann mit verschiedenen Imagebildern aufgefüllt werden. Die Nationalsozialisten haben »den Führer« als religiöses und biologisches SUPER-WIR hochgejubelt. Er wurde in der Propaganda zum rassenreinen arischen Gott-Menschen hochstilisiert: ein Mittelding zwischen Erlöser und Befreier und Prototyp eines reinrassigen Ariers.[47]

Imagebilder dieser Art wirken heute wie aus grauer Vorzeit. Zudem hat sich der Stellenwert von Idolbildern verschoben. Für moderne Demagogie genügt nicht ein Imagebild allein. Die Menschen sind mittlerweile flexibler geworden. Sozialpsychologen sprechen davon, dass das Ich sich immer mehr in Teil-Ichs aufspaltet.[48] Viele Menschen leben gleichsam mehrere Leben parallel nebeneinander. Insbesondere jungen Menschen widerstrebt es, sich auf eine zentrale Rolle festlegen zu müssen. Sie wählen flexibel unterschiedliche Inszenierungen und haben gelernt, mit Widersprüchen umzugehen.

Muster 42: Verleihen Sie sich selbst mehrere Imagebilder. Ignorieren Sie Widersprüche.

Ein ganz besonderer Schauspieler war der frühere FPÖ-Politiker und politische Ahnvater heutiger Demagogen, Jörg Haider. Zum Teil wechselte er mehrmals pro Tag sein Outfit, um die von ihm gewünschten Imagebilder (medial) zu transportieren.

Rollenspiele

Strache hat von Haider gelernt. Unter den europäischen Populisten ist er derzeit wohl der erfolgreichste Rollenspieler, nicht zuletzt weil er es geschickt versteht, seine Imagebilder über die sozialen Medien in der Bevölkerung zu verbreiten.

Strache tritt auf der politischen Bühne unter anderem in folgenden Rollen auf:

1. *Robin Hood, der Rächer des »kleinen Mannes«*
   Robin Hood ist das Opfer der »*Privilegienritter*« und »*Bonzen*«. Er steht außerhalb der Machtstrukturen (der »*Parteisekretariate*«) und lehnt sich gegen sie auf. Strache sieht sich gerne als Rächer der Entrechteten. 2010 lud er seine Fans sogar via Facebook zum gemeinsamen Robin-Hood-Schauen ein: »*die Geschichte von Robin Hood ist auch heute noch so lebendig wie eh und je. Ein Freiheitskämpfer für das Volk und gegen die Mächtigen – wenn so jemand kein Vorbild ist, wer dann? Ihr habt jetzt die Chance, euch die Neuverfilmung dieses zeitlosen Stoffs mit Russel Crowe in der Titelrolle am 22. Juni gemeinsam mit mir ansehen zu können. Ich verlose nämlich 100 Kinokarten für eine Vorführung in einem Wiener Kino.*«[49]

2. *Che Guevara, eine Variante von Robin Hood, eine Spur schärfer*
   Im Wahlkampf 2008 setzte sich FPÖ-Chef Strache ein blaues Barett mit Stern auf den Kopf und ließ sein Konterfei wie der kubanische Revolutionär als »*blauer Che*« auf T-Shirts drucken. »*Che ist tot, H. C. Strache lebt*«, lautete der dazu passende Slogan. In einem eigenen Wahlkampfsong mit dem Titel »*Viva HC*« bezeichnete sich Strache als »*Sozialrebell mit Herz und Schmäh*«.

3. *Der Staatsmann*

Als in Österreich im Frühjahr 2017 die Regierung platzte, machte Strache gleich auf Staatsmann. Der Oppositionspolitiker Strache lud die übrigen Parteien ganz offiziell zu sich ein. Danach konnte Straches Generalsekretär Kickl per Pressemitteilung betonen, welch verantwortlicher Staatsmann sein Chef doch sei: »*Nicht diese völlig chaotische Regierung, sondern der freiheitliche Bundesparteiobmann Heinz-Christian Strache hat für Ordnung und Struktur in der Neuwahlfrage gesorgt. Im Gegensatz zu Kern* [der österreichische Bundeskanzler und SPÖ-Chef, Anm. der Autoren] *und Kurz* [der österreichische Außenminister und ÖVP-Chef, Anm. d. Autoren] *hat der FPÖ-Bundesparteiobmann seine staatspolitische Verantwortung wahrgenommen. Denn ohne die Einladung Strache an die anderen Oppositionsparteien, die Frage des Wahltermins sachlich zu diskutieren, würde dies ganz sicher immer noch von Kern und Kurz als Manövriermasse für taktische Spielereien missbraucht.*«[50]

4. *Der einfache Arbeiter*

Strache hat den Beruf des Zahntechnikers erlernt. Obwohl er seit mittlerweile zwei Jahrzehnten hauptberuflich Politiker ist, betont er stets, dass er keiner dieser typischen Berufspolitiker sei. In einer TV-Konfrontation zur Nationalratswahl 2013 erklärte Strache: »*Ich komme nicht aus dem gestützten Bereich. Ich habe als Unternehmer alles kennengelernt und bin als Unternehmer, als Kleinunternehmer – und das sind doch in Österreich viele, die da über 80 Prozent der Arbeitsplätze auch sichern – in die Politik gegangen, habe mich engagiert und bin nicht käuflich.*«[51]

5. *Der Kulturchrist*

Seit die FPÖ den Kampf gegen den Islam für sich entdeckt hat, zeigt sich Strache gerne mit christlichen Symbolen. So trat er etwa bei einer Demonstration gegen die angebliche Islamisierung Österreichs mit einem großen Holzkreuz in der Hand auf. Strache bezeichnet sich als »*Kulturchristen*«, der für das christliche Abendland kämpfe. Das Kreuz ist für ihn ein Kulturgut; um Kulturchrist zu sein, müsse man nicht regelmäßig in die Kirche gehen.

6. *Der perfekte Schwiegersohn*
»Meine Ehefrau Philippa, unsere Mütter und ich, wir wünschen Euch einen wundervollen Muttertag. Unsere Mütter sind die Quelle unserer Liebe!«[52], postete Strache zum Muttertag 2017 auf Facebook und setzte ein rosa Herzchen daneben. Die Rolle des braven Schwiegersohns, der seine Frau schützt und verwöhnt und sich auch um den Familienhund sorgt, spielt Strache perfekt. Und gibt damit seinen mehr als 600 000 Followern[53] das Gefühl, am großen Glück der perfekten Strache-Familie teilhaben zu können. Im Juni 2016 postete er auf Facebook neben dem Bild des schwarzen Hundes seiner Ehefrau: *»Gestern hatte unsere ›Odi‹ wieder Angst vor einem herannahenden Gewitter. Mit einem duftigen Leiberl fühlte sie sich gleich wieder sicher ☺:-) Ja, unsere Hunde, die sind die treuesten Weggefährten des Menschen! Sie freuen sich und lieben bedingungslos!«*[54]

7. *Der attraktive Sportler*
»Ich war mit zwölf Jahren Zweiter in Wien im Schach, ich war Vierter bei der Judoschülerligameisterschaft in Wien, ich war fußballerisch in der Schülerliga erfolgreich, ich habe Tennis gespielt und bin geschwommen und im Tischtennis war ich Siebenter in Wien«[55], erzählte Strache einmal aus seiner Jugendzeit. Beim Sport ist *understatement* nicht sein Ding. Auch in der Badehose hat der FPÖ-Chef schon posiert und seine Muskeln gezeigt. Und vor der Nationalratswahl 2017 erklärte er in einem Radiogespräch, dass er wegen seiner vielen Muskeln nicht mehr in seine Anzüge passe.[56]

In all diesen Bildern schwingt auch das Bild einer Person mit, die in der Lage ist, Übermenschliches zu leisten, die das perfekte Leben lebt und trotzdem bereit ist, dieses für seine WIR zu opfern.

Das Prinzip Verantwortungslosigkeit

Gurus fordern von Ihrer Gefolgschaft Verantwortung für *»die Idee«*. Wer keine Verantwortung zeigt, muss gehen. Wie Loyalität (Muster 40) ist auch Verantwortung einseitig. Sie gilt nicht für den Guru. In einer Sekte fordert niemand den Guru zu verantwortungsvollem Handeln auf.

Muster 43: Übernehmen Sie keine Verantwortung.

Demagogen übernehmen keine Verantwortung für die Folgen ihres Tuns. Bei Angriffen schlüpfen sie blitzschnell in die Rolle des Opfers (Muster 13). Vermutlich sehen sie sich wirklich als »*Opfer*«. Denn »*Opfer*« tragen keine Verantwortung. Sie trifft niemals irgendeine Schuld. »Der Kurzschluss, der dem Charisma der Populisten zugrunde liegt, findet sich genau hier: Ich werde angegriffen, weil ich der Vertreter von EUCH Ausgeschlossenen bin, von EUCH Verlierern des Status quo. Es hat nichts zu bedeuten, dass ich reich bin, unerheblich sind meine zweifelhaften Verdienste oder meine skrupellosen Methoden. Man macht mich zum Opfer, weil ich den Verlierern eine Stimme leihe, darum verdiene ich EURE Unterstützung, EUER Vertrauen, was immer ich auch sage. IHR und ich, WIR Opfer, WIR tragen keine Schuld an den gegenwärtigen Verhältnissen. WIR waren ohnmächtig, die ANDEREN haben das Desaster angerichtet, WIR sind nicht verantwortlich«, schreibt Daniele Giglioli, Professor für Literaturwissenschaften an der Universität Bergamo und Autor des Buches *Die Opferfalle*.[57]

Eine Variante dieses Musters liegt darin, konkrete Lösungsvorschläge zu verweigern. In der Debatte um ein Asylquartier in Wien wurde am 16. Februar 2016 der FPÖ-Gemeinderat Wolfgang Jung im Staatsfernsehen ORF interviewt. Der Moderator war Armin Wolf, er fragte nach einer Lösung:

Wolfgang Jung: »*Wir haben das Problem nicht geschaffen. Das Erste wäre Grenzen dicht. Zum Zweiten: Wir glauben nicht, dass es bei den Zahlen bleibt, es werden mehr werden. Das glauben auch die Bürger nicht. Es werden 10 000 werden und es werden noch mehr werden und dagegen wehren wir uns. Wir haben das Problem nicht geschaffen und Sie vergrößern es.*«

Armin Wolf: »Aber ich verstehe es noch nicht ganz, Herr Jung. Sie sagen, Sie müssen es nicht lösen, weil Sie haben das Problem nicht geschaffen, aber die Lösungen, die versucht werden, die sind nicht okay. Was soll man denn dann tun?«

Wolfgang Jung: »*Das muss sich die Regierung – wir sind die Opposition, wir müssen die Probleme aufzeigen, die Regierung muss sie lösen*.

Ein Meister von bekundeter Verantwortungslosigkeit ist Donald Trump. Einen Höhepunkt setzte er am 100. Tag nach seinem Amtsantritt. Jetzt hatte er den ultimativen Schuldigen für das Chaos zu Beginn seiner Präsidentschaft gefunden: die Verfassung selbst: »*Es ist ein sehr gemeines System.* […] *Es ist ein archaisches System.* […] *Es ist wirklich ein schlechtes Ding für das Land.*«[58]

Ausgrenzung als Prinzip

In einer sektenähnlichen politischen Bewegung durchzieht ein Prinzip der Ausgrenzung die ganze Organisation.

- Der innerste Zirkel wird vom Führer ausgegrenzt. Er gibt sich nicht als Teil von ihnen, weil er auch außerhalb der Organisation steht.
- Die Mitglieder der Partei sind von den Entscheidungen des Führers und des innersten Kreises ausgeschlossen. Was hier diskutiert wird, unterliegt der Geheimhaltung. Entscheidungen werden von oben diktiert, Widerspruch wird geahndet.
- Die ANDEREN Parteien werden von der Partei der WIR durch Sprache, Wortwahl, Vorwürfe und Aktionen ausgegrenzt. SIE machen eine qualitativ andere Art von Politik. Dieser Unterschied ist dem Publikum zur Kenntnis zu bringen.
- Die ANDEREN, egal welche der wechselnden Gruppen, werden von den WIR ausgegrenzt – bis hin zu Gegensatzbildern und ihren Folgen (Kapitel 2). Demagogische Politik lebt von Ausgrenzung, weil sie andauernd eine scharfe Grenze zwischen den (erfundenen) WIR und den (erfundenen) ANDEREN errichten muss.
- Aber diese Grenze ist flexibel. Jedermann steht unter der permanenten Drohung der Ausgrenzung. Jeder noch so GUTE kann augenblicklich, wenn dies dem SUPER-WIR passt, zum FEIND, zur Gruppe der ANDEREN hinübergeschoben werden. Niemand soll sich seiner Zugehörigkeit sicher sein.
- Dies gilt auch für jedes Mitglied in der »*Bewegung des Volkes*«, egal in welchem Rang. Denn wer den letzten Schwenk des SUPER-WIR nicht mitmacht oder anderer Meinung ist, wird augenblicklich zum FEIND.
- In letzter Konsequenz kann dies sogar SUPER-WIR selbst treffen, nämlich dann, wenn ein neues SUPER-WIR auftaucht und das alte stürzt.

Letzteres ist dem Parteigründer der AfD, Bernd Lucke, am 4. Juli 2015 auf dem Parteitag in Essen widerfahren. Am 16. Mai 2015 hatte Frauke Petry ein geheimes Bündnis mit den Rechten geschlossen, der Sturz von Lucke war beschlossene Sache. Als Lucke am Parteitag ans Podium tritt, sind ungefähr 3 000 Leute anwesend. Für viele von ihnen ist er bereits zu einem ANDEREN geworden. Die *Spiegel*-Redakteurin Melanie Amann hat die Szene beobachtet: »… ein Sturm aus gellenden Pfiffen und hysterischem Hohngelächter […] Durch den ganzen Saal wogt ein Meer aus Wutmitgliedern. Männer in ordentlich gebügelten Hemden mit gekämmtem Haar, manche mit Krawatte, springen beinahe hysterisch auf und ab, wedeln mit roten Stimmkarten in Luckes Richtung, formen ihre Hände zu Trichtern, um ihre Buhrufe zu verstärken. Über ihrem Buhchor hört man kreischende Frauenstimmen. *›Aufhören! Aufhören!‹ – ›Spalter!‹ – ›Verräter‹ – ›Hau ab!‹ – ›Lügen-Lucke‹*. Immer wieder flippt die Menge während Luckes Rede auf diese Weise aus. […] Es ist ein kollektiver Gewaltakt gegen den Mann am Rednerpult.«[59] Das frühere SUPER-WIR hatte sich in einen FEIND verwandelt.

Muster 44: Grenzen Sie aus.

»Das Volk« grenzt die Mehrheit der Bevölkerung aus

Die Vorstellung von »dem Volk« bedeutet, einer bunten Bevölkerung künstlich einen »einheitlichen Willen« verleihen zu wollen (Kapitel 1). Eigenständig denkende Menschen bekommen damit einen unsicheren Status: Sind sie Teil »des Volkes«? Intellektuelle, Wissenschaftler, Künstlerinnen oder Aussteiger gelten als potentiell gefährlich, desgleichen alle Anhänger anderer Parteien und vor allem jene, die offen für Menschenrechte für alle eintreten. Sie laufen Gefahr, als »*Volksfeinde*« bekämpft zu werden.

Aber der potentielle Ausschluss vom »Volk« geht noch viel weiter. Er trifft auch alle, die sich auf der sicheren Seite wähnen. Denn niemand kann sich selbst (aus sich heraus, nach selbst gewählten Kriterien) »dem Volk« zuordnen, das ist ja der Job von SUPER-WIR. Demagogische »Freiheit« meint damit nicht individuelle Autonomie, sondern Zustimmung zum Projekt der WIR. Das demagogische Konzept von Freiheit ist »ein im Kern unfreies, intolerantes und autoritäres«, so die AfD-Expertin Melanie Amann.[60] Mit anderen Worten: In der Gesellschaft »des Volkes« schwebt über jedem das Damoklesschwert des FEINDES. Jeden kann der Bannstrahl von SUPER-WIR treffen. Das Kollektiv der WIR grenzt damit das autonome Individuum in seiner Selbstständigkeit aus. Ein eigenständiger Wille muss vom »Willen des Volkes« begrenzt werden. Amann formuliert das am Beispiel der AfD so:

»Der ausgrenzende Kollektivismus der AfD trifft nicht nur religiöse oder ethnische Minderheiten, er kann alle erdenklichen Gruppen treffen, wie das Parteiprogramm sehr deutlich zeigt:

- Wenn zu viele »*inländische Hochqualifizierte*« auswandern, dann muss dieser Exodus »*reduziert werden*«, schreibt die AfD – egal, welche Motive den einzelnen Wissenschaftler treiben.
- Wenn zu viele »*Asylantragsteller*« in »*das soziale System einwandern*«, muss »*die schrankenlose Möglichkeit des Familiennachzugs*« unterbunden werden, die unerwünschten Gruppen möglichst klein gehalten werden – ohne Rücksicht darauf, welche Familien individuell schutzbedürftig sind oder nicht.
- Und da die Geburtenrate »*unter Migranten mit > 1,8 deutlich höher liegt*« als unter »*deutschstämmigen Frauen*«, will die AfD gegen diesen Zustand mit Geld und guten Worten arbeiten, bis die Geburten der »*einheimischen Bevölkerung*« wieder »*ein tragfähigeres Niveau erreichen*«.

Was aber die Ursachen dieser deutschen Kinderlosigkeit angeht, dass dahinter komplizierte Entscheidungen von Frauen wie Männern stehen und höchstpersönliche Zwänge und Präferenzen, das spielt für die AfD keine Rolle. Denn an erster Stelle steht für die eben nicht das Individuum, sondern der Output des Kollektivs.«[61]

Journalisten als FEINDE

Besonders beliebt ist bei allen Demagogen der Ausschluss kritischer Journalistinnen und Journalisten. Ihnen werden regelmäßig Kontakte und Informationen vorenthalten. Es sind richtiggehende Bestrafungsrituale mit der Botschaft, wer zu kritisch ist, muss leiden. Als sich Abgeordnete der EU-Fraktion »*Europa der Nationen und der Freiheit*«, zu der unter anderem die AfD, die FPÖ, der Front National, die Lega Nord, der Vlaams Belang und die Partei für die Freiheit zählen, zu einem Kongress in Koblenz trafen, wurde Redakteuren der *Frankfurter Allgemeinen Zeitung*, des *Spiegels*, des *Handelsblatts* sowie Vertretern öffentlich-rechtlicher Medien die Akkreditierung verweigert. Marcus Pretzell, EU-Abgeordneter der AfD, begründete den Ausschluss ausgewählter Medienvertreter mit Kritik an der Berichterstattung über die AfD. Öffentlich-rechtliche Medien würden »*gefärbt*« über die AfD berichten.[62]

Als die AfD-Jugend 2014 den UKIP-Chef Nigel Farage als Redner eingeladen hatte, verschickte die Parteijugend einen detaillierten Knebelvertrag an Fernseh- und Radiojournalisten. Sie forderte darin, dass kein Sender mehr als zehn Minuten Filmmaterial senden dürfe, und wer mehr als drei Minuten sende, müsse in seinem Beitrag sichtbar und hörbar auf die Internetseite der jungen AfD hinweisen. Bei Zuwiderhandeln drohten die jungen AfDler mit 10 000 Euro Strafe.[63]

Die FPÖ hat eine noch viel längere Tradition darin, Medienvertreter bewusst von Informationen abzuschneiden. Als die Freiheitlichen im Jahr 2000 in Österreich in Regierungsverantwortung kamen, erklärte der damalige FPÖ-Spitzenpolitiker Peter Westenthaler die Informationspolitik der FPÖ als Regierungspartei mit folgenden Worten: *»Pressefreiheit ist, dass wir uns aussuchen können, mit wem wir reden.«*[64]

Seit 2015, seit die Freiheitlichen wieder deutlich erfolgreich sind, nehmen Diskriminierung und Verbalattacken gegen Journalisten spürbar zu. Bei der Wiener Landtagswahl 2015 verweigerte die FPÖ namentlich ausgewählten Journalisten zuerst den Zutritt zum Pressebereich bei der öffentlichen Abschlusskundgebung im Zentrum der Stadt. Die Begründung lautete, es gäbe zu wenig Platz. Am Wahlabend wurde ausgewählten Journalisten, die von der FPÖ zum Feindbild erkoren wurden, auch der Zutritt zur sonst öffentlich zugänglichen Wahlfeier verwehrt. Die betroffene Journalistin[65] *»habe in der Vergangenheit sowohl in ihren Zeitungsaufsätzen als auch bei diversen Auftritten sich als sogenannte FPÖ-Expertin geriert und die FPÖ dabei immer wieder zu Unrecht als rechtsextrem diffamiert«*, begründete FPÖ-Generalsekretär Herbert Kickl die offene Diskriminierung einzelner missliebiger Medienvertreter durch die FPÖ.[66]

Auch Donald Trump twitterte im Februar 2017 wörtlich: *»The FAKE NEWS media (failing @nytimes, @NBCNews, @ABC, @CBS, @CNN) is not my enemy, it is the enemy of the American People!«*, also: *»Die Fake-News-Medien sind nicht mein Feind, sie sind die Feinde des amerikanischen Volkes«*. Konkret nannte der US-Präsident die großen US-Medien *New York Times*, NBC News, ABC, CBS und CNN. »Reizend, dass unser ungebildeter Präsident es fertigbringt, die Worte Stalins zu benutzen und das historische Echo dieser Phrase nicht zu erkennen«, kommentierte Mitchell Orenstein, Professor für russische und osteuropäische Studien an der Universität von Pennsylvania den Tweet des US-Präsidenten und weist darauf hin, dass schon der kommunistische Diktator Josef Stalin Kritiker seines politischen Kurses zu *»Feinden des Volkes«* erklärte, sie in Arbeitslager verbannen oder ermorden ließ.[67]

Im Februar 2017 lud Trumps Sprecher Medienvertreter statt zur üblichen Pressekonferenz zu einem Gespräch in sein Büro. Medien wie die *New York Times* oder CNN, die über Trump besonders kritisch berichten, durften nicht teilnehmen. Rechte Medien wie Breitbart News, die *Washington Times* oder One America News Network waren im Weißen Haus hingegen willkommen.[68]

Zusammenfassend gilt: Ausgrenzung ist ein zentraler Bestandteil demagogischen Denkens. Selbst Begriffe, die scheinbar alle vereinnahmen, wie »*das Volk*«, beruhen auf Ausgrenzung. »*Das Volk*« umfasst nicht alle Menschen in einem Land, die »*Volksfeinde*« – und davon gibt es viele – sind davon ausgeschlossen. Und nach außen grenzt sich »*das Volk*« zu anderen Kulturen, Rassen und Ländern scharf ab.[69] Die »*Umvolkung*« des »*Volkes*« ist ein bedrohlicher Vorgang, weil er dem Prinzip der Ausgrenzung zuwiderläuft.

Demagogen als »Opfer von Ausgrenzung«

Keiner will mit mir spielen. So jammert das SUPER-WIR besonders gerne. Die ANDEREN, das Establishment ist so gemein und grenzt UNS ständig aus.

Die FPÖ ist ein Meister darin, sich als armes, ausgegrenztes Opfer darzustellen – sie hat ja schließlich jahrzehntelang Erfahrung darin. Immer dann, wenn gesagt wurde, die FPÖ dürfe nicht in der Regierung sein, wurde von der FPÖ geklagt: »*Wir werden ausgegrenzt.*« Das demagogische Prinzip der Ausgrenzung wurde nicht als Selbstausgrenzung realisiert, sondern den anderen Parteien zum Vorwurf gemacht. (In Kapitel 4 formulieren wir ein dazu passendes Muster: Werfen Sie den FEINDEN das vor, was Sie gerade tun.)

Dabei ist die sogenannte »*Ausgrenzung*« der FPÖ selbst ein Mythos, der historischen Fakten widerspricht. Bereits im Jahr 1957, ein Jahr nach der Gründung der FPÖ, nominierten die konservative ÖVP und die FPÖ mit Wolfgang Denk einen gemeinsamen Kandidaten für die Bundespräsidentschaftswahl. Dieser unterlag aber dem Sozialdemokraten Adolf Schärf. Zwischen 1983 und 1986 stellte die FPÖ den Vizekanzler. Nach Haiders Machtübernahme 1986 entschied sich die SPÖ, wegen Haiders aggressiver Anti-Ausländer-Politik und der fehlenden Abgrenzung zum Nationalsozialismus die Regierungskoalition mit der FPÖ zu beenden. Auf Länderebene gab es aber zum Beispiel in Vorarlberg seit 1974 eine Zusammenarbeit der ÖVP mit der FPÖ, in Kärnten wählten zuerst im Jahr 1989 Abgeordnete der ÖVP Jörg Haider zum

Landeshauptmann und 2004 Abgeordnete der SPÖ. Auf Bundesebene wurde die FPÖ von der ÖVP im Jahr 2000 in eine Koalition genommen – und das, obwohl einer der FPÖ-Spitzenkandidaten im Wahlkampf offensichtliche Lügen verbreitete, wie etwa dass das Sozialamt bevorzugt Ausländern Gratis-Medikamente zur Hormonbehandlung zur Verfügung stelle, um ihre Fruchtbarkeit zu steigern.[70]

Seit 2015 regiert die FPÖ auf Landesebene sowohl mit der SPÖ im Burgenland als auch mit der ÖVP in Oberösterreich. Trotzdem erklärte der FPÖ-Chef erst im Mai 2017 in einem Fernsehinterview, er hoffe *»darauf, dass durch die Stärke, die wir in Zukunft durch die Wähler bekommen, eine der Parteien gescheiter wird und endlich diese Ausgrenzung beendet«*.[71]

Muster 45: Behaupten Sie, dass die ANDEREN Sie ausgrenzen.

Der Guru hasst seine Gefolgschaft

Ein Guru steht über allen und grenzt alle anderen aus. Ein Guru ist einsam. Er kann sich selbst nicht als Teil einer Gemeinschaft denken. Gurus unterscheiden zwischen »Wissenden« und »Nicht-Wissenden«.[72] Der Guru ist der, der am meisten »weiß«. Anders zu sein, ist die Basis für den Guru-Job. Sie begründet die Überlegenheit des Gurus und die Unterwerfung der Jünger. In diesem Rollenspiel sind tiefe menschliche Bindungen kaum möglich. Guru und Schüler konstruieren sich innerlich und wechselseitig als andersartig. Ein wahrer Guru lebt in einer Welt, in der er sich selbst an die Spitze aller Menschen stellt (Gurus können auch mit anderen Gurus nicht als gleichrangig verkehren. Jede Begegnung artet zum Machtspiel aus.) Sich besser als andere zu denken, führt zur Verachtung anderer. Im Extremfall hasst ein Guru seine Gefolgschaft. Er benötigt sie für sein Rollenspiel, aber er sieht sie nicht als reale, autonome, selbstbestimmte Menschen. Trump ist dafür ein beredtes Beispiel.

Historische Parallele

Das Prinzip der Ausgrenzung und des Hasses auf die eigene Gefolgschaft kann auch anhand des Nationalsozialismus studiert werden. Die NSDAP begann als Geheimgesellschaft und grenzte immer die *»ge-*

schworene Sippengesellschaft« der Eingeweihten scharf von der gegen sie verschworenen Welt ab. Das Prinzip einer Geheimgesellschaft ist immer, »dass ausgeschlossen ist, wer nicht eindrücklich eingeschlossen ist, dass jeder ein Feind ist, der nicht dazugehört, oder, in der Anwendung dieses Prinzips durch die Nazis, dass jeder einer minderwertigen Rasse zugehört, dessen Stammbaum nicht untersucht ist«.[73]

Zynismus für die ANDEREN, Zynismus für die WIR

FPÖ-Chef Heinz-Christian Strache schrieb allen in Österreich und Deutschland lebenden Türken, die für Erdoğans Verfassungsreferendum gestimmt haben, auf Facebook einen »Offenen Brief«, der mit einer Vielzahl an rassistischen Klischees gespickt ist: *»Liebe Erdoğan-Anhänger in Österreich und Deutschland, nachdem ich schon seit Längerem mit Sorge und Mitgefühl beobachte, wie unglücklich und unverstanden Sie sich bei uns fühlen, bin ich nach eingehenden Überlegungen zu der Überzeugung gelangt, dass es Ihnen nicht weiter zuzumuten ist, hier zu bleiben. Das Letzte, was ich will, ist, dass Sie und Ihre Familien leiden müssen.*

Ich verstehe Sie ja: Sie fühlen sich bei uns von einer Geisteshaltung und einer Kultur bedrängt, die Sie nicht gutheißen. Sie dürfen hier ihre Töchter nicht in minderjährigem Alter verheiraten, Sie dürfen Ihrem Wunsch nach Todesstrafe und Presseunfreiheit nicht nachkommen. Sie müssen sogar fürchten, dass Ihre Meinungen hier ungehört verhallen, weil sie niemanden interessieren. Das allein sind schon echte Schicksalsschläge. Aber das Schlimmste steht erst bevor. Es besteht die alarmierende Gefahr, dass Ihre Kinder in Freiheit aufwachsen und für sich selbst entscheiden könnten, was sie wollen; sogar Mädchen und Frauen haben ein Recht darauf, gleichberechtigt, gebildet und frei leben zu dürfen. [...] *Es ist nur logisch, sinnvoll und vom gesundheitlichen Standpunkt aus sogar nötig, dorthin zu gehen, wo Sie all das, was Sie für wünschenswert halten auch leben können. Ihr Präsident wird Sie mit offenen Armen empfangen, denn nachdem er jede Menge Staatsfeinde eingesperrt hat, hat sich die Lage am Wohnungsmarkt entspannt. Auch wirtschaftlich führt Sie Erdoğan in goldene Zeiten, denn wer in Zukunft hingerichtet worden ist, isst und trinkt nicht mehr und liegt niemandem auf der Tasche«*[74], und so weiter. Peinlicherweise handelte es sich bei dem Text, wie Strache später zugeben musste, um ein Plagiat, abgeschrieben von einem äußerst rechten Internetblog. Strache hat den Text lediglich um einige Passagen erweitert.[75]

Ein demagogisches SUPER-WIR muss menschenverachtend sein. Der Schriftsteller Daniel Kehlmann charakterisiert Trump so: »Keine einzige Anekdote findet sich über einen Donald Trump, der sich weise oder freundlich verhalten hätte, man stößt auf keine Geschichte über eine Begebenheit, in der er Geist oder Mitleid oder Anzeichen einer Innerlichkeit jenseits der brutalen Regungen von Wut, Eigenlob oder Prahlerei gezeigt hätte. Würde man ein weltweites Casting für die flachste Bösewicht-Figur durchführen, so hätte Donald Trump schon vor seinem Wahlkampf die besten Chancen gehabt zu gewinnen.«[76]

Der extremste Fall ist es, im Namen *»des Volkes«* den Großteil der Bevölkerung abzulehnen, ja es abgrundtief zu hassen. Das Beispiel des Nationalsozialismus zeigt dies klar. Adolf Hitler wurde in der NS-Propaganda mit unerschöpflicher menschlicher Wärme geschildert. Tatsächlich war er ein extrem kalter Mensch, unfähig zu Freundschafts- und Liebesbeziehungen.[77] Seine Fähigkeit, die ANDEREN zu hassen, bezog sich auch auf das »eigene« Volk. Schon 1923 teilte Hitler die Deutschen in ein Drittel Feiglinge, ein Drittel geborene Verräter und ein Drittel Helden ein.[78] Ein Jahr nach der Machtergreifung meinte Goebbels, dass die Deutschen, die nicht in der Partei seien, sich glücklich schätzen sollten, dass sie überhaupt noch am Leben seien.[79]

Die Persönlichkeit des Gurus

Zum Guru-Geschäft sind nur wenige Menschen geeignet. Den meisten wäre ein solcher Job schlichtweg zu anstrengend. Gurus handeln aus einem tiefen inneren Antrieb. Die Persönlichkeitsmerkmale politischer Gurus folgen direkt aus dem demagogischen Weltbild:

- Sie müssen die Fähigkeit haben, in hohem Maße an die Ängste und Bedrohungen zu glauben, die ihre Propaganda behauptet.
- Sie müssen die Fähigkeit haben, in hohem Maße an die außergewöhnlichen Eigenschaften des SUPER-WIR zu glauben, die nach außen hin angepriesen werden.

Politische Gurus sind gläubige Menschen, selbst wenn sie sich ideologiefrei gebärden. Sie haben die Fähigkeit, intensiv in Angst- und Bedrohungswelten zu gehen, und entwerfen gleichzeitig grandiose Bilder über sich selbst, die mit der Realität nichts zu tun haben. Je mehr und je stärker ein Guru sich in diese Welten versenken vermag, desto mehr tritt das auf, was Psychologen Paranoia und Narzissmus nennen.

Paranoia

Paranoia bedeutet wörtlich »neben« (*parà*) dem »Geist« (*nous*). Paranoia ist »ein Geisteszustand«, so ein Lexikon der Psychologie, »bei dem Menschen das Gefühl haben, verfolgt zu werden [...] oder einer Verschwörung anderer gegen sie ausgesetzt zu sein«.[80]

Je intensiver jemand an ein demagogisches Weltbild glaubt, desto mehr lebt er in einer gegen ihn verschworenen Welt. In demagogischen Parteien tummeln sich viele Menschen, die den abenteuerlichsten Verschwörungsphantasien anhängen (mehr davon in Kapitel 5).

Das Nachrichtenmagazin *Der Spiegel* berichtete im Januar 2017 von einem Motivationsvortrag, den Trump im Jahr 2005, lange vor seiner politischen Karriere, in Denver hielt. Darin habe er sein Publikum zu äußerstem Misstrauen aufgefordert. »›*Seien Sie paranoid*‹, beschwor er die Leute«, schreibt der *Spiegel* und sieht darin eine Parallele zu seinem heutigen Agieren als US-Präsident: »Diese ständige Angst, hintergangen zu werden, und Trumps Verlangen nach bedingungsloser Loyalität bestimmten auch die Besetzung seines Kabinetts. Unter den designierten Ministern finden sich vornehmlich Menschen, die Trump früh und lautstark unterstützten.«[81]

Am 1. April 2015 meldete die österreichische Tageszeitung *Die Presse* das Ende des Wiener Schnitzels. Weil die sogenannte Panier, eine Kombination aus Ei, Mehl und Semmelbrösel, ein »Allergie-Cocktail« sei, plane die EU-Kommission ein Verbot des weltberühmten Traditionsgerichts aus Österreich.[82] Die Meldung war natürlich ein Aprilscherz. FPÖ-Chef Strache teilte den Bericht trotzdem mit den Worten »*Jetzt drehen sie völlig durch*«. Erst nachdem er darauf hingewiesen worden war, fügte Strache seinem Posting »*oder ein schlechter Aprilscherz*« hinzu. Dass Strache eine derart absurde Meldung für wahr hält, liegt daran, dass er sie in seinem Weltbild für möglich hält. In Straches Welt ist die EU tatsächlich so BÖSE und durchgedreht, dass sie uns sogar die Panier vom Schnitzel stiehlt.

Narzissmus

In einer griechischen Sage verliebt sich ein schöner Jüngling namens Narziss in sein eigenes Spiegelbild. Er sieht im Wasser das Bild einer wunderschönen Person und übernimmt es in sein Selbstbild. Das Spiegelbild gaukelt ihm eine großartige Persönlichkeit vor.[83] Ein Narziss ist von sich berauscht. Er hält sich für umwerfend großartig. Ein Narziss täuscht sich über sich selbst, weil er unfähig ist, seine Schattenseiten wahr- und anzunehmen. Personen mit narzisstischen Zügen besitzen manchmal ein ungewöhnliches »Charisma«. Der Glorienschein, mit dem sie sich »innerlich« sehen, erscheint wie eine »äußere« Aura, die viele fasziniert. Narzissten fühlen sich ungemein lebendig, wenn sie im Zentrum der Beobachtung stehen.[84]

Donald Trump ist so ein Kaliber. Er hat keinerlei Probleme, über sich Sätze zu sagen wie *»Ich bin irre erfolgreich«*, *»Ich werde der größte Jobproduzent sein, den Gott je erschaffen hat«* oder *»Mir gebührt da großes Lob«*. Selbstironie kennt er nicht. »Selbst für die USA, wo die Bereitschaft, andere auf die eigenen Vorzüge hinzuweisen, deutlich ausgeprägter ist als in Deutschland, ist ein solches Maß an Selbstlob einzigartig«, schreibt der *Spiegel* in einem Trump-Porträt mit dem bezeichnenden Titel »Mister Ich«. Weiterhin heißt es in dem Artikel: »Selbstreflexion, das kritische Hinterfragen der eigenen Verhaltensweisen, hält Trump ohnehin für schädlich. *›Ich mag es nicht, mich selbst zu analysieren, denn es könnte sein, dass ich nicht mag, was ich da zu sehen bekomme‹*, sagte Trump im Jahr 2014 in einem Interview.«[85] Ein selbstgefälliger Mensch hasst es eben, von anderen kritisiert zu werden.

Politiker mit narzisstischen Zügen »törnen« ihr Publikum an. Man kann sich gegenseitig »toll finden«.[86] Der umschwärmte Führer verkörpert die Sehnsucht Ich-schwacher Menschen. ER erscheint, wie man auch gern sein würde: makellos schön, fit, braungebrannt, mit schicken Klamotten, immer gut aufgelegt, fröhlich grinsend und umgeben von sündteuren Statussymbolen: das SUPER-WIR, wie es leibt und lebt.

Die Fallen des Gurus

Im Guru-Spiel ist der Guru die am meisten gefährdete Person.[87] Ein enttäuschter Fan kann seine vordergründige Liebesbeziehung zum Guru auflösen und die Illusion beenden. Ein Guru hat es viel schwerer, weil es nicht um ein Fremdbild, sondern um sein eigenes Selbstbild geht.

Strache redet gerne wie selbstverliebt von sich in dritter Person. *»Was muss der HC Strache machen, damit er Bundeskanzler wird?«*, rief er zum Beispiel beim Politischen Aschermittwoch 2014 seinen Fans zu. Die Antwort: *»Er muss gesund bleiben.«*[88] Auf die Frage eines Journalisten, wieso Strache die streng nationale Politikerin Barbara Rosenkranz als Chefin der niederösterreichischen Landesgruppe ausgetauscht hat, antwortete der FPÖ-Chef ebenfalls in der dritten Person: *»Also ich glaube einmal grundsätzlich, dass jeder Mensch Stärken und Schwächen hat, so hat auch der HC Strache Stärken und Schwächen, und jeder muss auch bereit sein, im Sinne einer Gemeinschaft einmal einen Schritt zurück und einen Schritt auf die Seite zu machen, weil natürlich auch man sich richtig beurteilen muss und natürlich auch festhalten muss, dass man in der ein oder anderen Position, wo man sich befindet, nicht den Beitrag leisten kann, der notwendig wäre, aber dafür in einer anderen.«*[89]

Gurus sind einsame Menschen. Sie benötigen andere als Schüler, aber nicht als gleichrangige Kritiker. In der Regel erlauben sie anderen nicht, ihnen ein realistisches Feedback zu geben, das sie nachdenklich macht und an dem sie menschlich wachsen könnten. Gurus grenzen alle anderen aus. Sie sind unfähig zur echten Teamarbeit. Sie stellen sich über und außerhalb aller Systeme. Dort, wo sie stehen, gibt es keine andere Person. Niemand gleicht ihrer Größe. An der Spitze sei es einsam, meint schon vor vielen Jahren Gernot Rumpold, ein enger Wegbegleiter Jörg Haiders. Hier müsse man, sagt er bewundernd über Haider, *»viel mehr geben, als man nehmen kann. Wenn ein Politiker oben ist, ist Leere.«*[90]

4 Führen Sie

Wollen Sie als Demagoge erfolgreich sein, dann benötigen Sie neben Ihrem Glauben an ein demagogisches Weltbild (Kapitel 1), neben Ihrer Fähigkeit, Gefühlsmanager zu spielen (Kapitel 2), und neben einer sektenähnlichen Organisation (Kapitel 3) ein hohes taktisches Geschick. Es umfasst unter anderem

- ein ausgefeiltes Konzept für Wahlveranstaltungen,
- Interviews,
- TV-Debatten und
- sozialen Medien;
- eine Taktik, wie man Aufmerksamkeit in den Medien erringen kann, um Themenführer zu werden,
- für das Verhalten bei Angriffen und
- wie man die Stimmung in der Bevölkerung zeitpunktgenau zum Wahltag mobilisiert.

Angleichen, oder auch nicht

Ein wichtiges Prinzip erfolgreicher Kommunikation ist das Prinzip des Angleichens.[1] Durch Angleichen macht man sich einer anderen Person oder einem Publikum ähnlich. Wenn wir zu einem Begräbnis gehen, wählen wir eine Kleidung, die Trauer signalisiert. Wir passen uns mit unserer Kleidung bewusst an die Kleidung der anderen an und zeigen dadurch, dass wir mit ihnen fühlen. Angleichen kann auch in der Sprache geschehen. Wer auf einem wissenschaftlichen Kongress im Dialekt redet oder im Wirtshaus komplizierte Fremdwörter verwendet, hat es schwer, die Zuhörer zu überzeugen. Besser ist es, so zu reden, wie es dort üblich ist. Ähnliche Prinzipien sind im Kontakt mit einer Gruppe von Menschen wirksam.

Angleichen ist in der Demagogie kein Selbstzweck. Das Prinzip muss sein: Angleichen an jene, die als WIR gelten, und Nicht-Angleichen an jene, die als die ANDEREN gelten.

Viel zu lange Sakkos, viel zu breite und lange Krawatten, Anzughosen, die völlig ausgebeult und zerknittert sind. Dann enthüllte auch noch ein Windstoß, dass Trump seine viel zu lange rote Krawatte mit doppelseitigem Klebestreifen am weißen Hemd festmacht.

Wer den neuen US-Präsidenten Donald Trump im Wahlkampf beobachtete, konnte kaum glauben, dass der Milliardär Anzüge derselben Marke trägt wie dessen stets von Kopf bis Fuß elegant durchgestylter Amtsvorgänger Barack Obama. Doch auch Trumps Anzüge stammen von dem italienischen Luxuslabel Brioni, dessen Anzüge zwischen 5 500 und 15 000 Euro kosten.[2]

Trump kombinierte seine schlecht sitzenden Anzüge gerne mit einer knallroten Schirmkappe, neben der orangefarbenen Haartolle war sie das Kennzeichen seines Wahlkampfs. Auch die Farben waren nicht zufällig gewählt: Mit dunkelblauem Anzug, weißem Hemd und roter Krawatte trug Trump stets die amerikanischen Nationalfarben, wie sie auch die US-Flagge zeigt.

Die Botschaft, die damit transportiert werden sollte, war eindeutig: Hier steht einer von euch, einer, der so ist wie ihr, die weiße Arbeiterklasse, die sich in Anzug und Krawatte ebenfalls nicht richtig zu Hause fühlt. Derart schlecht angezogen hob sich Trump von seiner Konkurrentin, der weltgewandten früheren Außenministerin Hillary Clinton, auch optisch klar ab. Gleichzeitig bestärkte sein Kleidungsstil seine Wählerinnen und Wählern in dem Gefühl, der Milliardär sei auch nur ein einfacher Mann, der in der Welt von DENEN DA OBEN nicht zu Hause ist. Dass zahlreiche prominente Trump-Gegner sich im Wahlkampf über dessen Krawatten lustig machten und sogar der Satire-Account »Trump's Ties« auf Twitter eingerichtet wurde[3], hat diesem wohl nur geholfen.

Kleidung und Symbole sind nicht nur für die Angleichung an die WIR nötig. Sie dienen auch als Abgrenzung gegen die ANDEREN. Genau das provozierte der AfD-Politiker Björn Höcke, als er im Oktober 2015 in der Talkshow von Günther Jauch zum Thema »Pöbeln, hetzen, drohen – wird der Hass gesellschaftsfähig?« eine Deutschlandfahne aus der Tasche nahm und sie auf seinem Stuhl drapierte. »*Die werde ich jetzt hier auf meine Lehne hängen, um allen Anwesenden und um den fernen Zuschauern zu zeigen, dass die AfD die Stimme des Volkes spricht […].*[4]

Die Demagogenshow

Wer erfolgreicher Demagoge sein will, sollte großen Wert darauf legen, seine öffentlichen Auftritte sorgsam zu inszenieren.

Jörg Haider war Meister der politischen Inszenierung. Schon in den 1990er-Jahren waren Haiders Wahlkampfauftritte echte Events, keine Politikveranstaltungen. Es mussten nur die ersten Töne von »*The Final Countdown*« der schwedischen Rockband Europe erklingen, eine Melodie, die Haider zu seinem Schlachtlied erkoren hatte, schon erstarrte die Menge, um nach wenigen Sekunden in Jubel auszubrechen. ER! ER kommt! ER kommt leibhaftig zu UNS. Quer durch die Menge, umringt von Sicherheitskräften und Journalisten, im Blitzlichtgewitter, mit Lichtshow. Manchmal schwebte der Erlöser auch mit dem Hubschrauber direkt vom Himmel. Zum Schluss, nach seiner Rede, stieg ein Meer aus Luftballons wie ein Zeichen der Hoffnung Richtung Himmel auf. Und Haider flog später im Heli hinterher.

Neben Haider war auch der italienische Rechtspopulist Berlusconi ein Held der Inszenierung, von den heutigen Demagogen reicht nur Donald Trump an dieses Niveau heran. Der US-Präsident bewies durchaus Selbstironie, als er im Wahlkampf auf den Rolling-Stones-Song »*You can't always get what you want*« setzte.

Als Strache 2005 die FPÖ übernahm, suchte sein Team dringend nach neuen Klängen für den neuen Chef. »The *Final Countdown*« war besetzt, eine neue Melodie musste her. Zuerst wurde Carl Orffs »Carmina Burana« zu Straches Hymne erhoben. Nach einem Urheberrechtsstreit verzichtete die FPÖ 2013 auf die berühmte Kantate.[5] Dafür trauten sich die FPÖ-Strategen im EU-Wahlkampf 2014 erstmals wieder, Strache und den EU-Spitzenkandidaten Vilimsky zu »*The Final Countdown*« in die Wahlveranstaltung einziehen zu lassen.[6]

Seit einigen Jahren wird Strache von der »John Otti Band« als persönliche Einpeitscher im Wahlkampf begleitet. Die spielen dann Schlagerlieder wie »*Wir sind eine große Familie*« und das extra für die FPÖ getextete Patriotenlied »*Immer wieder Österreich*«. Zuletzt marschierte

Strache bei der 1.-Mai-Feier 2017 der FPÖ in Linz zu »*Helden von heute*« von Falco ein: »*Oh, oh, oh, oh. Wir haben das richtige Weltbild. Oh, oh, oh, oh. Wir san ab heut' voll dabei. Oh, oh, oh, oh. Wir hab'n den Blick in der Zukunft. Oh, oh, oh, oh. Wir san die Helden von heut*«.

Ziemlich altbacken sehen im Vergleich dazu die bisherigen Wahlkampfveranstaltungen der AfD aus. Eine karge Bühne ohne Symbolik und statt flotter Inszenierung reiht sich eine angestaubte Politikerrede an die nächste. Beim Wahlkampfauftakt in Essen sagte der AfD kurzfristig sogar die Musikband ab. Stattdessen sprang der Schlagersänger Marco Kloss ein, der versuchte, mit Titeln wie »*Du hast gewärmt wie alter Whiskey*« doch noch etwas Stimmung aufkommen zu lassen.«[7]

Trump, 1.6.2017

Trump hingegen beherrscht die Demagogenshow perfekt. In seiner Rede am 1. Juni 2017, in der er den Ausstieg der USA aus dem Pariser Klimaschutzabkommen ankündigt, wird er von Vizepräsident Mike Pence als Vorredner und dem Chef der Umweltschutzbehörde Scott Pruitt als Nachredner umrahmt. Die Aufgabe der beiden ist es, in beinahe gleichlautenden Sätzen die Slogans aus dem Wahlkampf zu wiederholen, mehrmals zu versichern, Trump würde die Wahlversprechen einhalten, und vor allem Trump als großartige Führungsperson überschwänglich zu loben. Auf die rötlich-weißen Haare von Trump fällt Licht von oben, sie glänzen wie ein Heiligenschein. Das weiße Hemd mit der roten Krawatte fügt sich in die rot-weißen Streifen der US-Flagge genau hinter seinem Gesicht – eine farbliche Gesamtkomposition. Die Arme am Pult, dreht Trump die Schultern langsam hin und her, er beherrscht den Raum. Inhaltlich sind die Rollen klar verteilt. Pence und Pruitt haben das SUPER-WIR zu loben, Trump übernimmt den Rest. Zuerst werden negative Gefühle angesprochen (der letzte Terroranschlag), dann positive (ein »*Update des enormen, des absolut enormen ökonomischen Fortschritts seit dem Wahltag*«), schließlich direkt das demagogische Bild: Die USA sind GUT, »*das umweltfreundlichste Land*« der Welt. DIE (das ist »*der Rest*« der Welt) haben UNS einen »*unfairen Vertrag*« auferlegt. Schuld sind »*ausländische Lobbyisten*«, die sich danach sehnten, »*dass diese Vereinbarung unser glorreiches Land knebelt und auf den Boden wirft*«. Und DIE »*lachen über uns*«. Den

Vertrag zu kündigen, wird Amerika Geld sparen, das brauchen WIR für den »*Krieg gegen den Terror*«, auch die »*riesigen Staatsschulden*« werden damit verknüpft. So wird Amerika vom »*Eindringen von außen*« befreit, »*das weiteres Leiden mit sich bringt*«. Mehrmals geht es in Trumps Rede um »*America First*«, zusätzlich erwähnt Pence den Slogan dreimal und Pruitt zweimal.[8]

Sound Bites

Demagogen erlangen mit ihren Sprüchen in der Öffentlichkeit ein hohes Maß an Aufmerksamkeit: »*Make America Great Again*«, eine Pause nach jedem Wort. Slogans und Sprüche sind medial vorbereitet und entsprechen dem, was Medien hören wollen: pointierte, zündende Sätze, wenige Sekunden lang, sogenannte »sound bites«.

Muster 47: Klopfen Sie kurze Sprüche mit hohem Aufmerksamkeitswert.

»*Daham statt Islam*«, »*Deutsch statt nix verstehen*«, »*Sozialstaat statt Zuwanderung*« oder »*Heimatliebe statt Marokkaner-Diebe*«, so lauten die Wahlkampfslogans auf FPÖ-Plakaten. Die Freiheitliche Partei ist Meister in der Zuspitzung und Verkürzung. Hauptsache, die Parolen sorgen für Empörung und sind so simpel, dass sie leicht im Kopf bleiben. »*Man muss die Menschen nämlich genau in der Sekunde Aufmerksamkeit, die sie für Politik überhaupt noch haben, erwischen*«, erklärte der FPÖ-Stratege Herbert Kickl einmal die freiheitlichen Kampagnen.[9]

Mit kurzen, prägnanten Sprüchen ein Höchstmaß an Aufmerksamkeit zu erzielen, dieses Prinzip hat US-Präsident Donald Trump mit seinen täglichen Tweets perfektioniert. Trump hatte Mitte Januar 2017 über 31 Millionen Follower auf Twitter.[10] Seine Postings handeln nicht von Fakten, Themen oder inhaltlichen Debatten, sondern von Ideologie und von persönlichen und emotionalen Angelegenheiten. Trump gibt sich dabei aggressiv und offensiv und attackiert ständig ANDERE in einem vulgären Stil, der ihn als »kleinen Mann« ausweisen soll. Dabei kombiniert er regelmäßig ein abwertendes Eigenschaftswort mit einem Namen: die »*leichtgewichtige Megyn Kelly*«, der »*kleine Marco Rubio*«, der »*schlaffe Jeb Bush*«, der »*dämliche Bill Kristol*« usw.[11]

Eine Analyse von 2 500 Tweets von Donald Trump, die er zwischen Oktober 2015 und Mai 2016 verfasst hatte, ergab: Nach einer linguistischen Gefühlsanalyse (*sentiment analysis*) sind 45 Prozent seiner Tweets negativer Art, 28 Prozent positiv und 27 Prozent neutral. Die positiven Adjektive sind relativ monoton (*great, good, nice*), die negativen hingegen sehr einfalls- und abwechslungsreich, ein wahres Wörterbuch beleidigender Sprache (Muster 3). Über 65 Prozent aller Adjektive in den Tweets transportieren negative Gefühle. 76 Prozent aller Tweets enthalten mindestens ein Ausrufezeichen. Dabei ging es vor allem gegen die Medien: 3,5-mal mehr als über eigene politische Inhalte.[12]

Der US-amerikanische Kognitionswissenschaftler George Lakoff hat eine Klassifikation der Tweets von Trump erstellt. Diese umfasst unter anderem:[13]

- Neue Frames setzen: Trump will ein neues Thema lancieren.
- Ablenkung von realen Problemen, vor allem durch Beschimpfung ANDERER.
- Medien attackieren, um ihre Glaubwürdigkeit zu unterminieren und die eigene Regierung als Quelle der »Wahrheit« erscheinen zu lassen.
- Versuchsballons starten, um die öffentliche Meinung zu testen.
- Hemmungslos lügen, um zum einen Gefolgsleuten weiter an sich zu binden und zum anderen die Loyalität zum Beispiel von Regierungsmitgliedern zu testen.

Das Sprüchespiel

Wenn Demagogen in der Opposition die öffentliche Meinung mit einem Spruch nach dem anderen beeinflussen, benötigen sie die Mithilfe anderer Personen. Der österreichische Journalist Norbert Lublasser hat vor Jahren anhand des Beispiels Jörg Haider ein Perpetuum mobile skizziert, das sich ausgezeichnet auf andere Demagogen anwenden lässt. Wir haben bloß »Haider« durch »Demagoge« ersetzt:[14]

- Der Demagoge »hat den ersten Zug. Er muss mit einer möglichst auffälligen Bemerkung möglichst viel Aufmerksamkeit auf sich lenken […] Wobei wirklich schlimm ist: Er meint, was er sagt.

- Jetzt kommt die Opposition ins Spiel. Wie der Hund des Herrn Pawlow reagiert sie sofort […] und ereifert sich über den Spruch des Demagogen, […]
- Die Medien spielen fleißig mit, weil, wie Erhebungen immer wieder ergeben, der Demagoge ein »Selbstrenner« ist. Selbst in innenpolitisch viel weniger interessanten Zeiten konnte der Demagoge […] die Aufmerksamkeit der Leser, Seher und Hörer auf sich ziehen.
- Die Anhänger des Demagogen kommen dreifach ins Spiel:
  - Sie applaudieren ihrem Idol,
  - verteufeln die Gegner und
  - versuchen, die Botschaft, egal welchen Inhalts (den sie natürlich auch ernst nehmen), an Stammtischen weiterzugeben.

Der Demagoge ist ein Meister dieses Spiels. Er erreicht sein Spielziel immer. Weil alle anderen sich von ihm hineinziehen lassen.[15]

Einer, der dieses Spiel hervorragend beherrscht, ist der thüringische AfD-Landesparteischef Björn Höcke.[16] Regelmäßig gelingt es ihm, in die Schlagzeilen zu kommen: Im Mai 2015 verharmlost er die Mitglieder der NPD, im Oktober 2015 provoziert er mit der Deutschlandflagge in der ARD-Talkrunde »Günther Jauch«, im November 2015 spricht er auf einem Kongress des rechtsgeprägten Vereins »Institut für Staatspolitik« zum »*Reproduktionsverhalten der Afrikaner*« und im Januar 2017 nennt er das Berliner Holocaust-Mahnmal ein »*Denkmal der Schande*«. Daraufhin beschließt der Parteivorstand der AfD ein Parteiausschlussverfahren gegen Höcke, das – so kann vermutet werden – im Sande verlaufen wird (zumal Gauland Höcke unterstützt hat).[17]

Tabus brechen

Viele Rechtspopulisten haben ihr Sprüchespiel über viele Jahre optimiert. Eine starke Wirkung kann man erreichen, indem man Tabus bricht. Tabus kommt in einer Gesellschaft eine wichtige Funktion zu. Sie stützen ein meist stillschweigend vereinbartes Regelwerk, das die Gemeinschaft zusammenhält. Wer ein Tabu bricht, begeht eine Grenzüberschreitung. In der Regel wird diese geahndet, aber man erreicht damit auch eine hohe Aufmerksamkeit.

Muster 48: **Brechen Sie Tabus.**

Tabus zu brechen ist eine gelungene Strategie der AfD. Schon 2013 forderte der Parteigründer Bernd Lucke per Rundmail: »*Ins Wahlprogramm gehören nur Punkte mit Schmackes.* […] *Sprachlich müssen wir dem Volk aufs Maul schauen* […] *ruhig auch aggressiv.* […] *Wir müssen noch einmal einen Tabubruch begehen.*«[18]

Der Niederländer Geert Wilders ist Experte im Überschreiten von Tabus. Sei es mit seinem Kurzfilm »*Fitna*«, in dem er den Koran, das heilige Buch des Islam, mit Adolf Hitlers *Mein Kampf* verglich. Oder auch mit seinen Wortneuschöpfungen wie »*Islamisierungs-Tsunami*«, »*Kopflumpensteuer*«, »*marokkanische Straßenterroristen*«. Oder er sorgt für Schlagzeilen, wenn er bei einem Auftritt verspricht, für »*weniger Marokkaner*« im Land zu sorgen. »Die resultierenden Gerichtsverfahren samt Publicity sind eingerechnet«, schreibt die *Süddeutsche Zeitung*: »Wilders gibt vor, die Medien zu hassen, und spielt doch perfekt mit ihnen, wirft ihnen Brocken hin, die sie gierig fressen, denn mit ihm wird es nie langweilig.«[19]

Trump hat dieses Rezept zum Erfolgsprogramm in seinem Wahlkampf geformt. Er brach ein Tabu nach dem anderen und sorgte so für regelmäßige Schlagzeilen. Er beleidigte öffentlich die Eltern eines gefallenen muslimischen US-Soldaten, bezeichnete Frauen als »*Pussy*« und ließ ein Baby, Sinnbild der Unschuld, aus seiner Wahlveranstaltung werfen, weil es weinte. Als Trump während seines Wahlkampfs wegen frauenfeindlicher Aussagen in Kritik geriet, behauptete er wörtlich, der frühere US-Präsident und Ehemann von Trumps Konkurrentin, Bill Clinton, sei ein »*Vergewaltiger.*«[20]

Auch politisch übertrat Trump Grenzen: Die Nato? Obsolet. Die Welthandelsorganisation WTO? Ein Desaster. Über die befreundeten Staaten Japan und Deutschland sagte der US-Präsident sogar: »*Unsere sogenannten Alliierten machen Milliarden, indem sie uns ficken.*«[21]

Naziprüche

Starke Wirkung erzielen Demagogen immer noch mit Naziprüchen. Zumindest in Deutschland und Österreich sind die Ablehnung des nationalsozialistischen Unrechtsregimes und die Übernahme der Verantwortung für den Holocaust noch wesentliche und selbstverständliche Grundlagen der Gesellschaft.

Umso mehr Aufregung verursachte es, als FPÖ-Chef Strache angesichts von Demonstrationen gegen einen von der FPÖ in der Wiener Hofburg organisierten Ball, an dem auch rechtsextreme Politiker aus anderen Ländern teilnahmen, meinte: *»Das war wie die Reichskristallnacht.«*[22]

Die Front-National-Chefin Marine Le Pen verglich wiederum im Jahr 2010 die Praxis mancher französischer Muslime, ihr Freitagsgebet an öffentlichen Orten zu verrichten, mit der Okkupation Frankreichs durch die Nazis während des Zweiten Weltkrieges.

Muster 49: Erregen Sie Aufsehen durch Naziprüche.

Oder man verwendet Begriffe, die aus der Sprache der Nationalsozialisten bekannt sind: *»Es ist die Sache der Polen, zu entscheiden, wie viele Flüchtlinge sie in ihrem Volkskörper haben wollen«*, sagte Alexander Gauland, stellvertretender AfD-Bundesvorsitzender.[23]

Am Abend der Bundestagswahl 2013 resümierte Bernd Lucke, seine Partei habe die Demokratie *»ertüchtigt«*, nachdem man in den vergangenen vier Jahren *»so viel an Entartungen von Demokratie und Parlamentarismus«* erlebt habe.[24] Von *»Entartung«* sprach auch Björn Höcke: *»Die Altparteien sind nicht nur inhaltlich erstarrt, sie sind inhaltlich entartet!«*[25]

FPÖ-Politiker verwenden gerne den Ausdruck *»Umvolkung«*, der aus der nationalsozialistischen Volkstumspolitik kommt und sich auf die *»Germanisierung«* der von den Nazis eroberten Ostgebiete bezog. Oder sie sprechen von *»Ethnomorphose«*, schließlich klingt das Naziwort *»Umvolkung«* ins Lateinische übersetzt gleich viel akademischer. So wetterte der langjährige FPÖ-Politiker und heutige Wiener Vizebürgermeister Johann Gudenus bereits 2007 gegen *»eine bewusst gesteuerte Ethnomorphose«*, welche die *»Volksgemeinschaft zur herz- und identitätslosen Multi-Kulti-Gesellschaft degradiert«*.[26]

Vorwurf jetzt, Beweis später

Demagogen erheben bei ihren Überraschungsangriffen oft Vorwürfe ohne Beweise. Gut ist es, Dinge zu behaupten, deren Wahrheitsgehalt in der Debatte nicht überprüft werden kann. Sagen Sie gleichzeitig, der Beweis werde später nachgereicht. Verbreiten Sie so die Suggestion, Ihr Vorwurf sei sachlich fundiert. (Natürlich werden Sie später keinen Beweis liefern.)

In einem Rundmail an AfD-Mitglieder meinte Frauke Petry, »*pointierte, teilweise provokante Aussagen*« seien unerlässlich, um sich in den Medien Gehör zu verschaffen. Sei die Botschaft erst eingeschlagen, könne man sie nachträglich immer noch »*sachkundig und ausführlich*« erklären.[27]

Muster 50: Erheben Sie einen Vorwurf. Kündigen Sie Beweise für später an.

Meisterin in diesem Bereich ist sicherlich Donald Trumps Beraterin Kellyanne Conway. Ihr gelang es sogar, einen neuen Begriff in der Polit- und Medienwelt zu verankern. Nachdem Medien berichteten, dass zu Trumps Amtseinführung viel weniger Besucher vor dem Kapitol erschienen waren als seinerzeit bei Barack Obama, behauptete Trumps Sprecher Sean Spicer, es habe eine »*absichtlich falsche Berichterstattung*« der Medien gegeben. Wörtlich erklärte Spicer: »*Das war die größte Zuschauerzahl, die jemals einer Amtseinführung beigewohnt hat Punkt.*«[28] Nachdem Bildbeweise klar zeigten, dass Spicer log und tatsächlich viel weniger Besucher bei Trump waren, erklärte Trump-Beraterin Conway gegenüber dem Sender NBC, Spicer habe »*alternative Fakten*« präsentiert.

Skandalmanagement

Demagogen betreiben ein effektives Skandalmanagement. Zielpunktgerecht zum Wahltag soll die Bevölkerung in Rage versetzt werden. Dazu werden Skandale präsentiert und die Stimmung genau zum Wahltag angeheizt. Die moderne Medienwelt lebt von Hypes: emotionale Ereignisse, die einige Tage anhalten und dann wieder verebben. Das Beste, was einem Demagogen gelingen kann, ist ein Hype über die Vergehen der ANDEREN genau am Wahltag. »*Wahltag ist Zahltag*«, mit diesem Slogan werben AfD[29] wie auch FPÖ[30] (auch ein Slogan der Nazis)[31] – gemeint ist »Wahltag ist Gefühlstag«, besser noch: »Empörungs-Tag« oder »Wut-Tag«.

Muster 51: Emotionalisieren Sie termingerecht.

In einer internen E-Mail, die von der investigativen Journalistenplattform correctiv.org veröffentlicht wurde, schrieb das AfD-Vorstandsmitglied Beatrix von Storch an Albrecht Glaser: »*Wir müssen das Thema Islam mit einem Knall öffentlich machen! Wenn wir das – noch dazu in unverbindlicher Fragemanier – vorwegnehmen, machen wir einen kommunikativen Fehler.*«[32]

Wahlkampfplanung

- Wählen Sie jenes Thema, das zum Wahltag die größte Emotionalisierung verspricht.
- Wählen Sie den richtigen Zeitpunkt, um Ihr Thema öffentlich bekannt zu machen.
- Überlegen Sie genau, wie Sie Ihr Thema präsentieren. Es soll ein möglichst großer Überraschungseffekt eintreten.
- Planen Sie, wie Sie Ihr Thema gewinnbringend mit Ereignissen vor der Wahl verbinden können.

Die Medien als Wahlhelfer

Alle Demagogen verdanken ihren Erfolg der tatkräftigen Mithilfe von Medien. Dabei gibt es viele Wege zum Erfolg:

1. mit dem medialen Platzhirsch zu kooperieren (und gleichzeitig über die »*verordnete Meinung*« der »*Fake-Medien*« zu jammern),
2. sich selbst eine eigene Medienwirklichkeit zu verschaffen (die ansonsten wenig bekannt ist) und
3. ganz gezielt Social Media zu nützen, um sich ungehindert selbst darzustellen.

Besonders erfolgversprechend ist es, diese Strategien zu kombinieren.

Medien-Freunde

Wenn Demagogen sich an Massenmedien anschmiegen, entsteht eine Win-win-Situation.

In Österreich begriffen das die Boulevardmedien bereits in den 1990er-Jahren. Sie verstanden sehr schnell, dass ein polarisierender Politiker wie Jörg Haider auf dem Cover die Auflage erhöhte. Haider wiederum war sich für ein Titelblatt für nichts zu schade, posierte mit nacktem Oberkörper und warf sich in aufsehenerregende Verkleidungen. Die Boulevardmedien konnten ihre Auflage steigern und Haider seine Botschaften unter die Leute kriegen.

Heutzutage, wo Online-Medien die Zahl der Besucher auf ihrer Webseite und der Klicks auf die einzelnen Artikel als neues Kriterium für Erfolg haben, beschleunigt sich dieser Effekt. In Österreich, das einen besonders starken Boulevardanteil im Medienbereich aufweist, hat krone.at, die Online-Ausgabe der *Kronen Zeitung*, das am schnellsten verstanden. Die *Kronen Zeitung* hat im Printbereich laut Media-Analyse 2016 einen Marktanteil von 30,5 Prozent. Gemeinsam mit den Gratis-Boulevardblättern *Heute* (13,3 Prozent Reichweite) und *Österreich* (7,8 Prozent Reichweite) erreicht der Boulevard im Printbereich mehr als fünfzig Prozent aller Österreicherinnen und Österreicher.

Dabei agiert die *Kronen Zeitung* in ihrer Online-Ausgabe krone.at noch um einiges aggressiver als im Printprodukt. Laut österreichischer Webanalyse erreichte krone.at zuletzt pro Monat weit mehr als zwei Millionen Internet-User ab 14 Jahren.

Richard Schmitt, Chefredakteur von krone.at, erklärte in einem Interview im Sommer 2016 seine Zusammenarbeit mit der FPÖ: Die FPÖ rufe dauernd bei ihm an, die anderen Parteien und die Regierung machten das nicht, sagte der krone.at-Chef. »Und sie haben vor allem auch die digitale Entwicklung verschlafen, die enorme Bedeutung von Social Media. Heinz-Christian Strache ist der Einzige, der das verstanden hat. […] Wenn Strache einen normalen Bericht von uns auf Facebook teilt, dann merken wir, das haut die Quote auf das 1,5-Fache hoch. Und umgekehrt kriegt er natürlich auch mehr Traffic, wenn wir ihn pushen. So ein Doppelspiel ist natürlich für die anderen Parteien gefährlich. Und auch da nicht falsch verstehen: Das könnten ÖVP und SPÖ natürlich auch machen. Sie machen es aber nicht.«[33]

Muster 52: Kooperieren Sie mit dem medialen Platzhirsch.

Meister der medialen Inszenierung ist aber der Holländer Geert Wilders. Mit seiner 17-Prozent-Partei ist es ihm im vergangenen Wahlkampf gelungen, die niederländische Medienlandschaft mit seinen Themen zu dominieren und den Eindruck zu erwecken, die Wilders-Partei habe die Mehrheit im Land. »Wie in einem Zirkus führt Wilders die Medien und die politische Öffentlichkeit durch die Manege«, kommentierte das Magazin *Cicero* die Medienstrategie des niederländischen Demagogen.[34]

US-Präsident Donald Trump nützte zum einen den konservativen TV-Sender Fox News, mit 1,72 Millionen Zuschauern täglich der erfolgreichste Nachrichtensender des Landes. Im Wahlkampf setzte Trump auf eine extrem aktive Medienpolitik, rief persönlich bei den Nachrichtensendern an. So zum Beispiel gleich nach dem Terroranschlag auf den Flughafen Brüssel.[35] Da erzählte Trump in der »Morning Show« des US-Senders NBC live am Telefon, was für ein gefährlicher Ort Brüssel sei, dass die Polizei dort keine Kontrolle habe und dass man Terroristen foltern müsse. Kurz darauf erklärte er auf Fox News, wie schrecklich die Bilder aus Brüssel seien, dass alles noch schlimmer werde und dass die USA aufpassen müssten, wen sie ins Land lassen. »Er ruft so gut wie jede Morgenshow an. Er macht das fast jeden Tag, so bestimmt er die Agenda«, zitiert Maren Hennemuth von der Deutschen Presse-Agentur (dpa) den amerikanischen Kommunikationswissenschaftler Spencer Kimball, der am Emerson College in Boston Kommunikationswissenschaften lehrt. »Er zieht den ganzen Sauerstoff aus dem Luftballon. Er dreht die Debatte zu seinen Gunsten.« Dann wieder habe Trump Journalisten umgarnt, einzelne Autoren auf Pressekonferenzen für ihre Artikel gelobt. Trump sei für die Medien so verfügbar wie keiner der anderen Bewerber, sagt Kimball. Es seien nicht die Sender, die bei Trump anriefen. Trump rufe bei den Sendern an. So wie nach den Anschlägen in Brüssel.

Zusätzlich zu den herkömmlichen Medien nützte Trump Breitbart News, Zentralorgan der sich selbst als »Alt Right« bezeichnenden rechtsextremistisch-konservativen Bewegung in den USA. Trump holte sogar Breitbart-Chef Stephen Bannon in sein Wahlkampfteam. »Breitbart ist der einzige Ort, der noch Trump-verliebter ist als Trump selbst«, schrieb der *Weekly Standard*.[36]

Das Medienimperium der FPÖ

Vertrauen Sie nicht nur den Massenmedien. Bauen Sie sich zusätzlich eine eigene Medienwelt auf. So können Sie Ihre Botschaften an ihre Wähler kriegen, ohne dass diese zuvor von kritischen Journalisten zerpflückt werden.

Mittlerweile zählt auch in diesem Bereich die FPÖ zu den Vorreitern. Sie hat sich in Österreich in den vergangenen Jahren ein kleines Medienimperium aufgebaut. Die traditionelle Parteizeitung *Neue Freie Zeitung* wurde 2015 modernisiert.[37] Im Umfeld der FPÖ sind zusätzlich die Wochenzeitung *Zur Zeit* und das Monatsmagazin *Aula* angesiedelt. *Zur Zeit* zog 2014 über den österreichischen Fußballnationalspieler David Alaba her, dessen Vater aus Nigeria stammt. Das Blatt schrieb über den »*pechrabenschwarzen*« Alaba und beklagte sich, dass »*die echten Wiener unserer Tage*« nur mehr »*so aussehen*« wie Alaba. Lediglich ein »*Blick auf die Altersheime*« lasse erahnen, was »*wirkliche Österreicher*« und »*echte Wiener*« dereinst waren.[38] Unter das Bild von Wiener Kindergartenkindern schrieb *Zur Zeit*: »*Kindergarten in Wien: Die rassische Durchmischung ist unübersehbar.*«[39] Im Jahr 2016 erhielt *Zur Zeit* fast 50 000 Euro Presseförderung aus Steuermitteln.[40]

Muster 53: Schaffen Sie sich ihre eigene Medienwelt.

Ein weiteres FPÖ-Medium ist das Monatsmagazin *Aula*, Untertitel: »*Das freiheitliche Magazin*«. Medieninhaber sind die FPÖ-nahen Freiheitlichen Akademikerverbände. Zahlreiche hochrangige FPÖ-Politiker schreiben in der *Aula*, die FPÖ zählt zu den wichtigsten Inseratenkunden des Monatsmagazins. Die *Aula* bezeichnete in ihrer Ausgabe von Juli/August 2015 die aus dem Konzentrationslager Mauthausen befreiten KZ-Überlebenden wörtlich als »*Massenmörder*«, als »*Landplage*« und als »*Kriminelle*«.[41] Die FPÖ inserierte trotzdem weiterhin fleißig in der *Aula*.

Seit März 2016 gibt es mit der Gratis-Zeitschrift *Wochenblick* im Bundesland Oberösterreich auch eine eigene Wochenzeitung »*für Politik und Heimatverbundenheit*«.[42] Offiziell hat der *Wochenblick* rein gar nichts mit der FPÖ zu tun. Aber nicht nur die Berichterstattung ist ausgesprochen FPÖ-freundlich. Auch personell gibt es einige Überschneidungen. So war zum Beispiel *Wochenblick*-Geschäftsführer Norbert Geroldinger bis zum Jahr 2010 FPÖ-Obmann in Brunnenthal bei

Schärding. Geroldinger schreibt über sein Engagement in der FPÖ in einem *Wochenblick*-Kommentar: »*Die Zeit der linken Meinungs- und Deutungshoheit ist vorbei, es ist einfach auch ein großes Bedürfnis entstanden, endlich auch einmal andere Stimmen zu hören. Der ›Wochenblick‹ ist eine solche andere Stimme, und die Tatsache, dass ich Mitglied der FPÖ bin, macht uns noch lange zu keinem Parteiblatt – vielleicht aber zu einem rechten Alternativblatt.*«[43] Der *Wochenblick* wirbt mit dem Slogan »*Presse geht auch ohne Lügen*«.

Im Jahr 2015 kam auch die Zeitschrift *Info-Direkt*, ebenfalls mit Sitz in Linz, dazu. Dieses extrem prorussische Magazin (die erste Ausgabe hatte als Titelzeile »*Wir wollen einen wie Putin*«[44]) hat offiziell ebenfalls nichts mit der FPÖ zu tun. Allerdings unterhält es ausgezeichnete Kontakte zur FPÖ. Im Oktober 2016 organisierte *Info-Direkt* in Linz einen Kongress der extremen Rechten mit dem Titel »*Verteidiger Europas*«. Auf diesem Kongress trat auch FPÖ-Generalsekretär Herbert Kickl als Redner auf.

Das FPÖ-Fernsehen

Im September 2012 startete die FPÖ zusätzlich ein eigenes Internetfernsehen mit dem Namen »*FPÖ-TV*«. Seitdem gibt es jede Woche ein Fernsehmagazin, in dem die politischen Themen der Woche aus Sicht der FPÖ dargestellt werden. Neben Jubelmeldungen über die FPÖ und ihre europäischen Partner bringt FPÖ-TV vor allem Negativberichterstattung über die anderen Parteien sowie über die Themen Asyl, Migration und Islam. Im März 2016 suggerierte FPÖ-TV zum Beispiel in einem Beitrag mit dem Titel »*Starb Wienerin wegen Asylchaos?*«, dass aufgrund der Flüchtlinge die medizinische Versorgung in der Bundeshauptstadt massiv gefährdet sei und eine Frau nur deshalb ihr Leben verloren haben könnte, weil der Rettungswagen aufgrund der zahlreichen Flüchtlinge in der Stadt zu spät an den Einsatzort gekommen sei.[45] In dem Beitrag nicht gezeigt wurde jene Passage aus einer Stellungnahme der Wiener Rettung, dass auch zu Zeiten, in denen eine sehr große Zahl an Flüchtlingen Wien passierte, die Versorgung der Wiener Bevölkerung zu jeder Zeit sichergestellt war und es zu keinen Versorgungsengpässen kam.[46]

Außerdem wurde der eigene Online-Sender bereits als mediale Drohmaßnahme gegen missliebige Journalisten eingesetzt. Weil die österreichische Tageszeitung *Kurier* 2013 ein Bild vom Wohnhaus der damaligen Freundin von FPÖ-Chef Heinz-Christian Strache veröffentlichte, marschierten Mitarbeiter von FPÖ-TV vor dem privaten Wohnhaus von *Kurier*-Chefredakteur Helmut Brandstätter auf und machten Fernsehaufnahmen. Die Ausstrahlung dieser Bilder eines Privathauses konnte der *Kurier*-Chefredakteur nur mittels der Androhung einer Klage verhindern.[47]

Die FPÖ-Nachrichtenportale

Neben den parteieigenen und parteinahen Printmedien und dem freiheitlichen Fernsehkanal hat die FPÖ auch eine Online-Nachrichtenplattform in ihrem direkten Umfeld. 2009 gründete ein Kreis um den FPÖ-Politiker und früheren Dritten Nationalratspräsidenten Martin Graf die rechtsextreme Online-Nachrichtenplattform unzensuriert.at. Offiziell besteht kein Zusammenhang zwischen unzensuriert.at und der FPÖ. Tatsächlich gibt es aber eindeutige personelle Überschneidungen. Alexander Höferl, Leiter des FPÖ-Kommunikationsbüros und für FPÖ-TV zuständig, ist auch Chefredakteur von unzensuriert.at. Auch inseriert die FPÖ auf dieser Plattform. Unzensuriert.at hat eine eigene »*Fake News Wochenschau*«, in der äußerst suggestiv darzustellen versucht wird, wie konventionelle Medien angeblich die Wahrheit verschleiern.

Im Frühjahr 2017 expandierte die Plattform unter der Internetadresse unzensuriert.de nach Deutschland – derzeit aber noch mit denselben Inhalten wie in Österreich.

In Österreich hat unzensuriert.at vor allem indirekten Einfluss auf die mediale Berichterstattung. So erklärte etwa krone.at-Chefredakteur Richard Schmitt in einem Interview: »man muss ehrlicherweise sagen, wir sind da in einer Auseinandersetzung nicht mit dem *Standard* oder dem *Kurier* [zwei seriöse österreichische Tageszeitungen, Anm. d. Autoren], die rund um die Flüchtlingsthemen für breite Teile der Öffentlichkeit ihre Glaubwürdigkeit schon verloren haben. Wir sind da in einer Auseinandersetzung mit Medien, die der rechte Rand installiert hat, mit unzensuriert.at und anderen Seiten.«[48]

Die AfD zieht nach

Die AFD scheint die erfolgreiche Medienstrategie der FPÖ nun zu kopieren. In einem internen, als vertraulich gekennzeichneten Strategiepapier, das die *Frankfurter Allgemeine Zeitung* zugespielt bekam[49], überlegt die Partei ein eigenes Fernsehstudio, einen eigenen Radiosender sowie eine eigene Zeitung oder ein eigenes Magazin als »*Instrumente der Gegenmacht in der Öffentlichkeitsarbeit*«. Das Ziel sei, »*die Auffassungen und Themen der AfD zu verbreiten, ohne den Verbiegungen und Verleumdungen des politischen und medialen Mainstreams ausgesetzt zu sein*«.[50]

Parallel zum Aufbau eigener Medien fordert die AfD die Privatisierung der »*Staatsmedien*« ARD und ZDF.[51] Dies solle bis zum Jahr 2018 geschehen. Die AfD-Politikerin Beatrix von Storch betreibt unter freiewelt.de eine Online-Propagandaseite, die mit unzensuriert.at durchaus vergleichbar ist. »Auf freiewelt.de findet man die schlechtesten Nachrichten des Tages, zusammenkopiert aus anderen Portalen, verdreht, verzerrt und auf Krawall gebürstet«, schreibt die Journalistin und AfD-Expertin Melanie Amann.[52]

Demagogie und Social Media

Donald Trump weiß, bei wem er sich für seinen Wahlerfolg bedanken muss: »*Meine hohen Nutzerzahlen bei Facebook, Twitter und Instagram haben mir zum Sieg verholfen*«, erklärte der neue US-Präsident.[53] Die USA sind derzeit noch das Land, in dem Facebook, Twitter, Instagram und Co. den größten Einfluss auf Wahlentscheidungen haben. »Vierundvierzig Prozent der Amerikaner konsumieren Nachrichten oder das, was sie dafür halten, nur noch auf Facebook. Sie wissen deswegen, dass Donald Trump sie niemals belügen wird, dass der Klimawandel nichts als eine üble Erfindung ist, die Evolution sowieso. Und demnächst ist die Erde dann eine Scheibe«, schrieb die *Süddeutsche Zeitung* kurz nach der US-Wahl.[54]

Muster 54: Nützen Sie ganz gezielt Social Media zur Selbstdarstellung.

Im Gegensatz zu journalistischen Medien mit Unabhängigkeits- und Objektivitätsanspruch geben soziale Medien Demagogen die Möglichkeit, ihre Anhänger zum einen gezielt mit der gewünschten Propaganda zu versorgen und andererseits alles »Unerwünschte«, jegliche Grautöne, die nicht dem Bild der ANDEREN entsprechen, auszuschalten. Wer das SUPER-ICH auf die Einseitigkeit seiner Botschaft hinweist, wird gnadenlos blockiert. So geschehen zum Beispiel, als sich in Wien ein Syrer, der sich in einem psychischen Ausnahmezustand befand, auf die Schienen einer Straßenbahn legte und in Selbstbeschädigungsabsicht auf der Straße randalierte. Eine Handyaufnahme davon wurde auf Facebook gestellt. Auf der Facebook-Seite von FPÖ-Chef Heinz-Christian Strache kam es zu Dutzenden Hasspostings. Der österreichische Caritas-Generalsekretär Klaus Schwertner rief ebenfalls auf Straches Facebook-Seite zur Mäßigung auf und schrieb: »Woher kommt all euer Hass? Warum schreiben Menschen über einen anderen Menschen, den sie nicht einmal persönlich kennen, solche Dinge?« Die Konsequenz: Der Caritas-Generalsekretär wurde von den Administratoren von Straches Facebook-Seite wegen seines Aufrufs zu mehr Menschlichkeit sofort blockiert. Er kann dadurch hier nichts mehr posten und alle früheren Kommentare von ihm scheinen nicht mehr auf. Er wurde sozusagen für die Strache-Fans unsichtbar gemacht. Die Hasspostings wurden hingegen stehen gelassen und konnten von allen Strache-Fans weiter gelesen werden. (Mittlerweile gibt es auf Facebook sogar eine eigene Gruppe mit dem Namen »I was blocked by HC Strache«, die beinahe 4 000 Mitglieder zählt.)[55]

Auch die AfD konzentriert sich stark auf soziale Medien. Parteichefin Frauke Petry kommt zwar derzeit »nur« auf etwas mehr als 200 000 Likes und ihr parteiinterner Gegner Björn Höcke lediglich knapp 50 000. Dafür lag die AfD im Herbst 2016 beim Vergleich der Zahl der Facebook-Abonnenten, die die einzelnen Parteien auf Landesebene haben, in 14 von 16 Bundesländern auf dem ersten Platz. Nur in Sachsen lag die NPD ganz vorne und in Bayern die CSU.[56]

Für Deutschland hat eine von der *Süddeutschen Zeitung* durchgeführte Datenanalyse Spannendes zu AfD und Facebook gezeigt. So ist die AfD die Partei, die am stärksten in einer Filterblase agiert. In einer derartigen Blase oder Echokammer wird man immer mit Postings, die der eigenen politischen Einstellung entsprechen, umspült und muss sich nicht mit divergierenden Meinungen auseinandersetzen. Während alle anderen Parteien auf Facebook in Interaktion mit anderen Millieus und Parteien stehen, ist die AfD klar abgeschottet in ihrer eigenen Blase unterwegs.[57]

Das Prinzip des Vertrauens

Demagogische Politik kann sich in einem Land nur durchsetzen, wenn es dem Demagogen und seinen Helfern gelingt, nicht nur bei Großveranstaltungen, sondern auch bei einer Vielzahl kleiner Ereignisse wirkungsvoll zu punkten, zum Beispiel bei Diskussionen zu dominieren oder kritische Journalisten zu überlisten. Dazu ist es hilfreich, übliche Regeln zu verletzen, welche bei der Kommunikation ansonsten stillschweigend beachtet werden, zum Beispiel das Prinzip des Vertrauens.

Was bedeutet das? Jeder Kontakt mit anderen bedarf eines Minimums an gegenseitigem Vertrauen. Wenn ich überzeugt bin, dass der Bankbeamte mich betrügen will, werde ich ihm meine Ersparnisse nicht anvertrauen. Wenn ich glaube zu wissen, dass der Bäcker Gift ins Mehl mischt, werde ich bei ihm nichts kaufen. Alle Alltagshandlungen sind von Vertrauen getragen. Es ist das Bindeglied der Gesellschaft. Ohne ein Mindestmaß an Vertrauen entstehen Anarchie, Bürgerkrieg und Chaos.

Jedes Gespräch im Großen wie im Kleinen basiert auf Vertrauen. Wenn mir jemand etwas mitteilt, muss ich annehmen, dass er manchmal, aber nicht immer lügt. Würden wir uns beide für andauernde Lügner halten, könnten wir miteinander nicht sinnvoll sprechen. Eine Gesellschaft, in der alle lügen, ist nicht lebensfähig.[58]

Das Prinzip des Vertrauens hat unzählige Gesichter. Im Alltag unterstellen wir anderen

- ein Minimum an positiven Absichten (sie betrügen uns manchmal, aber nicht immer),
- dass sie Worte und Begriffe so verwenden, wie es allgemein üblich ist,
- dass sie gewisse Fakten, wie Statistiken oder Zahlen, nicht zur Diskussion stellen,
- dass sie nicht davon ausgehen, man könne die Vergangenheit beliebig interpretieren,
- dass sie gewisse Regeln einhalten, z. B. die Art, wie man eine Diskussion führt.

Wenn wir weiter nachdenken, fallen uns noch viele andere Regeln ein. Aber – und das ein weiteres wichtiges Prinzip – nicht alle diese Normen kann man eigens nennen. Niemand kann eine vollständige Liste darüber aufstellen, welche stillschweigenden Voraussetzungen er beim Reden beachtet. Viele Grundlagen von Kommunikation sind unbemerkter Natur (man spricht auch von »implizitem Wissen«). Man befolgt sie einfach – und erwartet von anderen, dass auch sie sie beherzigen.

Vertrauen voraussetzen, um es brechen zu können

Demagogen misstrauen dem Vertrauen. FEINDEN kann man nicht trauen. Vertrauen kann man nur dem SUPER-WIR, aber sonst nichts und niemandem: keinen »Fakten«, keinen Regeln, keinen Experten, keinen Autoritäten. Damit entsteht ein eigener Kommunikationsstil mit besonderen Qualitäten.

Machen Sie sich den Unterschied zwischen demagogischer und alltäglicher Kommunikation klar. Demagogische Kommunikation eröffnet Ihnen ein riesiges Betätigungsfeld, das es zu nützen gilt.

- Alltägliche Kommunikation geht von einer Grundlage aus, auf die sich alle beziehen können. Stillschweigend und selbstverständlich werden unzählige Regeln beachtet. Dem Prinzip des Vertrauens kommt ein hoher Stellenwert zu. Es wird unmittelbar gelebt.
- Demagogische Kommunikation hingegen besitzt diese Grundlage nicht. Stillschweigend und selbstverständlich werden übliche Regeln von Kommunikation außer Kraft gesetzt. Dem Prinzip des Vertrauens kommt ein geringer Stellenwert zu. Es kann bewusst aufgehoben werden.

Mit einem Demagogen diskutieren zu wollen, lässt eine eigenartige Schieflage entstehen. Einer Person, die das Prinzip des Vertrauens befolgt, steht eine Person gegenüber, die es viel schwächer beachtet und in Teilbereichen bewusst außer Kraft setzt. In diesem Ungleichgewicht hat der Demagoge viele Trümpfe in der Hand. Aus einem riesigen Fundus stillschweigend gelebter Regeln kann er bewusst einige außer Kraft setzen und so den FEIND verwirren und mundtot machen. Hunderte Beispiele belegen die Wirksamkeit dieser Strategie, die kaum jemand durchschaut. Viele Personen, die demagogische Politik ablehnen, ziehen in Diskussionen regelmäßig den Kürzeren. Ein an sich einfacher Vorgang erscheint unerklärlich. Er hinterlässt ratlose, verärgerte und oft resignierte Menschen.

Muster 55: Setzen Sie das Prinzip des Vertrauens (teilweise) außer Kraft.

Demagogische Kommunikation nützt dieses Muster in hohem Maße. Viele der bisher beschriebenen Muster sind Abwandlungen dieser Strategie.

Ein Beispiel für Muster 31 (Bezeichnen Sie das Tun DER ANDEREN als Missbrauch): Sie sind zu einer Debatte über die Reform einer Behörde eingeladen und wissen, mit wem Sie diskutieren werden. Diese Person ist Ihr FEIND. Recherchieren Sie im Vorfeld, ob es irgendeine Verbindung des FEINDES mit dieser Behörde gibt. Sie finden zum Beispiel heraus, dass der Schwiegervater aus erster Ehe hier einen hohen Posten innegehabt hat. Für den Höhepunkt der Debatte besitzen Sie nun ein treffliches Argument. Erklären Sie lauthals, es sei absolut klar, warum Ihr Kontrahent so agiert (egal, was dieser zuvor gesagt hat) – nämlich: weil sein Schwiegervater x Euro (erfinden Sie irgendwelche Zahlen) bei dieser Behörde bezogen hat.

Provozieren

Eine gute Taktik bei öffentlichen Diskussionen:

- Machen Sie den ersten Schritt. Beschuldigen und beleidigen Sie den FEIND. Zielen Sie direkt auf die Person.
- Lassen Sie den ANDEREN toben.
- Schalten Sie auf cool und werfen Sie dem ANDEREN vor, emotional zu agieren. Fahren Sie ruhig und sachlich in Ihrem Angriff fort.

»Lügen, bis die Balken sich biegen«

Wer das Prinzip des Vertrauens missachtet, kann ungewöhnliche Dinge tun und Regeln lustvoll überschreiten. Viele Menschen lügen, aber die meisten besitzen ein gewisses Schamgefühl, faustdicke Lügen mit der größten Selbstverständlichkeit zu verkünden. Als Demagoge haben Sie dieses Gefühl schon lange überwunden. Demagogen kennen keine Scham. Lügen Sie wie gedruckt.

Der frühere AfD-Politiker Bernd Lucke hatte in einem Interview behauptet, die Meinungsforscher von Forsa würden die Umfragewerte seiner Partei nach unten manipulieren. Forsa-Chef Manfred Güllner nannte den AfD-Chef daraufhin »Lügen-Lucke«. Nach einer Klage entschied das Landesgericht Hamburg, Lucke dürfe so bezeichnet werden.[59]

Die FPÖ-kritische Initiative »FPÖ-Ticker« hat unter dem Titel »Die gesammelten Lügen des Heinz-Christian Strache« eine Vielzahl an Unwahrheiten gesammelt, die der FPÖ-Chef verbreitet hat.[60] Darunter zum Beispiel, dass der Osterhase aus dem Kindergarten verbannt werde, dass eine SPÖ-Politikerin und Staatssekretärin eine palästinensische Terroristin nach Österreich eingeladen habe oder dass eine Supermarktkette in Österreich wegen der vielen Flüchtlinge die Weihnachtsfeier für ihre Mitarbeiter gestrichen habe.

Lügen zu verbreiten hat Trump als Politikstil perfektioniert. Tony Schwartz, Ghostwriter von Donald Trumps Bestseller *The Art of the Deal*, meint, Lügen sei Trumps zweite Natur: »Er lügt aus strategischen Gründen. Er hat überhaupt kein Bewusstsein darüber.«[61]

Wozu »Fakten«?

Als Demagoge brauchen Sie sich nicht mit Fakten herumzuschlagen. Wichtig ist es, das Bild der gespaltenen Gesellschaft für wahr zu halten. Wenn das erreicht ist, spielen Fakten keine Rolle mehr.

Psychologen wissen auch warum: Kognitive Dissonanzen sind für die meisten Menschen schwer auszuhalten. Wenn Fakten Überzeugungen widersprechen, werden in der Regel die Fakten für falsch gehalten. Oft kann sogar das Gegenteil eintreten: Bei Personen, die von etwas Unsinnigem felsenfest überzeugt sind, kann die Konfrontation mit wahren Informationen bewirken, dass sie noch mehr in ihren falschen Überzeugungen bestärkt werden. Die Psychologie nennt das den »Backfire-Effekt«. Man weiß zum Beispiel heute, dass die Behauptung der Regierung Bush, der irakische Diktator Saddam Hussein würde über Massenvernichtungswaffen verfügen, falsch war und nur das Ziel hatte, den Krieg gegen den Irak im Jahre 2003 zu rechtfertigen. Wenn man jemandem, der ohnehin gegen den Krieg ist, detaillierte Informationen gibt, dass trotz intensiven Suchens im Irak später niemals Massenvernichtungswaffen gefunden wurden, dann glaubt er dieser Information. Sein Weltbild ist damit bestätigt. Wenn man dieselbe Information aber jemandem erzählt, der den Irakkrieg gut findet, dann kann er oder sie in seiner oder ihrer Überzeugung sogar bestätigt werden. Diese Person wird dann wahrscheinlich argumentieren, die Tatsache, dass keine Massenvernichtungswaffen gefunden wurden, sei nur ein Hinweis darauf, dass Saddam Hussein diese so gut versteckt habe, dass man sie nicht finden kann, oder dass er diese vorher eben beseitigen ließ.[62] Die subjektive persönliche Überzeugung schlägt den objektiven empirischen Beweis.

Die schönsten Lügen von Brexit-Befürwortern

Auch der Abstimmung am 23. Juni 2016 über den Verbleib oder Austritt Großbritanniens aus der Europäischen Union ging eine beispiellose Lügenkampagne voraus:[63]

1. »*Wir zahlen 350 Millionen Pfund pro Woche an Brüssel.*« (Boris Johnson, Londons Ex-Bürgermeister, hatte diese Zahl riesig auf seinem Wahlkampfbus stehen.)
2. »*Wir können nicht verhindern, dass die Türkei in die EU aufgenommen wird.*«
3. »*Wir können eine europäische Armee nicht verhindern.*«
4. »*Wir müssen die Bankenrettungen in der Eurozone mitfinanzieren.*«
5. »*In der EU können wir unsere Grenzen nicht mehr kontrollieren.*«
6. »*Kriminelle, die nach Deutschland kommen, können ungehindert nach England einreisen.*«
7. »*Der Gesundheitstourismus aus der EU kostet uns Milliarden.*«
8. »*Großbritannien kann EU-Kriminelle nicht abschieben.*«
9. »*Großbritannien wird in der EU immer überstimmt.*«
10. »*Ursprünglich ist uns gesagt worden, wir würden nur einer Freihandelszone beitreten.*«

Das Ende des politischen Gesprächs

Demagogisches Sprechen ist geeignet, das Ende jedes politischen Gespräches einzuläuten. Ein Volk, das sich demagogischer Politik verschreibt, verliert die Fähigkeit zum politischen Reden überhaupt.

Um das zu verstehen, müssen wir erkennen, dass Sprache nur ein Modell ist. Alles, wovon wir sprechen, kann nur ungenau, mehrdeutig oder verkürzt wiedergegeben werden. Sprache und Wirklichkeit unterscheiden sich durch ungeheure Größenordnungen. Jede Tatsache ist viel komplexer als die Sprache, die sie erfassen will. Angenommen, wir wären jetzt bei Ihnen und Sie würden uns erzählen, was Sie gestern Abend gemacht haben. Sie sagen ein paar Sätze und erzählen uns von gestern Abend. Wir schreiben Ihre Sätze auf und halten sie so fest.

Nehmen wir weiter an, ein Kameramann hätte Sie gestern Abend begleitet und gefilmt. Wir nehmen uns die Zeit, diesen Film zu betrachten, um zu erkunden, was Sie gestern Abend »wirklich« getan haben. Im Anschluss daran gehen wir nochmals Ihre Sätze durch und überlegen Wort für Wort, inwieweit diese der Wirklichkeit entsprechen. Was haben Sie ausgelassen? Was wurde verzerrt?

Unterschiede zwischen Sprache und Realität sind für »normale« Kommunikation meist kein Problem. Wenn Ihnen jemand zuhört, gilt für diese Person das Prinzip des Vertrauens. Es erlaubt dem Zuhörenden, hinter Ihren Sätzen eine Wirklichkeit zu erkennen. Sie machen das Gleiche, wenn Sie uns von gestern Abend erzählen, und wir können gemeinsam angeregt über Ihren gestrigen Abend plaudern.

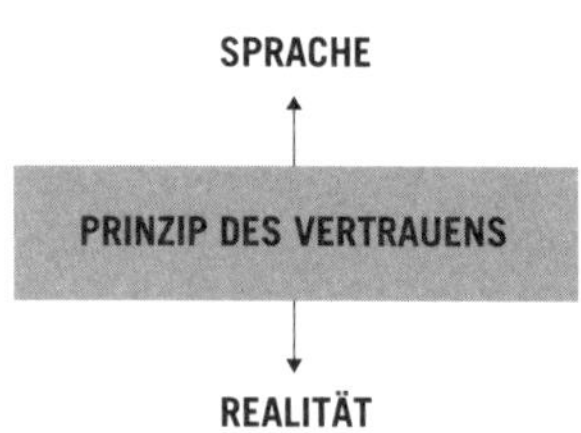

Demagogische Kampfrhetorik zerstört genau diesen Prozess. Immer kann an dem, was ein FEIND gesagt hat, auf Lücken, Undeutliches, Mehrdeutiges hingewiesen werden. Wird alles wortwörtlich genommen, endet jedes Gespräch. Jede Debatte verliert ihren Sinn. Alles löst sich in rhetorische Nebelwolken auf. Keiner weiß mehr, wovon die Rede ist. Genau zu diesem Zweck setzen Demagogen Sprache ein.

Dementis

Demagogen setzen in ihrer Kampfrhetorik das Prinzip des Vertrauens systematisch außer Kraft. Sie leugnen eine gemeinsame Basis von »Realität«, auf die sich Sprache beziehen kann. Mit dieser Methode kann jeder Dialog zerstört werden. Man weiß nicht mehr, was Worte besagen. Alles löst sich in einem Nebel auf. Jede Behauptung, egal, wie gut sie belegt ist, kann dementiert werden.

Die Pointe ist umwerfend und weitreichend: Es gibt keine »Fakten«! Lösen Sie »Fakten« durch Dementis auf!

Muster 57: Dementieren Sie, was Sie wollen.

Dementieren Sie auch Ihre Dementis, die Dementis der Dementis, die Tatsache, dass es eine Debatte gegeben hat, dass überhaupt dementiert wurde und so weiter.

Armin Thurnher, Chefredakteur des *Falter*, im Jahre 2000: »Du sollst Haiders Distanzierungen von eigenen Sprüchen als Erfüllung seiner Provokationen durchschauen und als Teil seiner Strategie, in der öffentlichen Debatte Positionen zu besetzen.«[64]

Der Bundespräsidentenwahlkampf in Österreich im Jahre 2016 gab vielfache Gelegenheit, Dementis und Dementis von Dementis beim FPÖ-Kandidaten Norbert Hofer zu studieren.[65] Hofer zu Beginn des Wahlkampfs:

- »*Ich vertrete freiheitliche Positionen, davon gehe ich keinen Millimeter ab.*« (Österreich-Journal, 1.2.2016)
- »*Ein überparteilicher Kandidat? Nein, das bin ich nicht! Ich bin ein Freiheitlicher durch und durch.*« (FPÖ-TV, 16.4.2016)

Später das Gegenteil:

- »*Und wenn man Präsident ist, muss man eben überparteilich sein und für alle da sein.*« (ATV-Duell, 15.5.2016)
- »*Ein Bundespräsident hat überparteilich zu sein.*« (ORF-Duell, 19.5.2016).

Im TV-Duell kam es dann mit dem Gegenkandidaten Alexander Van der Bellen zu folgendem Dialog:

Van der Bellen: »Herr Hofer, ich erinnere mich gut, dass Sie noch im Februar gesagt haben: ›*Ich bin freiheitlicher Kandidat und ich werde das freiheitliche Programm auf Punkt und Beistrich erfüllen wollen – auch, wenn ich Bundespräsident bin.*‹ Natürlich sagen Sie heute etwas anderes und betonen die Überparteilichkeit.«

Hofer: »*Das ist unwahr, was Sie gerade gesagt haben.*«

Van der Bellen: »Aber das ist schriftlich dokumentiert, Herr Kollege.«

Hofer: »*Dann zeigen Sie es mir. Es ist unwahr. Es ist wirklich unwahr.*«

Zusammenschau

- Ein (vermutlich designter) Spruch wird zum richtigen Zeitpunkt medienwirksam platziert.
- Der dadurch entstandene Wirbel wird angeheizt. Es geht um die Mobilisierung von Gefühlen zur Wahl.
- In ruhigeren Zeiten ist der Spruch unbrauchbar geworden. Die Behauptung, er sei jemals gefallen, wird in einem Nebel von Dementis aufgelöst.

Die gesamte Aktion bildet eine abgeschlossene Einheit. Sie kann in dieser Form mit einem neuen Inhalt jederzeit wiederholt werden.

Über Muster reden

Die Kenntnis der Muster, die in diesem Buch beschrieben werden, könnte ein Anfang sein, die Taktiken demagogischer Politik besser zu verstehen. Für den Demagogen ist das gefährlich. Er muss verhindern, dass von seinen Mustern gesprochen wird.

Muster 58: Leugnen Sie jedes Muster.

Leugnen kann man:[66]

- Handlungen: »Das habe ich nie gesagt.«
- Kontrolle: »Das war ein Versprecher.« »Das war ein Missgeschick.«

- Absichten: »Sie haben mich völlig falsch verstanden.« »So habe ich das nie gemeint.«
- Ziele: »Das habe ich nicht gesagt, um …«

So erklärte zum Beispiel die AfD-Chefin Frauke Petry: *»Extremismen sind mir fremd. Ich habe nichts gegen eine notwendige Provokation in der Sache, wenn sie hilfreich für die Diskussion ist. Aber ansonsten ist die freiheitlich-demokratische Grundordnung unsere Basis, auf der wir arbeiten müssen.«*[67]

Umgekehrt macht es Sinn, bewusst ein Muster anzuwenden und zugleich den FEINDEN dieses Muster vorzuwerfen.

Muster 59: Werfen Sie den FEINDEN das vor, was Sie gerade tun.

Dieses Strategie kann in den Kampfdebatten von Demagogen regelmäßig beobachtet werden. Ein Höhepunkt im Wahlkampf zum österreichischen Bundespräsidenten war das TV-Duell von Norbert Hofer mit Alexander Van der Bellen am 15. Mai 2016. Es fand ohne Moderator statt und wurde sehr emotional geführt, eine Diskussion kam nicht zustande. Hofer brachte mehrere Dutzend persönliche Angriffe gegen seinen Kontrahenten vor. Am Schluss der Debatte sagte Hofer: *»Und das ist ein Unterschied auch im Wahlkampf. Ich habe einfach festgestellt, dass Sie immer über mich reden, ja. Also man hört nie, ich würde das so oder so machen, nein, […] immer der Herr Norbert Hofer würde das ganz, ganz schlecht machen.«*[68]

Etwas subtiler André Poggenburg, Vorsitzender der AfD-Fraktion im Landtag von Sachsen-Anhalt in folgendem Beispiel: *»Bundesfinanzminister Schäuble hat hier nicht nur seine fachliche Kompetenz weit verfehlt, sondern deutlich seine äußerst negative Haltung gegenüber dem deutschen Volke offenbart. Nach seiner Meinung würde dieses degenerative Erscheinungen hervorbringen, wenn es nicht durch Masseneinwanderung genetisch bereichert würde. Ich frage daher: Minister Schäuble, sind Sie nicht ein Rassist?«*[69]

Musterversprechen

Viele Leute haben die Polarisierung und die Verrohung der Sprache durch die Demagogen satt. Hier kann es gut sein, dieser Stimmung von Zeit zu Zeit nachzukommen, indem man Reue gelobt, Besserung verspricht, sich vom Gefühlsmanagement der Vergangenheit distanziert, eine gemäßigtere Politik oder eine Ruhepause ankündigt. Bekenntnisse dieser Art sind Taktik. Sie eignen sich gut für Zeiten, in denen Gefühle nicht aufgeputscht werden brauchen. In der Debatte um beleidigende Zwischenrufe im Landtag hat zum Beispiel die AfD-Landtagsfraktion in Rheinland-Pfalz zugestimmt, sich in Zukunft an gemeinsame Regeln zu halten.[70]

Muster 60: Geloben Sie Besserung.

Das kann man auch schriftlich machen. Papier ist geduldig. Unterschreiben Sie jede positive Absichtserklärung, die von Ihnen gefordert wird. Im anderen Fall würden Sie ja zugeben, dass Sie eines der demagogischen Muster praktizieren. Die »Tatsachen«, die Sie mit Ihrer Unterschrift besiegelt haben werden, sind ohnedies ohne Belang. Sie können wie »Fakten« aller Art bestritten werden.

Im Jahre 2000 kam es in Österreich zu einer Koalition der konservativen ÖVP mit der damals von Haider geführten FPÖ. In der »*Präambel zum Koalitionsabkommen*« wurde von Haider am 3. Februar 2000 ein Bekenntnis zu »*Respekt, Toleranz und Verständnis für alle Menschen*« unterzeichnet und »*jegliche Form von Diskriminierung, Intoleranz und Verhetzung in allen Lebensbereichen*« verurteilt und zugleich zugesichert, diese »*mit Nachdruck*« zu bekämpfen.[71] Am gleichen Tag schlug Haider zwei Personen als Minister vor, die für den scharfen Ausländerwahlkampf in Wien verantwortlich gewesen waren. In den folgenden Monaten wurde von Haider beinahe jeder Satz der Präambel in Wort und Tat widerlegt. Anfang Juli 2000 stellte dann der damalige FPÖ-Klubobmann im Parlament, Peter Westenthaler, die Präambel als Ganzes in Frage: »*Die Präambel ist ja formuliert worden, als es noch keine Sanktionen gegen Österreich gab*«[72] – die sogenannten »*Sanktionen*«, die die EU als Protest gegen die Regierungsbeteiligung der FPÖ verhängt hatte, wurden aber offiziell bereits drei Tage vor der Unterzeichnung der Präambel bekannt.

Ein anderes Beispiel: Der AfD-Politiker Björn Höcke entschuldigte sich für seine umstrittene Holocaust-Rede so: »*Ich habe ein großes, ein wichtiges Thema leider in einer Bierzeltrede vergeigt.*« Höcke erklärte, er sei in eine falsche Tonlage gefallen, habe Interpretationsspielräume zugelassen. »*Das war ein Fehler. Dafür möchte ich mich hier entschuldi-*

gen.« Von dem Inhalt seiner Rede distanziert sich Höcke mit dieser »Entschuldigung« in keinster Weise.[73]

Dass die genannten Beispiele keine Konsequenzen für das künftige Verhalten der genannten Personen hatten, sollte selbstverständlich sein.

5 Übernehmen Sie die Macht

Die große Verschwörung

Das demagogische Weltbild enthält ein dynamisches Moment. Es erklärt die längerfristige Strategie und die längerfristigen Ziele – wohin Demagogie führen wird, wenn sie nicht von außen, von den FEINDEN, gestoppt wird. Um das zu verstehen, müssen wir noch einen Schritt weiter in die Angstwelt eines Demagogen hineingehen und ihre schaurige Schönheit in voller Pracht erfahren.

Das demagogische Bild einer gespaltenen Gesellschaft ist in seinem Kern ein Verschwörungsmythos. DIE DA haben sich gegen UNS verschworen. Der erfundenen Gruppe der ANDEREN werden dabei geheimnisvolle Vorgänge unterstellt. Alles, was man nicht versteht und was einen bedrückt, kann den ANDEREN in die Schuhe geschoben werden.[1] Je weniger man weiß, desto stärker kann der Glaube an die Verschwörung wachsen. Die Tatsache, dass man kaum etwas in Erfahrung bringen kann, ist ein Beweis für die Macht der Verschwörer. Sie kontrollieren die Medien und können alles vertuschen. Selbst diejenigen, die vorgeben, die Verschwörung aufdecken zu wollen, sind Teil der Verschwörung.[2]

Eine echte Verschwörungstheorie ist von sogenannten »Fakten« zur Gänze befreit – eine reine Erfindung, wie das demagogische Bild selbst. Der Philosoph und Autor Robert Anton Wilson hat ein aufschlussreiches Lexikon der Verschwörungstheorien verfasst. Viele Theorien, die hier aufgelistet sind, können bei den Demagogen gefunden werden, die in diesem Buch besprochen werden. Eine wahrhaft machtvolle Verschwörung, so meint Wilson, kann niemals »aufgedeckt« werden (weil sie sonst nicht machtvoll wäre): »Daher kann niemand auch wirklich verrückte Verschwörungstheorien widerlegen, denn sie alle haben eine seltsame Schleife in ihrer Konstruktion: Jeder Beweis gegen sie funktioniert nämlich gleichzeitig als Beweis für sie, wenn man die Dinge so sehen will.«[3]

Verschwörungsmythen der FPÖ

In der FPÖ stehen Verschwörungsmythen hoch im Kurs.[4] Unterschiedliche Versionen existieren einträchtig nebeneinander, »Fakten« und Widersprüche spielen keine Rolle. Und das bereits seit Jahrzehnten. Als zum Beispiel im Jahr 1994 in Österreich eine Volksabstimmung über den EU-Beitritt des Landes abgehalten wurde, beschuldigte der damalige FPÖ-Chef Haider den damaligen Bundeskanzler Franz Vranitzky, er erfülle *»außerösterreichische Aufträge«: »Vranitzky ist ein Bilderberger – ich weiß, dass die Freimaurer da viel anschaffen«*, erklärte Haider damals.[5]

Sie wissen nicht, wer die Bilderberger sind?[6] Der heutige FPÖ-Generalsekretär Harald Vilimsky weiß es: *»die einflussreichste Gruppe der Welt«*.[7] Zumindest nannte er sie so im Titel seines Gastkommentars für die FPÖ-nahe Nachrichtenplattform unzensuriert.at.

Warum ist über eine derart große Verschwörung so wenig bekannt? Ein verschwörungsbegeisterter französischer Journalist hat die Antwort: Sie sind »zu allmächtig und allgegenwärtig, um aufgedeckt zu werden«.[8]

Demagogen glauben an Verschwörungen

Nach dem Vorbild der FPÖ kann jedem unserer Akteure ein Verschwörungsdenken nachgewiesen werden, wobei unterschiedliche und einander widersprechende Verschwörungen von ein und derselben Person geglaubt werden können.

Muster 61: Verbreiten Sie Verschwörungsmythen.

Hier weitere Beispiele aus der Schweiz, der Türkei, Österreich und Polen:

Der SVP-Politiker Christoph Blocher hat seine Verschwörungstheorien unter anderem in der sogenannten *»Albisgüetli-Rede«* 2016 dargelegt: *»Wir stehen vor einem stillen Staatsstreich.* […] *die höchsten Richter des Landes* […] *beginnen, sich mit Verweis auf internationales Recht über den schweizerischen Gesetzgeber zu erheben.* […] *Die Schweizerinnen und Schweizer wollen keinen Richterstaat. Denn sie wissen aus der historischen Erfahrungen, dass sich in Diktaturen gerade die Richter den jeweiligen Diktatoren schnell und bereitwillig an den Hals geworfen haben.*

[…] *Ein stiller zwar, aber dennoch ein Staatsstreich.* […] *Offenbar wollen die Bundesrichter eine Diktatur der Minderheit!*«[9]

Der türkische Präsident Recep Tayyip Erdoğan bezeichnet den gescheiterten Militärputsch vom 15. Juli 2016 als Verschwörung der Gülen-Bewegung mit Hunderttausenden Unterstützern. Gleichzeitig beförderte der Putsch auch zahlreiche Verschwörungstheorien von Erdoğans politischen Gegnern, die meinten, der türkische Autokrat habe den Putsch selbst inszeniert, um so in einem beeindruckenden Schauspiel seine politischen Gegner auszuschalten.

Norbert Hofer stellte im Jahre 2007 als FPÖ-Vizechef eine Anfrage im österreichischen Parlament an den Verteidigungsminister: »*Es gibt sowohl in den USA als auch in Europa Beobachtungen, denen zufolge sowohl durch zivile als auch durch militärische Flugzeuge bereits derartige Chemikalien in der Atmosphäre freigesetzt wurden. Die dadurch sichtbaren Chemiestreifen, die ähnlich aussehen wie gewöhnliche Kondensstreifen, werden auch als ›Chemtrails‹ bezeichnet.*«[10] Dies ist umso interessanter, als Hofer im Zivilberuf Flugzeugtechniker ist und während seiner Ausbildung sicherlich auch erfahren hat, wie Kondensstreifen von Flugzeugen entstehen.

Eine Art Verschwörung, diesmal aber keine aus der Luft, vermutete Hofer auch als Kandidat für das Amt des Bundespräsidenten nach der ersten Stichwahl im Frühjahr 2016. Am Wahlabend gab es noch kein klares Ergebnis, die Stimmenzahl für die beiden Kandidaten lag dafür zu nahe beieinander. Deshalb musste auf die Auszählung der Briefwahlstimmen am Tag darauf gewartet werden. Doch schon am Wahlabend erklärte Hofer in seiner Ansprache vor seinen Fans: »*Bei den Wahlkarten wird immer ein bisserl eigenartig ausgezählt.*«

Die erste Stichwahl wurde schließlich aus formalen Gründen aufgehoben, die zweite Stichwahl musste aus technischen Gründen verschoben werden. Wiederum witterte die FPÖ eine Verschwörung: Ausgerechnet bei der »*historisch wichtigsten Wahl der 2. Republik*« hätten sich »*SPÖ, ÖVP, Grüne und Neos*« auf eine Verschiebung geeinigt, postete FPÖ-Chef Strache auf Facebook. Die Politikerin Ursula Stenzel, früher bei der ÖVP aktiv und im Jahr 2015 zur FPÖ gewechselt, schrieb ebenfalls im Bundespräsidentschaftswahlkampf auf Facebook: »*Höre Norbert Hofer auf Ö3* [österreichischer Radiosender, Anm. d. Autoren]. *Merke aber, dass Frequenz kaum zu finden ist […] Habe natürlich ein kleines Radio und bin vernetzt. Hoffe, dass keine Absicht dahintersteckt, Sendung mit Hofer zuzudecken. Das wäre ja wie im Kalten Krieg!*«[11]

Für den polnischen Parteichef Jarosław Kaczyński spielt der Flugzeugabsturz im Jahre 2010 im russischen Smolensk, bei dem sein Zwillingsbruder und damalige polnische Präsident Lech ums Leben kam, eine entscheidende Rolle. Denn das war kein Unfall, sondern ein »*Abschuss*«: »*Das polnische Volk*« wurde damit zum Opfer einer gigantischen Verschwörung von Russland mit der EU, auch der frühere Premier Tusk sei hier beteiligt gewesen.[12]

Misserfolge wegen Verschwörungen

Misserfolge oder unliebsame Ereignisse werden von Demagogen gerne durch Verschwörungen »erklärt«.[13] Dies kann standardmäßig bei Wahlen beobachtet werden. Die Grundregel ist einfach:

- Gewinnt man die Wahl, dann hat sich die Stimme »des Volkes« durchgesetzt.
- Verliert man die Wahl, dann hat sich eine Verschwörung BÖSER Mächte durchgesetzt.

Nachdem der Front National in der zweiten Runde der französischen Regionalwahlen im Dezember 2015 leer ausging, obwohl die Partei nach dem ersten Wahldurchgang an erster Stelle stand, sprach Front-National-Chefin Marine Le Pen von einer Verleumdungskampagne, die »*in den vergoldeten Palästen der Republik*« vorbereitet worden sei. Die Wahl enthülle die »*geheimen Verbindungen*« zwischen jenen, die die Macht unter sich aufteilen. Es gebe »*Siege, die Schande über die Gewinner bringen*«.[14]

Wie Verschwörungstheorien entstehen

Die Journalistin und Social-Media-Expertin Ingrid Brodnig hat anhand eines Beispiels nachgewiesen, wie rasant politische Verschwörungstheorien entstehen und sich verbreiten:[15] Am Abend der Bundespräsidentenwahl in Österreich passierte dem TV-Kanal Euronews, der von Frankreich aus in 13 Sprachen sendet, ein Fehler. Er berichtete, der FPÖ-Kandidat Norbert Hofer liege in der ersten Hochrechnung »deutlich« vorne. Die Zahlen stammten aber nicht aus einer Hochrechnung, sondern waren nur der Auszählungsstand des Innenministeriums um 16.54 Uhr. Passiert war der Fehler, weil Euronews keinen Journalisten vor Ort hatte und der deutschsprachige Moderator davon ausgegangen war, dass es in Österreich um 17 Uhr die erste Hochrechnung geben würde. Euronews stellte den Fehler sofort richtig, entschuldigte sich und berichtete, dass Alexander Van der Bellen der Wahlsieger sei. Doch da hatten rechte Internetaccounts schon längst das Video von Euronews kopiert und unter dem Titel »*Wahlbetrug in Österreich*« in soziale Medien gestellt.

Schließlich wurde das Euronews-Video sogar als Beleg für eine weitere Verschwörungstheorie herangezogen. Wenn Euronews um 17 Uhr nahezu nichts wusste, wie konnte der ORF kurz darauf die erste Hochrechnung bringen?, lautete die Folgeverschwörung. Ein Video mit dieser Botschaft hatte bereits kurz nach dem Wahlabend 85 000 Zugriffe. Dabei bringt der österreichische öffentlich-rechtliche Rundfunk stets an Wahlabenden ab 17 Uhr Hochrechnungen. So zieht eine Verschwörungstheorie, die auf nichts anderem basiert als auf einem Missgeschick, immer weitere Kreise und belegt damit die Macht der FEINDE.

Die Weltverschwörung

Die Steigerung des Verschwörungswahns ist der Glaube an eine weltweite Verschwörung. Hier findet das demagogische Weltbild seinen krönenden Abschluss. Die gesamte Welt wird im Bild von WIR und die ANDEREN »erklärt«. Ein kleiner Kern der ANDEREN hat – auf geheimnisvolle und unbekannte Weise – alle wirklichen Machtstellen besetzt. Unsichtbare Kommandozentren steuern das gesamte wirtschaftliche und gesellschaftliche Leben des Planeten. WIR sind ohnmächtige Opfer einer riesigen Verschwörung.

Der Glaube an eine Weltverschwörung ist der erschreckende Kern und glanzvolle Höhepunkt im demagogischen Denken. Viele Beispiele von Demagogen aller Schattierungen weisen in diese Richtung. Hochrangige FPÖ-Funktionäre glauben gerne an eine verschwörerische Macht, seien es die »*Freimaurer*«, die »*Bilderberger*«, die »*Sozialistische Internationale« oder sonstige* geheimnisvolle Kreise. Herbert Kickl hat im österreichischen Parlament im Januar 2015 eine Anfrage an den damaligen Bundeskanzler Werner Faymann gestellt mit dem Titel »*Werner Faymann vermeintlich als Privatperson bei den Bilderbergern*«.[16]

Im Jahre 2000 rief die Regierungsbeteiligung der FPÖ weltweite Proteste hervor. Haider entlarvte damals *»hohe Funktionäre der jüdischen Gemeinde in Wien«* als Drahtzieher. Sie hätten versucht, *»beim State Department in Washington gegen uns Stimmung zu machen«*.[17] Sein damaliger *»Kulturberater«* Andreas Mölzer verdächtigte das Dokumentationsarchiv des österreichischen Widerstands.[18] Die von Mölzer herausgegebene Zeitschrift *Zur Zeit* widmete der ausländischen Kritik gar eine Sondernummer. In der Einleitung werden die Dinge auf den Punkt gebracht: *»Hintergründe«* seien *»der alte Deutschenhass [...] und jüdische israelische Ambitionen«*[19] – ein altbekannter Mythos.

Wozu Verschwörungsmythen gut sind[20]

- Sie erklären komplexe krisenhafte Entwicklungen auf möglichst einfache Weise. Es gibt eine zentrale Ursache: das BÖSE der ANDEREN.
- Sie manipulieren Menschen durch Aktivierung von Ängsten und bewusster Desinformation.
- Sie legitimieren die Unterdrückung der ANDEREN: Wenn *»die Linken«* oder andere ANDERE sich gegen UNS verschworen haben, dann ist es legitim, sie strafgesetzlich zu verfolgen.
- Sie rechtfertigen die Macht des SUPER-WIR, das sich der Verschwörung entgegenstemmt und sie vereiteln will.
- Sie integrieren UNS in eine Schicksalsgemeinschaft, vereint im *»Schulterschluss«* gegen die ANDEREN.
- Sie stabilisieren demagogische Herrschaft, indem sie von internen Problemen ablenken und die Wahrnehmung auf die VERSCHWÖRER richten, die es zu bekämpfen gilt.
- Sie mobilisieren die Anhängerschaft, aktivieren Hass auf die Sündenböcke und lenken kollektive Energien in Aggressionen gegen die ANDEREN um.

Demagogen glauben, was sie sagen

Die taktischen Winkelzüge und ideologischen Stellungswechsel von Demagogen wie Trump verwirren viele Menschen. Sie erkennen kein politisches Programm und kein eigentliches Ziel. Viele politische Kommentatoren fragen, was Rechtspopulisten wirklich wollen.

Eine Antwort auf diese Frage liegt im Ernstnehmen des demagogischen Bildes der WIR und der ANDEREN und der Verschwörungsmythen, die hier enthalten sind – bis hin zur Annahme einer weltweiten Verschwörung. Man braucht lediglich das, was Demagogen sagen, ernst zu nehmen.

Demagogen leben in Angstwelten, die von furchterregenden Wolken durchzogen sind. Als Spezialisten im Umgang mit und in der Erzeugung von Ängsten können sie taktisch Ängste bei anderen aktivieren und sind zugleich selbst von einer Grundangst beherrscht. Kommen sie an die Macht, dann können sie sich nicht damit zufriedengeben, lediglich einzelne Reformen durchzusetzen. Kein Erfolg, wie groß auch immer, kann ihre Angstwolken wirklich vertreiben. Das Gefühl der Bedrohung bleibt bestehen, auch wenn man die Staatsmacht errungen hat. Dieses Gefühl verlangt nach weiterer *»Bewegung«* und drängt immer mehr nach Erlösung – nach neuer Hoffnung, nach zusätzlicher Macht, nach höheren Gefühlsdosen, nach noch radikalerer Sprache, nach noch mehr demagogischem Nebel. Im demagogischen Bild ist eine innere Dynamik enthalten, die nach stetiger Ausweitung der Macht ruft. Jeder Erfolg ist nur ein Zwischenschritt für den eigentlichen Kampf gegen die weltweite Verschwörung der FEINDE.

Die demagogische Revolution

»Die Rechte ist keine Reformbewegung, sie ist eine revolutionäre Bewegung. Sie ist keine Alternative im, sondern eine Alternative zum System: zu Liberalismus, Kosmopolitismus und Globalisierung. Legitimiert ist die rechte Revolte durch das Volk. Während die ›Parteien von Davos‹ in ihrer grenzenlosen Gier nur eigennützige Interessen verfolgen, spricht aus dem rechten Politiker die unverfälschte Stimme des Volkes. Das gilt auch für Donald Trump. Weil in ihm das reine Herz des Volkes schlägt, war er der legitime Präsident, noch bevor er vom Volk legal gewählt wurde. Das Herz des Volkes schlägt immer rechts. Aus diesem Grund hassen wehleidige Liberale den Willen des Volkes und ertragen ihn nur in demokratisch verdünnter Emulsion. Sie verwässern ihn durch Rechtsstaat und Gewaltenteilung«, beschreibt der deutsche Journalist Thomas Assheuer das Gedankengebäude rechter Demagogen.[21]

Das Projekt der Machtergreifung

Demagogen wollen Macht erringen. Sie wähnen sich im Besitz »der Wahrheit des einen Volkes«. Sie wollen den Willen »des Volkes« in die Tat umsetzen. Dazu muss, wie der Theoretiker der »Neuen Rechten« Alain de Benoist schon Ende der 1960er-Jahre formulierte, die *»kulturelle Hegemonie«* errungen werden. Egal, ob in Opposition oder in der Regierung: Es geht darum, die Deutungshoheit über die vorherrschenden politisch-gesellschaftlichen und kulturellen Denkmuster zu erlangen.[22]

Mit anderen Worten: Demagogen verfolgen mit »großer strategischer Geduld«[23] einen langfristigen Plan. Der AfD-Politiker Björn Höcke, der als Geschichtslehrer genau weiß, wovon er spricht, erklärt in beinahe schon religiös-salbungsvoller Art, dass er für seine Partei einen *»vollständigen Sieg«* wünscht: *»Ich weise euch einen langen und entbehrungsreichen Weg, ich weise dieser Partei einen langen und entbehrungsreichen Weg, aber es ist der einzige Weg, der zu einem vollständigen Sieg führt, und dieses Land braucht einen vollständigen Sieg der AfD.«*[24]

Muster 62: Planen Sie langfristig eine radikale Änderung des politischen Systems.

Bestandteile dieses Ziels für alle Demagogen sind:

- Überwindung des als *»formal-demokratische Maskerade«* überholten Parteienstaates und der repräsentativen Demokratie.
- Aushöhlung oder Beseitigung aller unabhängigen Institutionen im Staat, die dem *»Willen des einen Volkes«* im Wege stehen.
- Dazu muss die Staatsmacht möglichst in der Person des SUPER-WIR konzentriert werden. Der FPÖ-Politiker Norbert Hofer hatte während der Bundespräsidentschaftswahl angekündigt, die Bundesregierung zu Ratssitzungen in Brüssel begleiten zu wollen, um zu kontrollieren, dass diese im Interesse »des Volkes« agiert, und auch, dass er als Präsident die Regierung entlassen würde, wenn diese *»Gesetze bricht und Österreich schadet«*.
- Reduzierung und weitgehende Entmachtung des Kabinetts, dem das Recht auf gesetzliche Initiativen genommen würde.
- Entmachtung des Parlaments zum einen durch einen starken Mann an der Spitze, wie es zum Beispiel der türkische Präsident Erdoğan mit seinem Verfassungsreferendum 2017 durchgesetzt hat. Zum an-

deren wird dies auch durch die Einführung einer »plebiszitären Demokratie« erreicht, in der parlamentarische Abstimmungen weitgehend durch Volksentscheide ersetzt würden.[26]

So erklärte etwa der AfD-Politiker Björn Höcke: »*Und nachdem wir die finanziellen Futtertröge der Parteien ausgetrocknet haben, nachdem wir unser Volk wieder mit der Demokratie versöhnt haben, indem wir sie auch zu nationalen Fragen zu den Wahlurnen bitten mittels Volksentscheiden, nachdem wir die Bestenauslese wieder sichergestellt haben, danach müssten wir wieder einen Politikertypus installieren, für den vor alledem eins im Mittelpunkt steht: […] der Dienst für Volk und Vaterland.*«[27]

Das Bild der Gesellschaft als Ziel einer neuen Gesellschaft

Demagogen wollen die Gesellschaft ihrem Bild von der Gesellschaft ähnlich machen. Dieses gibt die Richtung für die Zukunft vor. Dies bedeutet unter anderem:

- Eine Umdeutung aller politischen Begriffe (wie Partei, Staat, Sozialstaat, Politiker, Nation, Volk, vgl. Kapitel 1 und 2).[28] Sprachänderung ist Bewusstseinsänderung. Ist das Bewusstsein (unbemerkt) verwandelt, geschieht ein Umschwung manchmal »wie von selbst«.[29] Hier haben die Demagogen in Europa und in den USA bereits einiges erreicht. Viele ihrer Begriffe werden schon von den anderen Parteien verwendet. Der von Rechtspopulisten abwertend gemeinte Ausdruck »*Gutmensch*« ist heute bereits im Mainstream angekommen. Auch die Bezeichnung »*Obergrenze*« bei der Aufnahme von Flüchtlingen wird mittlerweile im politischen Diskurs kaum hinterfragt: »Solange wir über eine Obergrenze sprechen, diskutieren wir die Schicksale der Geflüchteten als Frage unserer eigenen Platzangst«,[30] meint dazu die Linguistin Elisabeth Wehling.
- Einen Frontalangriff auf alle gesellschaftlichen und politischen Machtträger: Sie alle sind Instrumente der ANDEREN.
- Eine konsequente Umdeutung der »*offiziellen*« Geschichte des jeweiligen Landes. Es ist von allen »dunklen Flecken« reinzuwaschen: Da wird zum Beispiel gefordert, »*diese dämliche Bewältigungspolitik*« zu beenden, wie der AfD-Politiker Björn Höcke es in seiner Dresdner Rede verlangte: »*Die lähmt uns heute noch. Wir brauchen nichts ande-*

res als eine erinnerungspolitische Wende um 180 Grad. Wir brauchen keine toten Riten mehr.«

- Die Infragestellung jeder moralischen Autorität.

Angriff auf jede moralische Autorität

Jedes soziale Gebilde braucht ein Mindestmaß an moralischer Autorität, will es überleben. Sind seine Mitglieder überzeugt, dass DIE DA OBEN nur »*Gauner*«, »*Verbrecher*«, »*Kriminelle*« etc. sind, dann wird ihre Macht nicht lange Bestand haben.

Muster 63: Stellen Sie jede moralische Autorität in Frage.

Demagogen stellen überall moralische Autoritäten in Frage. Dies deshalb, weil sie und nur sie alle Moral gepachtet haben (Muster 5). Dies gilt sogar für die »*Leitkultur*« der WIR. In Ländern mit einer christlichen Tradition ist das Christentum ein fixer Bestandteil der »*Kultur*« der WIR, es ist offensichtlich die Religion der GUTEN. Aber selbst die höchsten christlichen Würdenträger können schnell zum Fall für die ANDEREN werden, wenn sie Demagogen widersprechen. Im katholischen Österreich führt die FPÖ gerne einen Kampf gegen die katholische Kirche und ihre Hilfsorganisationen wie die Caritas. Kardinal Christoph Schönborn persönlich wurden von Strache »*handfeste finanzielle Interessen*« in der Asylpolitik unterstellt: Die Betreuung von Asylbewerbern, die sich »*zu 80 Prozent als Asylmissbraucher*« (Muster 31) herausstellen würden, sei »*eine der wichtigsten Einnahmequellen der Caritas*«, da sie hier Gelder vom Staat erhalten könne.[31]

Auch die AfD kämpft gerne gegen die Kirche, wenn diese – so Petry – »*hässliche, abwertende, und polarisierende Bemerkungen*« der AfD gegenüber macht.[32] Das geht so weit, dass prominente AfD-Politiker ihre Fans aufrufen, aus der Kirche auszutreten.

»Volk« und Richter

Alle Demagogen führen einen ständigen Kampf gegen unabhängige Richter, wie von Trump bereits berichtet. In Polen wollte Jarosławs Kaczyńskis derzeit absolut regierende Partei »*Recht und Gerechtig-*

keit« (PiS) dem Justizminister die Befugnis geben, alle Gerichtspräsidenten des Landes abzusetzen. Erst nach massiven Protesten der polnischen Zivilbevölkerung (wie auch der EU-Kommission) wurde dieses Gesetzesvorhaben im Mai 2017 gestoppt, vorläufig zumindest.[33] Denn Polens Präsident Andrzej Duda hat gleichzeitig für 2018 ein Verfassungsreferendum angekündigt. Der Präsident, der zuvor selbst PiS-Politiker war, erklärte, es sei Zeit für eine Verfassungsdebatte, *»an der vor allem das polnische Volk und nicht nur die Eliten und Politiker teilnehmen«*.[34]

Gegen Ungarn leitete das EU-Parlament im Mai 2017 sogar ein »Rechtsstaat-Sanktionsverfahren« ein. Begründet wurde dies damit, dass die Regierung Orbán zu einer »erheblichen Verschlechterung der Rechtsstaatlichkeit, der Demokratie und der Grundrechte geführt« habe. So seien unter anderem das Recht auf freie Meinungsäußerung, die akademische Freiheit, die Menschenrechte von Migranten, Asylbewerbern und Flüchtlingen sowie die Versammlungsfreiheit stark eingeschränkt worden.[35]

In der Türkei ließ Präsident Erdoğan Tausende unabhängige Richter und Staatsanwälte unter dem Vorwand, Teil einer Verschwörung zu sein, entlassen, um so auch die Justiz nach seinen Vorstellungen umzubauen.

SUPER-WIR und die Justiz

SUPER-WIR verkörpert »den Willen des einen Volkes«. In seinem Wahrheitsanspruch muss es einer unabhängigen Justiz prinzipiell skeptisch gegenüberstehen. Dies gilt insbesondere für Verfahren, in die SUPER-WIR direkt verwickelt ist.

Mitte Februar 2016 wurde die Parteizentrale des Front National in Nanterre bei Paris von der Polizei durchsucht, danach wurden Marine Le Pens Büroleiterin und Vertraute Catherine Griset und ihr Leibwächter Thierry Légier in Polizeigewahrsam genommen, Griset wurde wegen Vertrauensbruchs angeklagt. Marine Le Pen warf daraufhin der Justiz vor, sich in den Wahlkampf einzumischen: *»Die Franzosen können genau zwischen echten Affären und politischen Kabalen unterscheiden.«* In einer anderen Sache steht Le Pen selbst unter Verdacht, nämlich bei ihren Vermögenserklärungen als Europaabgeordnete den Wert von Immobilien zu gering angegeben zu haben. Le Pens Antwort: Die

Justiz konzentriere sich gerade jetzt so auf diese Fälle, um ihr im Wahlkampf zu schaden.[36]

Den Kampf gegen die unabhängige Justiz führten bereits Jörg Haider in Österreich und Silvio Berlusconi in Italien, der alles daran setzte, einer gerichtlichen Verfolgung zu entgehen. In Österreich ignorierte Haider als Landeshauptmann von Kärnten über Jahre hindurch eine Stellungnahme des Verfassungsgerichtshofes, man müsse in bestimmten Teilen Kärntens Ortstafeln zweisprachig, in Deutsch und in der Minderheitensprache Slowenisch, aufstellen. Haider kündigte sogar an, »*das Volk*« über die Ortstafeln befragen zu lassen: der Wille des Volkes zähle mehr als Richtersprüche.[37] In einer Aschermittwochsrede im Februar 2002 attackierte Haider den damaligen Präsidenten des Verfassungsgerichtshofes Ludwig Adamovic mit den Worten: »*Wenn einer schon Adamovic heißt, muss man sich zuerst einmal fragen, ob er eine ordentliche Aufenthaltsgenehmigung hat.*«[38]

Die Partei »des Volkes« und das Gesetz

Gerichtsverfahren gegen die Partei »des Volkes« werden von allen Demagogen routinemäßig mit Angriffen auf die Justiz beantwortet. Denn das überirdische SUPER-WIR (Muster 11) kann niemals einen Fehler zugeben (Muster 12), eine Verurteilung macht es automatisch zum »Opfer« (Muster 13). Als der frühere Parteichef der »*Freiheitlichen in Kärnten*« Uwe Scheuch wegen des Vorwurfs der Geschenkannahme vor Gericht stand, kritisierte FPÖ-Chef Strache, dass gegen Scheuch eine »*politisch gesteuerte Justiz*« agiere, »*weil man politisch nicht gegen uns ankommt*«.[39] Als Scheuch in erster Instanz verurteilt wurde, erklärte Parteichef Strache: »*Dieses Urteil zerstört die Rest-Seriosität der österreichischen Justiz nun endgültig.*« Er sprach von »*offener Politjustiz*«, »*Gesinnungsjustiz*« und davon, dass »*Freiheitliche nun Freiwild für politisch motivierte Karriere-Juristen*« seien.[40] Als Straches Parteifreund schließlich rechtskräftig zu einer Haftstrafe auf Bewährung und einer Geldstrafe verurteilt worden war, erklärte Strache, das Urteil sei »*zu respektieren und zu akzeptieren*«, und wies gleich darauf hin, dass der freiheitliche Politiker »*bereits vor Monaten mit seinem Rücktritt die Konsequenzen gezogen habe und nunmehr Privatperson sei*«:[41] Die FPÖ bleibt eben die Partei der GUTEN.

Das Wahlsystem in Frage stellen

Im Juni 2016 wandte sich die FPÖ an den Verfassungsgerichtshof. Die Wahl zum Bundespräsidenten hatte ihr Kandidat Hofer im zweiten Wahlgang äußerst knapp verloren. Der Verfassungsgerichtshof entschied, dass die Stichwahl wegen zahlreicher Formalfehler wiederholt werden müsse. Es gab keine Hinweise – darauf wies das Gericht eigens hin –, dass das Wahlergebnis in irgendeiner Weise manipuliert worden sei.

Das Verfahren zeigte auch, dass FPÖ-Funktionäre schon im ersten Wahlgang von derartigen Verstößen gegen die Wahlordnung wussten, diese Gesetzesverstöße aber nicht meldeten. So erklärte einer der freiheitlichen Beisitzer als Zeuge vor dem Höchstgericht: »*Nach Rücksprache mit dem Bezirksobmann verzichteten wir, aufgrund des überraschend guten Ergebnisses für Ing. Hofer, auf die Protokollierung der Missstände in der Niederschrift.*«[42]

Einen ähnlichen Vorfall gab es in der Vorarlberger Stadt Hohenems. Bei der dortigen Bürgermeister-Stichwahl unterlag der FPÖ-Kandidat Dieter Egger mit 35,05 Prozent zu 45,34 Prozent gegen den amtierenden Bürgermeister Richard Amann von der ÖVP. Die FPÖ wandte sich daraufhin an den Verfassungsgerichtshof. Dieser hob die Wahl wegen »rechtswidrigen Unregelmäßigkeiten in Zusammenhang mit der Beantragung und Ausstellung von Wahlkarten« auf.[43] Aber genau diese Verfehlungen wurden vom Fraktionsvorsitzenden der FPÖ Hohenems berichtet.[44] In der wiederholten Stichwahl gewann der FPÖ-Politiker Egger mit 55,75 Prozent und wurde so zum neuen Bürgermeister von Hohenems.

Demokratieregeln

Ein demokratisches System beruht nicht nur auf der geschriebenen Verfassung, sondern auf vielen ungeschriebenen Normen, die die führenden Politiker stillschweigend zu beachten haben.[45] Demagogen, die das Prinzip des Vertrauens in politische Sprache außer Kraft setzen (Muster 55), werden nicht zögern, ungeschriebene Gesetze der Demokratie zu brechen, wenn es einen Vorteil bringt (um im gleichen Moment ihren FEINDEN »*totalitäre Methoden*« vorzuwerfen).

Demagogen, die an die Macht kommen, haben ein klares Ziel: die Veränderung der Gesellschaft nach ihrem Bild der Gesellschaft. Dies bedingt zwingend einen Umbau des Staates. Die Grundregel ist klar:

Alle Institutionen, die dem fiktiven Willen »des Volkes« wiedersprechen, sind ihrer Macht zu berauben. Dies sind vor allem:

1. unabhängige Richter
2. Verfassungsgerichte
3. kritische Medien
4. autonome Wissenschaftler
5. Institutionen der Zivilgesellschaft
6. Künstler und Intellektuelle

Muster 64: Bauen Sie den Staat um.

In der Türkei sind es seit dem verhinderten Putsch im Sommer 2016 die Gerichte, die Wissenschaft, die kritischen Medien, aber auch Lehrer, Schriftsteller, Künstler und Intellektuelle, die massiv unter Druck stehen. Neben zahlreichen Entlassungen im öffentlichen Dienst gab es eine riesige Verhaftungswelle einer Vielzahl von Personen, deren einziges »Verbrechen« es war, der autoritären Politik von Staatspräsident Erdoğan kritisch gegenüberzustehen.

In den USA (und bei etwa sechshundert gleichzeitigen Demonstrationen rund um die Welt) beteiligten sich am 22. April 2017 viele tausend Wissenschaftler an einem »March for Science« (Marsch für die Wissenschaft). Sie protestierten gegen massive Einsparungen der Regierung Trump im Wissenschaftsbereich, etwa in der Umwelt- und Klimaforschung. Die Wissenschaftler protestierten aber auch gegen Maulkorberlässe für regierungsnahe Forschungsinstitute durch die Trump-Regierung und die Wissenschaftsfeindlichkeit rechtspopulistisch geführter Regierungen.[46]

Das Beispiel Ungarn

Seit seinem zweiten Regierungsantritt 2010 (Orbán hatte bereits zwischen 1998 und 2002 das Land regiert) hat der ungarische Ministerpräsident Orbán zügig die Strukturen des Staates verändert. Der ORF-Journalist Ernst Gelegs schreibt dazu:[47]

- »Zuallererst wurde die Pressefreiheit eingeschränkt […], eine der ersten Maßnahmen der Orbán-Regierung nach Regierungsantritt [war], ein restriktives Mediengesetz zu verabschieden. Dieses ermöglicht es de facto, freie und unabhängige Medien gleichzuschalten. Medien, die sich kritisch mit rechtspopulistischer Politik auseinandersetzen, wurden und werden als ›*linksextrem*‹ verunglimpft und als Gefahr für den Staat betrachtet, die bekämpft werden muss. Letztes Opfer war die regierungskritische Zeitung ›Nepszabadsag‹, die finanziell ausgehungert und schließlich Ende Oktober nach 60 Jahren eingestellt wurde.«

- »Nächster Schritt der Orbán-Regierung war die Beschränkung und weitgehende Demontage demokratischer Kontrollinstanzen. Innerhalb kürzester Zeit besetzte die von Orbán geführte Regierung alle wichtigen Kontrollorgane eines demokratischen Staates mit Vertrauensleuten und brachte sie so unter ihre Kontrolle. Orbán und seine Partei FIDESZ kontrollieren neben Ministerien und Parlament auch den Staatspräsidenten, den Rechnungshof, die Finanzmarktaufsicht, die Exekutive, weite Teile der Justiz, wie etwa den Obersten Gerichtshof, die Medienbehörde, die öffentlich-rechtlichen Medien, Kulturinstitutionen und die Nationalbank.«
- »Um die eigene Macht weiter abzusichern, wurde das Wahlrecht verändert, sodass die stimmenstärkste Partei überproportional gewinnt. Orbáns Partei FIDESZ holte bei den Wahlen im Frühjahr 2014 mit 43 Prozent der Stimmen eine Zweidrittelmehrheit.«
- Das Bildungs- und Gesundheitssystem wurde zentralisiert, die Lehrpläne in den Pflichtschulen vereinheitlicht. »Lehrer und Ärzte haben einen Maulkorb verpasst bekommen, sie dürfen nicht mehr mit Medien sprechen.«
- »Keimt Unzufriedenheit in der Bevölkerung auf, weil sich der versprochene Wohlstand nicht einstellen will, werden ein innerer und äußerer Feind definiert. Der beispiellose Propagandafeldzug gegen Flüchtlinge in Ungarn hat der Orbán-Regierung zu neuer Popularität verholfen und gleichzeitig die rechtsextreme Partei Jobbik in die Defensive gedrängt. Jobbik, eine offen antisemitische und rassistische Partei, die Ähnlichkeiten mit nationalsozialistischer Ideologie aufweist, hatte bisher bei der Flüchtlings-, Migrations- und Minderheitenpolitik die Themenführerschaft. Doch das ist Geschichte. Orbán hat Jobbik mittlerweile rechts überholt und nahezu neutralisiert.«
- »Anlassgesetzgebung und Klientelpolitik kennzeichnen die vergangenen sechs Regierungsjahre in Ungarn. Freunde, Gönner und Weggefährten seiner FIDESZ erhalten große, meist von der EU mitfinanzierte Staatsaufträge, alle anderen gehen leer aus.«

Die schräge Welt

Demagogische Politik kann scheinbar sichere Fundamente unterhöhlen: gewachsene Strukturen, die moralische Integrität führender Personen, den gesellschaftlichen Konsens und ungeschriebene Regeln der Demokratie. Demagogen treten mit dem Versprechen an, Unsicherheit und Zweifel zu beseitigen (Kapitel 1). Die scheinbare Sicherheit wird jedoch durch eine faktische Unsicherheit erkauft. Denn unter ihrer Herrschaft lösen sich herkömmliche Strukturen auf. Die Welt wird instabiler, die Menschen versinken immer mehr in einem Nebel von Gefühlen, die »die Bewegung« ständig ansprechen muss. Gängige Kriterien verschwimmen: Zahlen, Fakten, Expertenwissen, die Vergangenheit – all das verliert seine Bestimmtheit. Das Ergebnis ist eine schräge Wirklichkeit, eigenartige Zwischenzustände hypnotischer Art. Die letzte Konsequenz hat George Orwell in seinem Roman *1984* so beschrieben: »Alles löste sich in Nebel auf [...] in einer Welt des leeren Scheins.« Es gehorcht in zunehmendem Maße der »hypnotischen Macht der Partei«. »Nicht nur der Wert der Erfahrung, sondern überhaupt das Vorhandensein einer gegebenen Wirklichkeit wurde von der [...] Partei stillschweigend geleugnet.«[48]

Je mehr Macht das erfundene Weltbild der Demagogie erlangt, desto erfundener wird die Welt. Sie wird nebelhaft, plastisch, schräge. Alte Sicherheiten verlieren sich, alles schwankt.

Diese Taktik hat Methode. Andere zu verwirren ist eine Technik, um (wie ein Hypnose-Experte schreibt) »das bewusst rationale Denken ... zur Erleichterung einer Trance zu überwinden«.[49] Die Regeln der Logik und des gesunden Menschenverstandes verblassen. Ein hypnotischer Nebel senkt sich über das Land. Je dichter er wird, desto leuchtender erstrahlt für die gläubigen Jünger die Person des SUPER-WIR und verspricht neue Sicherheit in einer unsicher gemachten Welt.

Bildbeweise? Eine Fälschung!

Im Sommer 2015 demonstrierten Wiener FPÖ-Funktionäre gegen die Eröffnung einer neuen Asylunterkunft in Wien. Genau in dem Augenblick, als die FPÖ-Funktionäre vor dem Asylquartier standen, ging ein vierjähriger syrischer Bub mit seinem Vater an den Anti-Flüchtlings-Demonstranten vorbei, die Schilder mit der Aufschrift *»Nein zum Asylantenheim«* in die Höhe hielten. Der *Kurier*-Fotograf Jürg Christandl machte ein Foto von dieser Szene, stellte das Bild auf Twitter und schrieb darunter »FPÖ begrüßt geflüchtete Kinder in Erdberg«. Das Bild wurde nicht nur in sozialen Medien tausendfach geteilt, sondern auch von Zeitungen übernommen. FPÖ-Parteichef Strache behauptete daraufhin in der TV-Diskussionssendung »Im Zentrum«, das Foto des Flüchtlingsbuben sei eine inszenierte Aufnahme. Gegendemonstranten hätten *»organisiert, dass ein Kind mit einem Fotografen positioniert vorgeführt wurde«*. Strache beklagte in der TV-Sendung, dass seine politischen Gegner *»mit Bildern Kinder missbrauchen«* (Muster 31). Wörtlich behauptete der FPÖ-Chef, die Tageszeitung *Kurier* und deren Fotograf Christandl hätten ein gestelltes Lichtbild *»bewusst eingefädelt, veröffentlicht und verbreitet«*.[50]

Die Wiener Wochenzeitung *Falter* fand jedoch den Buben und konnte nachweisen, dass es sich tatsächlich um ein vierjähriges Flüchtlingskind aus dem syrischen Damaskus handelte. Der Bub war genau an diesem Tag mit seinen Eltern in Wien angekommen. Die Familie hatte am Hauptbahnhof Passanten gefragt, wo sie einen Asylantrag stellen können. Weil das noch nicht eröffnete Asylheim in den Tagen zuvor häufig in den Medien war, hatten die Passanten der Familie geraten, dorthin zu gehen.[51] Nach einem monatelangen Rechtsstreit einigte sich der *Kurier* mit FPÖ-Chef Strache vor Gericht darauf, dass der FPÖ-Chef eine *»Ehrenerklärung«* abgeben musste, dass das Bild keineswegs inszeniert oder gefälscht war. Weiterhin musste Strache die vollständigen Prozesskosten übernehmen und 9000 Euro an eine Flüchtlingshilfsorganisation spenden.[52]

Der Flüchtlingsbub bekam von all dem nichts mit. »Wir haben nicht verstanden, was auf den Schildern steht, wir können kein Deutsch«, erzählte dessen Vater der Wochenzeitung *Falter*, »aber andere Flüchtlinge haben es uns übersetzt.« Ihrem Sohn haben sie aber nicht verraten, was die Demonstranten wollen. »Wir haben ihm gesagt, auf den Schildern steht, ›Willkommen! Schön, dass du da bist!‹ Wir wollten ja nicht, dass er sich fürchtet.«[53]

Eskalationsdynamiken

Demagogische Nebelproduktion enthält ein inneres dynamisches Moment. Es drängt nach Steigerung, nach stetig radikalerer Sprache und Aktion. Diese Triebkraft zu verstehen, ist von entscheidender Bedeutung für die langfristige Einschätzung demagogischer Politik.

Populisten müssen die Dosis ihres Giftes ständig steigern, ansonsten verlieren sie an Attraktion. Das ist ein ehernes Gesetz, und irgendwann gehen sie dabei über den Punkt, an dem vieles möglich ist. Es kann auch die Stimmung gegen sie plötzlich kippen. Trump ist ein schönes Beispiel dafür.

Viele Quellen speisen die eingebaute Eskalationsspirale. Ein politischer Guru schafft bei seinen Jüngern eine intensive Heilserwartung. Sie glauben tatsächlich an eine neue Art von Politik. Jetzt ist SUPER-WIR an der Macht und jetzt muss das ganz Neue kommen. Vor der Bildung der ÖVP-FPÖ-Regierung im Jahr 2000 meinte Haider, »*die FPÖ stände ja unter einem besonderen Erfolgsdruck. Die Erwartungshaltung wäre, dass sich im Grundlegenden etwas ändert.*«[54]

Diese Erwartungshaltung treibt das Projekt der Machtergreifung, den Abbau moralischer Instanzen in der Gesellschaft, die Missachtung demokratischer Regeln, den Willen zum Umbau des Staates. Im zeitlichen Nacheinander entfaltet sich eine Eskalation. Sie kann nur von anderen Kräften gebremst oder gestoppt werden.

Die Eskalationsgeschichte der AfD

Die kurze Geschichte der AfD seit dem Jahr 2013 kann als Geschichte einer fortlaufenden Eskalation verstanden werden. Dies hängt auch damit zusammen, dass die AfD – wie in Kapitel 3 beschrieben – sich immer noch in einem Suchprozess nach ihrem SUPER-WIR befindet. Dabei kann beobachtet werden, wie sich die Sprache radikalisiert, wie die Bilder über die FEINDE immer schwärzer werden und wie sich die Tabubrüche verschärfen – und wie die AfD genau damit hohe mediale Aufmerksamkeit bekommt.

1. Ein erster großer Eskalationsschritt fand auf dem Parteitag in Essen Anfang Juli 2015 statt, davon haben wir in Kapitel 3 einen Stimmungsbericht gegeben.

Die *Spiegel*-Journalistin Melanie Amann unterteilt die Phase vom Sommer 2015 bis Anfang 2017 in sieben Schritte:[55]

2. Die Herbstoffensive 2015: Vier Tage nach Beginn des Zustroms der ersten Flüchtlinge aus Budapest stellt Frauke Petry (in gemäßigtem

Ton) eine AfD-Kampagne vor: Die Partei positioniert sich als Straßenbewegung mit Infoständen in ganz Deutschland.

3. Nach den Terroranschlägen in Paris am 13. November 2015 und dann nach einer Terrorwarnung in Deutschland in der Silvesternacht beginnt die AfD, die Flüchtlingspolitik der Regierung mit islamistischem Terror zu verbinden. Zu Jahresbeginn 2016 formuliert der Landeschef der AfD in Bayern, Petr Bystron: »*Und in dem Moment, in dem der erste Terroranschlag auch in Deutschland erfolgreich verübt wird, ist eine solche Politik mit Beihilfe zum Mord gleichzusetzen*.«
4. Verstärkt durch die Kölner Silvesternacht werden die Flüchtlingshelfer zunehmend als »*Gutmenschen*« und »*nützliche Idioten*« der »*Altparteien*« hingestellt. Amann dazu: »Mit den kontinuierlichen Tabubrüchen zieht eine neue Verrohung in die politische Debatte ein. In dieser Zeit breitet sich das Hasswort von den ›*Rapefugees*‹ aus, den marodierenden, vergewaltigenden Flüchtlingen.«
5. Im Frühling 2016 entwickelt die AfD eine Fundamentalkritik am Islam, die geplant und kontrolliert gesteigert wird. Am 17. April 2016 verkündet die AfD-Europaabgeordnete Beatrix von Storch, der Islam sei eine »*politische Ideologie, die mit dem Grundgesetz nicht vereinbar ist*«. Damit wird nach Amann »der Pegida-Jargon zur Parteisprache erhoben«. Jetzt wird auch die Zusammenarbeit mit der FPÖ gesucht (und in den folgenden Monaten ausgebaut).[56]
6. Im Frühsommer 2016 entwickelt sich die AfD nach Amann »von einer Kritikerin des Islams und der Islamisten« zu einer Bewegung gegen alle »*Kulturfremden*« (Gauland) in der Gesellschaft und propagiert die Begriffe »*Volk*« und »*Umvolkung*«.
7. »Spätestens im Sommer 2016 breitet sich die verbale Verrohung auf allen Ebenen der AfD aus«, Petry beschimpft Merkel als »*Antisemiten-Importeurin*«. Die AfD unternimmt Hetzkampagnen, unter anderem gegen den Bamberger Erzbischof Ludwig Schick.
8. Viele Ortsgruppen der AfD arbeiten jetzt offen mit extrem rechten Gruppen zusammen, die Parteispitze auch mit dem Front National. »Auf AfD-Demos wird ganz selbstverständlich verkündet, Deutschland habe »*keine richtige Verfassung*«, bald nach dem Sieg werde »*aufgeräumt*«, die herrschende Elite »*entsorgt*«.

Die Liste von Amann kann aktuell (Anfang Juni 2017) durch zwei weitere Eskalationsschritte erweitert werden:

9. Mitte Januar provoziert Höcke mit seiner Dresdner Rede, die medial ein großes Echo findet. Der Bundesparteivorstand unter Petry leitet darauf ein Parteiausschlussverfahren gegen Höcke ein.
10. Im April 2017 scheitert Parteichefin Petry mit ihrem Vorschlag, die AfD auf einen »*realpolitischen Kurs*« einzuschwören. Die Partei rückt weiter nach rechts. Die als Parteichefin geschwächte Petry verzichtet auf eine Spitzenkandidatur für die Bundestagswahl im September 2017.

Die nächste Eskalation wird wohl nicht lange auf sich warten lassen.

Muster 65: Eskalieren Sie.

Die Macht zur Eskalation

Die innere Tendenz zur Eskalation kann nur dann nach außen wirken, wenn die entsprechenden Machtmittel bereitstehen. Jeder Machtzuwachs ist eine erneute Chance, eine höhere Stufe an Emotionalisierung zu erreichen. Wirklichkeit und Weltbild stehen in permanenter Spannung. Je mehr sich das erfundene Weltbild als handfeste Wirklichkeit etablieren kann, desto mehr Möglichkeiten bestehen, die Welt als demagogische Welt umzugestalten. Jeder Erfolg ist nur ein Zwischenschritt auf einem nie enden wollenden Weg. Auf jeder neuen Stufe der Macht gilt die Devise »Jetzt geht es erst richtig los«.

Wenn Demagogen über mehr Macht verfügen, produzieren sie mehr und nicht weniger FEINDE. Mehr Einfluss bedeutet mehr Ausgrenzung, mehr Hetze, mehr Auflösung alter Strukturen, mehr Willkür des Führers, mehr Nebel, mehr Versinken in kollektiver Trance. Weil im Hintergrund die große Weltverschwörung lauert, wird die Grenze zwischen FREUND und FEIND immer weiter hinausgeschoben. Ist der politische FEIND besiegt, werden neue FEINDE gefunden. Nach außen kann ein neuer Kampf eröffnet werden: WIR vom Inland gegen DIE vom Ausland: gegen andere Länder, gegen die EU, schließlich gegen die ganze Welt.

Historische Parallele

Wohin demagogische Paranoia letztlich führen kann, haben die Nationalsozialisten eindrucksvoll demonstriert. (Um es nochmals klar zu sagen: Ein Vergleich ist keine Gleichsetzung, eine Ähnlichkeit keine Gleichheit.) Die Nazis waren von der Weltverschwörung der Juden überzeugt, »Fakten« spielten keine Rolle. (Selbst die offensichtliche Hilflosigkeit der Juden angesichts des Holocausts vermochte die Fabel von der Allmacht der Juden nicht zu zerstören.) Jede Phase im Machtzuwachs war für die Nazis nur der »*Anfang der nationalsozialistischen Revolution*«, die versprochene »*Erlösung*« wurde Schritt für Schritt immer weiter in die Zukunft verschoben. Jeder Sieg auf dem Schlachtfeld war der Auftakt zu neuen Schlachten. Am Schluss ging es um den »*totalen Krieg*« und um die Weltherrschaft. Selbst ein Erfolg im Weltkrieg hätte die stetige Radikalisierung im Denken nicht gestoppt. Für die Zeit nach dem »*Endsieg*« waren die Ausrottung aller herz- und lungenkranken Deutschen und der Aufbau einer neuen arischen Rasse geplant. Entscheidend war, »*dass es bei dieser Auslese niemals einen Stillstand geben kann*«.[57]

Der eine FEIND

Verschwörungsmythen haben den Vorteil, verschiedene Personenkreise, die sonst nichts miteinander zu tun haben, zu bündeln; sie werden zu einer FEINDES-Gruppe zusammengefasst. Auf sie kann gemeinsam die Aufmerksamkeit gelenkt werden. »*Es gehört zur Genialität eines Führers, selbst auseinanderliegende Gegner immer nur als zu einer Kategorie gehörend erscheinen zu lassen.*«[58] All die verschiedenen FEINDE sind im Grunde ein einziger FEIND. Der äußere FEIND formt mit dem inneren FEIND eine gemeinsame Gruppe von FEINDEN.

Im Frühjahr 2000, als die ÖVP in Österreich die FPÖ als Juniorpartner in eine Regierungskoalition holte und damit massive Proteste im In- und Ausland auslöste, war der äußere FEIND »*die EU*«, der innere die neue »*Fundamentalopposition*«. Damals bezeichnete die FPÖ ihre Gegner von der SPÖ als »*Sozialistische Österreich Beschmutzer*«, die eine »*Verleumdungs- und Besudelungskampagne*« gegen Österreich durchführen würden.[59] Innerer und äußerer FEIND bilden eine Einheit, verschworen gegen »*das Volk*«. So verlangte der damalige FPÖ-Klubchef im Nationalrat, Peter Westenthaler, der damalige SPÖ-Chef Alfred Gusenbauer solle sich »*bei der österreichischen Bevölkerung entschuldigen*«, weil er im Ausland sozialdemokratische Regierungschefs getroffen hatte. Die FPÖ warf dem damalige SPÖ-Chef deshalb eine »*Politik des Vernaderns*« (Österreichisch für verpetzen) und »*antiösterreichischen Stil*« vor.[60]

Die EU ist eben eine beliebte Verschwörer-Zielscheibe für Demagogen.

Mindestens ebenso beliebt wie das Feindbild Brüsseler Bürokraten ist mittlerweile die angebliche islamische Weltverschwörung. Die FPÖ ist zum Beispiel der Meinung: »*Der Islam ist eine Religion, die die Welt als Kriegsschauplatz ansieht – und zwar solange, bis die gesamte Menschheit islamisch ist.*«[61] Und das genau wird von den FEINDEN im Inland unterstützt: »*Die Linken unterstützen auch die Islamisten. Die SPÖ ist keine soziale Partei, sondern mittlerweile eine Islamistenpartei geworden*«, sagte der FPÖ-Chef Strache bereits im Jahre 2010.[62]

Muster 66: Bündeln Sie Ihre FEINDE.

Besonders gut gelingt die Bündelung der FEINDE beim Thema Flüchtlinge: Die nach Europa Geflüchteten aus Kriegs- und Krisenregionen wie Syrien, dem Irak oder Afghanistan werden von rechten Demagogen als innerer FEIND verwendet. Gleichzeitig bietet sich eine Verschwörung der heimischen Politiker mit jenen aus Brüssel als äußerer FEIND an. So zog FPÖ-Chef Strache als Gastredner der AfD im bayerischen Osterhofen im März 2017 über die deutsche Kanzlerin Merkel her: Diese betreibe eine »*Zerstörungspolitik*«, einen »*Verrat an der eigenen Bevölkerung*« und einen »*Bevölkerungsaustausch*«. Strache sagte zu den AfD-Anhängern: »*Ich möchte nicht, dass der Stephansdom oder der Kölner Dom in eine Moschee umgewandelt wird.*«[63]

Eskalation mit Hilfe der FEINDE

Vor der Wahl in den Niederlanden wollte Thomas von der Dunk in der Provinz Noord-Holland eine Lesung abhalten. Von der Dunk ist einer der bekanntesten Kolumnisten des Landes und ein scharfer Kritiker von Geert Wilders und dessen »*Partei für die Freiheit*«. Von der Dunk wirft Wilders vor, an den Prinzipien des Rechtsstaats zu rütteln, weil er Religionen unterschiedlich bewerte. Er wirft aber auch den Christdemokraten und Liberalen vor, Wilders salonfähig gemacht zu haben. Nachdem sich Wilders' Partei kritisch gegen die Lesung des Kolumnisten geäußert hatte, sagten Regionalpolitiker der christdemokratischen und der liberalen Partei die Lesung ab. Als Begründung erklärten sie, die Veranstaltung sei »zu politisch«.[64] Man lernt daraus: Nicht der Demagoge selbst muss seine Kritiker mundtot machen, das übernehmen diejenigen, die sich vor ihm fürchten im vorauseilenden Gehorsam.

Muster 67: Lassen Sie Ihre FEINDE Ihre Arbeit tun.

Eine ähnliche Begebenheit hat sich in Österreich zugetragen. In einer Oberstufenschule in Linz hielt der Extremismusexperte Thomas Rammerstorfer vor etwa achtzig Schülern der 12. Schulstufe einen Vortrag mit dem Titel »Extremistische Herausforderungen in Österreich«. Weil Rammerstorfer in seinem Vortrag auch auf »Extremismus von rechts« einging und FPÖ, AfD, Burschenschaften und den ungarischen Präsidenten Viktor Orbán namentlich erwähnte, informierte ein Schüler sofort seinen Vater, der Burschenschafter und FPÖ-Nationalratsabgeordneter ist. Der FPÖ-Politiker Roman Haider setzte daraufhin den Schuldirektor telefonisch derart unter Druck, dass dieser den laufenden Vortrag beenden ließ und die Jugendlichen nicht mehr über das Thema Extremismus diskutieren durften.[65] Dabei war der Inhalt des Vortrags eng mit der Schulleitung abgestimmt, der Referent hat der Schule sogar das gesamte Vortragsmanuskript vorab zur Verfügung gestellt.

Es war das erste Mal in der jüngeren Vergangenheit, dass FPÖ-Politiker derart schamlos und unter Einsatz massiver Drohungen in den Schulunterricht eingreifen. Doch anstatt aus diesem Skandal Konsequenzen zu ziehen, drehte die FPÖ einfach den Spieß um und behauptete, sie sei das tatsächliche Opfer dieses Skandals. Die oberösterreichische FPÖ richtete *»als Konsequenz auf einen von ihr initiierten Abbruch eines Extremismus-Vortrags an einer Linzer Schule«* eine *»Meldestelle für Parteipolitik in Schulen«* ein. Es könne nicht sein, dass *»Kinder von FPÖ-Funktionären mit Tränen in den Augen von der Schule heimkommen«*, weil ein *»Agitieren gegen die FPÖ auf der Tagesordnung steht«*, erklärte der oberösterreichische FPÖ-Landesparteichef und stellvertretende Landeshauptmann Manfred Haimbuchner.[66]

Ein Weg zum Faschismus?

Führt Demagogie zum Faschismus? Die Antwort hängt davon ab, wie Faschismus definiert wird. Demagogie in der hier beschriebenen Variante führt nicht zu Massenparteien und mordenden Banden wie SA und SS, das ist nirgendwo in Sicht. Sie führt allerdings, und das zeigen die Beispiele von Ungarn, Polen und vermutlich auch von Trump, zu einer autoritären Demokratie – das ist schlimm genug. Der Schriftsteller und Philosoph Umberto Eco hat im Jahr 1995 einen »Ur-Faschismus« anhand von 14 Merkmalen beschrieben:[67]

1. Ein Traditionskult, der auf widersprüchliche Weise viele Aspekte vereint.
2. Ablehnung der Moderne.
3. Aktion um der Aktion willen. Intellektuellen und Experten wird misstraut.
4. Analyse und Kritik sind gefährlich. Nichtübereinstimmung ist kein Gewinn, sondern wird als Verrat gebrandmarkt.
5. Differenzen sind abzulehnen. Fremde müssen bekämpft werden.
6. Die soziale Basis ist eine frustrierte Mittelschicht.
7. Als Identität wird die Nation angeboten. Andere Nationen sind Feinde.
8. Die Feinde sind mächtig. Sie demütigen uns.
9. Das Leben ist ein permanenter Krieg. Es geht um den Endsieg.
10. Schwache sind zu verachten.
11. Jeder kann zum Helden erzogen werden.
12. Krieg und Heroismus stehen dem Mann zu.
13. Ein Individuum hat keine Rechte für sich, es ist nur ein Teil des durch einen einzigen Willen geeinten Volkes.
14. Man pflegt ein Neusprech (nach Orwells *1984)*: eine reduzierte Sprache.

Für viele der in diesem Buch erwähnten Demagogen können diese Merkmale nachgewiesen werden.

Und Trump?

Der US-amerikanische Journalist David Neiwert listet für Trump sechs Bestandteile auf, die er nicht als Belege für einen Faschismus versteht. Er wirft aber Trump »faschistische Züge« vor:[68]

- Eine Rhetorik des Ausschluss (*eliminationist rhetoric*): Trump will 12 Millionen »*illegale*« Immigranten deportieren, es handle sich um »*Kriminelle*«, »*Killer*« und »*Vergewaltiger*«. Das Land soll »*reiner*« werden.
- Ein Ultranationalismus einer Wiedergeburt (*palingenetic ultranationalism*): Die Nation soll wie der Phönix aus der Asche auferstehen: »*Die stille Mehrheit ist zurück und wir werden und das Land zurückerobern. Wir werden Amerika wieder großartig machen.*«
- Eine tiefe Verachtung des Liberalismus und des Konservatismus des Establishments. Trump gibt sich dazu als Außenseiter.
- Die Sichtweise, die USA befänden sich in einer tiefen Krise.
- Der Standpunkt, die Männer seien zur Herrschaft befugt, dies müsse auf der Basis von »Instinkten« geschehen.
- Eine Verachtung der Schwachen.

Der USA-Korrespondent von *Spiegel Online* Marc Pitzke schätzt Trump so ein: »Trump bedient sich der Mechanismen des Faschismus. Man kann, man muss es endlich aussprechen. Merkmale sind erfüllt: Personenkult, Opfermentalität einer frustrierten Mittelklasse, Verschwörungswahn, Anti-Intellektualismus, plumpe Sprache (›Newspeak‹, so George Orwell), paramilitärisches Gehabe, Nationalismus, Rassismus, Entmenschlichung einer ganzen angeblichen ›Täter‹-Gruppe samt Gewaltappellen gegen diese Gruppe.«[69]

Befragen wir »das Volk«

Die Kommunikationsmanagerin und Journalistin Elisabeth Pechmann hat bereits im Mai 2000 ein Rezept für eine »richtige« Volksbefragung geliefert, die Abstimmung um den Brexit 16 Jahre danach kann immer noch als gelungenes Beispiel dafür gesehen werden. Entscheidend sei, so meint Pechmann, der genaue Wortlaut einer Volksbefragung: »Die passende Fragestellung erzeugt nahezu jedes gewünschte Ergebnis. Politiker wissen das. Sie wissen auch, dass die Manipulation am wutblinden Stimmvieh besonders gut funktioniert. Und den praktischen Nebeneffekt hat, Aufmerksamkeit von Sachthemen à la Sparbudget abzulenken.«[70]

Ihr Volksabstimmungs-Rezept sieht so aus:

- »Vermitteln Sie im Vorfeld den Befragten das Gefühl, sie wüssten, worum es geht. Führen Sie dazu eine aufputschende Werbe-Kampagne. Dazu serviert man griffige Slogans, wie ›EU-Sanktionen, nein danke!‹ oder ›Wollen Sie Vaterlandsverrat und Auslands-Einmischung – oder echte Demokratie?‹. Jetzt noch die propagandistische Unterstützung durch die üblichen Verdächtigungen von *Kronen-Zeitung* bis Bierzelt-Redner – und die Botschaft ist so fest verankert, dass viele ›Ja‹ ankreuzen, ohne zu lesen, wofür sie eigentlich votieren.«
- Formulieren Sie die Frage so, »dass sie möglichst amtlich-verbindlich klingt – aber …
- nach Vorliegen des Abstimmungsresultates in jede taktisch nützliche Richtung interpretiert werden kann.«

Muster 68: Befragen Sie »das Volk«. Aber richtig.

Der ungarische Regierungschef Orbán verwendet das Mittel der direkten Demokratie besonders gerne zu Propagandazwecken. Im Herbst 2016 ließ er eine mit Suggestivfragen gespickte Volksbefragung zur EU-Flüchtlingspolitik durchführen. »*Wollen Sie, dass die Europäische Union auch ohne Zustimmung des (ungarischen) Parlaments die verpflichtende Ansiedelung nichtungarischer Staatsbürger in Ungarn vorschreiben kann?*«, fragte er da zum Beispiel seine Landsleute in einer 26 Millionen Euro teuren Kampagne.[71] Die Volksbefragung floppte, nur vierzig Prozent der Wahlberechtigten gaben eine gültige Stimme ab.

Im Frühjahr 2017 startete Orbán unter dem Titel »*Let's stop Brussels*« eine Anti-EU-Volksbefragung. In einem offenen Brief warnte der Regierungschef, dass EU-Pläne »*die nationale Unabhängigkeit und Sicherheit des Landes gefährden*« und Brüssel Ungarn zwingen wolle, »*illegale Migranten ins Land zu lassen*«.[72]

Der Mega-Hype

Die Bevölkerung zu emotionalisieren, kann in kleinen stetigen Dosen, aber auch abrupt, in großen Sprüngen gelingen. Die Zukunft ist ungewiss, alles Mögliche kann geschehen. Ein wirklicher Demagoge muss auch für plötzliche Entwicklungen gewappnet sein. Politische Weichenstellungen hängen manchmal von kurzfristigen Reaktionen ab, oft innerhalb von Stunden. Das Beste, was Demagogen zustoßen kann, sind dramatische Entwicklungen im In- und Ausland: ein Mega-Hype, der die Bevölkerung nachhaltig erschüttert und den das SUPER-WIR nutzen kann. In einer solchen Situation kann es seine Qualitäten als Gefühlsmanager der Nation zur vollen Entfaltung bringen.

Muster 69: Bereiten Sie den Mega-Hype vor.

Möglichkeiten dazu gibt es viele: der Ausbruch eines neuen Krieges, eine Naturkatastrophe, eine Finanzkrise wie 2008 oder der Kollaps einer großen Bank. Heute bieten vor allem Terrorattentate ein weites Betätigungsfeld. In einem Antrag für den AfD-Bundeskonvent, den der *Spiegel* im Herbst 2016 publik gemacht hat, forderte die AfD Hessen, man solle für den Fall von *»islamistischen Anschlägen mit Todesopfern und Schwerverletzten«* eine große Zahl von *»professionellen Plakaten/Bannern … im typischen AfD-Look«* vorbereiten. *»DANKE, FRAU MERKEL!«* soll darauf stehen.[73]

Mittlerweile werden Terrorattentate von allen Demagogen weidlich ausgenutzt. Die vom Terror ausgelöste Angst wird regelmäßig von Demagogen für ihre Hetze instrumentalisiert. Terror passt perfekt in ihr Bild der Gesellschaft. Vor allem kann man mit Terror beliebige unliebsame ANDERE in Verbindung bringen und sie so diskreditieren.

Der Mega-Hype des vorigen Jahrhunderts

Es gibt viele historische Beispiele für gelungene Mega-Hypes, die Demagogen schlagartig nach oben spülen, zum Beispiel die antitschechischen Badeni-Krawalle im Jahre 1897, die Karl Hermann Wolf (ein Anhänger Georg von Schönerers) zu einem Helden der Deutschnationalen machten.[74] Der größte politische Mega-Hype des 20. Jahrhunderts dürfte der Reichstagsbrand am 27. Februar 1933 gewesen sein. Er brachte die Nationalsozialisten endgültig an die Macht.

Die Hintergründe: Hitler hatte bei den letzten völlig freien Wahlen der Weimarer Republik (6.11.1932) eine Niederlage erlitten (33,1 Prozent der Stimmen gegenüber 37,4 bei den Wahlen Ende Juli 1932). In der Partei breitete sich Enttäuschung aus, zumal Reichspräsident Hindenburg sich stets geweigert hatte, Hitler mit der Regierungsbildung zu beauftragen. Als Anfang Dezember Gregor Strasser, Hitlers rechte Hand, als Vizekanzler gegen den Willen Hitlers in die Regierung Schleicher eintreten wollte, geriet die Partei in eine ernsthafte Krise. Zum Jahreswechsel schrieb die *Frankfurter Zeitung*, »der gewaltige nationalsozialistische Angriff auf den Staat [sei] abgeschlagen«.[75]

Hitler kam nicht aus eigenen Stücken und nicht durch Wahlen an die Macht (ein Mythos, der im Nachhinein geschaffen wurde). Hitler kam an die Macht, weil politische Eliten versagt haben und die Rechtskonservativen zu blind gewesen sind, um seine Gefährlichkeit zu erkennen. Franz von Papen machte Ende Januar 1933 (gemeinsam mit einer kleinen Gruppe, die im Januar 1933 plötzlich ins Zentrum der Macht rückte) Hitler zum Reichskanzler. Er schlug alle Warnungen in den Wind und meinte, er würde sich nicht in die Hand Hitlers begeben: »Sie irren sich, wir haben ihn uns engagiert.«[76] Papen wollte Hitler durch die Regierungsbeteiligung »zähmen«. Alle Posten mit Ausnahme des Kanzlers und zwei weiteren wurden mit Konservativen besetzt. Die neue Koalitionsregierung besaß keine Mehrheit im Reichstag (248 Abgeordnete von NSDAP und Deutschnationalen bei insgesamt 584). Die Regierung setzte Neuwahlen an. Als Wahltag wurde der 5. März 1933 festgelegt.

Jetzt ging es für die Nationalsozialisten um alles. Sie entfesselten eine wilde Terrorwelle, die Presse wurde geknebelt und in Preußen alle Veranstaltungen der Kommunisten verboten. Die Wahlparole war: »*Angriff gegen den Marxismus*«. Zugleich wurde eine hysterische Angst vor einem kommunistischen Aufstand geschürt.

Eine Woche vor den Wahlen fand das entscheidende Ereignis statt: ein politischer Mega-Hype – der ideale Termin zur Inszenierung eines emotionalen Höhepunktes genau am Wahltag (Muster 51). Am 27. Februar 1933 ging um 21 Uhr das Reichstagsgebäude in Flammen auf – ein Vorgang von ungeheurer Symbolik.[77] Wer den Brand gelegt hat, ist unter Historikern immer noch umstritten: Waren es die Nazis selbst[78] oder der Holländer Marinus van der Lubbe, der am Brandort verhaftet wurde?[79]

Wichtiger als die Ursachen waren die Wirkungen des Brandes. Ohne die Spur eines Beweises wurde von Hitler sofort die Parole ausgegeben, der Brand sei das Werk einer kommunistischen Verschwörung (Muster 14). Das Schicksal Deutschlands entschied sich innerhalb weniger Stunden. In derselben Nacht wurde eine riesige Verhaftungswelle in Gang gesetzt – die Listen dazu waren von den Nazis vorher erstellt worden. 5 000 führende Oppositionelle wurden verhaftet und in die ersten Konzentrationslager gesteckt, sozialdemokratische Parteihäuser und Verlage besetzt, Zeitungen, die noch nicht verboten waren, ausgeschaltet.

Augenblicklich rollte eine lärmende Propagandawalze los. Den Kommunisten wurden »*genaue Aufmarschpläne*« unterstellt, »*die Einzelterror, Geiselverhaftungen und Erschießungen vorsahen. Dynamitanschläge auf Kirchen sollten vorgenommen werden, Eisenbahnen, Museen zerstört werden*«.[80] Bei den Wahlen ging es jetzt um die Verteidigung der christlich-westlichen Kultur gegen das »*Geschwür des Bolschewismus*«.[81]

Noch folgenschwerer war der Eingriff in die Verfassung gleich am nächsten Tag. Im »*psychologisch richtigen Moment*« (so Hitler bei der Sitzung des Kabinetts am Morgen des 28.2.1933)[82] wurde eine »*Notverordnung zum Schutz von Volk und Staat*« aus dem Hut gezaubert und dem Reichspräsidenten vorgelegt. Nach einer dramatischen Darstellung der Ereignisse der letzten Stunden unterschrieb Hindenburg den Akt. Er setzte den Großteil der bürgerlichen Freiheitsrechte außer Kraft. Rechtsstaat und Demokratie wurden auf »legalem« Weg abgeschafft.

Trotz dieser Manöver erlangte die Regierungskoalition am 5. März 1933 nur eine äußerst knappe Mehrheit (NSDAP: 43,9 Prozent, Deutschnationale: 8,0 – SPD und KPD kamen zusammen auf 30,6 Prozent). Alle Abgeordneten der KPD wurden allerdings verhaftet oder flohen. Bei der ersten Sitzung des neuen Reichstags (23.3.) wurde mit der so geschaffenen Mehrheit ein Ermächtigungsgesetz »*zur Behebung der Not von Volk und Reich*« angenommen, mit dem der Reichstag sich selbst überflüssig machte – die Diktatur war etabliert.

6 Widerstehen Sie den Demagogen

Demagogie ist ein Denken, das die Gesellschaft in nur zwei Gruppen aufspaltet: »das Volk« und »die Elite«. Dieses Bild verwenden Demagogen – wenngleich sie nicht fähig sind, zu erkennen, dass es schlichtweg ihre eigene Erfindung ist. Das zweigeteilte Bild macht jedes der vielen Muster der Demagogie plausibel.

Ziel dieses Buches ist es, aufzuzeigen, wie gefährlich dieses Bild ist. Es führt zur Spaltung der Gesellschaft und kann die Demokratie gefährden. Demagogen an der Macht tun alles, um diese Trennung zu vertiefen. Gefangen in ihrem Bild sind sie nicht in der Lage oder nicht willens, eine Politik zu betreiben, die die Mehrheit der Bevölkerung miteinschließt. Weil Demagogen keine Analyse grundlegender ökonomischer und sozialer Probleme unternehmen, sind sie auch nicht in der Lage, die Erwartungen ihrer Anhänger auf eine Verbesserung ihrer Lebenssituation zu erfüllen. Weil dem so ist, muss Demagogie, auch wenn sie »Regierungsverantwortung« trägt, versuchen, die Bevölkerung dauernd zu mobilisieren. Das führt zu einer stetigen Radikalisierung: Fortwährend müssen immer neue FEINDE geschaffen und neue FEINDE gefunden werden. Ein demagogisches Denken enthält systematisch Eskalationsspiralen, die im schlimmsten Fall zu Krieg und Bürgerkrieg führen können.

Weil das Bild einer zweigeteilten sozialen Welt eine Erfindung ist, kann es letztlich nur aus einem Bewusstsein heraus bekämpft werden, das diesen illusionären Charakter erkennt. Wer das Bild ungefragt hinnimmt, kann Demagogie nicht wirkungsvoll begegnen. Nur außerhalb des Bildes kann man über das Bild nachdenken und Antworten finden. Denn eines ist gewiss: Für jedes einzelne Muster der Demagogie gibt es eine Fülle wirksamer Gegenaktionen. Einige davon werden in diesem Kapitel vorgestellt.

Was man nicht tun soll

In Österreich begann der Aufstieg des berühmten Demagogen Jörg Haiders mit seiner Machtübernahme in der FPÖ im Jahr 1986. Fünfundzwanzig Jahre Politik in Österreich, die den Rechtspopulismus nicht nachhaltig eindämmen konnte, die Regierungen in Ungarn und in Polen, die misslungene Abstimmung über den Brexit und der Wahlerfolg von Trump liefern reichlich Anschauungsmaterial, was man im Umgang mit Demagogen nicht tun soll, weil es sich als unwirksam erwiesen hat:

- Demagogen zu unterschätzen,
- Demagogen zu dämonisieren,
- ihre Wähler zu verteufeln oder
- Eliten unkritisch zu verteidigen.

Demagogen zu unterschätzen

bedeutet, ihr kommunikatives Wissen herabzusetzen. Demagogen sind in den meisten Fällen gute Rhetoriker und für Streitgespräche hervorragend präpariert. In vielen TV-Konfrontationen und Talkshows machen Demagogen eine gute Figur – vor allem, wenn sie auf Personen treffen, die ihre Manöver nicht durchschauen und von den Mustern, die in diesem Buch geschildert sind, überrascht werden. Wer sich etwa in einer öffentlichen Versammlung Demagogen widersetzt, muss damit rechnen, dass diese einen persönlichen Angriff starten und mit übelsten Beschimpfungen und Verleumdungen reagieren. Wer sich dann ärgert (und dies auch noch zeigt), hat meist schon die schlechteren Karten oder die Konfrontation zur Gänze verloren. In Österreich konnte jahrelang beobachtet werden, wie Haider von seinen Gegnern als Kommunikator systematisch unterschätzt wurde und dadurch viele öffentliche Duelle zu seinen Gunsten entschieden hat. Auch das in Kapitel 4 geschilderte »Perpetuum mobile« der Demagogie lebt vom öffentlichen Protest der vermeintlichen Gegner von Demagogen, die von der jüngsten (gezielten!) Provokation von Demagogen empört sind und mit ihren Reaktionen die mediale Wahrnehmung von Demagogen fördern.

Demagogen zu dämonisieren

bedeutet schlichtweg nichts anders als den Spieß umzudrehen: Das demagogische Schwarz-Weiß-Denken wird auf die Demagogie selbst angewandt. Manche, die von demagogischer Politik entsetzt sind, denken so: WIR, die GUTEN, verteidigen die Demokratie gegen die BÖSEN Demagogen, die die Demokratie zerstören wollen, also die ANDEREN. Ein solcher Standpunkt ist unehrlich und ineffizient. Das hat auch der Wahlkampf von Hillary Clinton gegen Donald Trump deutlich gemacht. Clinton hatte sich Trump ursprünglich als Gegner gewünscht. Sie war davon überzeugt, dass es ihr leichtfallen würde, einen Rivalen zu besiegen, der derart verächtlich über Minderheiten und Frauen herzog. Ihre Strategie war, Trump als unmoralische Person hinzustellen und sich selbst als ehrenhaft und vertrauensvoll zu präsentieren. Damit übernahm sie aber die Denkweise von Demagogen: dass es Personen gibt, die zur Gänze GUT, und andere, die zur Gänze BÖSE sind. Man kann den Teufel nicht mit Beelzebub austreiben und Demagogen nicht mit Demagogie. Stattdessen sollte auch in der politischen Auseinandersetzung ein reiferer Standpunkt bezogen werden: Menschen sind nicht nur GUT oder nur BÖSE. Jeder und jede hat soziale und destruktive Anteile in sich. Sich selbst als nur GUT und die ANDEREN als ausschließlich BÖSE hinzustellen, ist im Kern unehrlich und verrät einen Mangel an Selbsteinsicht, der eigentlich Demagogen auszeichnet. Trump zeigt dies zur Genüge.

Im Wahlkampf auf ein Schlechtmachen von Demagogen zu setzen ist zudem ineffektiv. Denn im Schlechtreden von ANDEREN sind Demagogen Experten. Sie können das einfach besser. Durch den Versuch, Demagogen nur madig zu machen, entsteht genau die Stimmung, die sich Demagogen wünschen. Denn dadurch konzentriert sich die Auseinandersetzung auf moralische Aspekte von Personen, nicht auf Sach- oder Zukunftsfragen. In einem solchen Klima folgt eine persönliche Schlammschlacht der nächsten: die perfekte Ablenkung von wirklichen Problemen. Demagogen zu dämonisieren fördert ein demagogiefreundliches Klima, von dem letztlich die Demagogen profitieren.

Die Wähler zu verteufeln,

die Demagogen ihre Stimme gegeben haben oder mit ihnen sympathisieren, ist eine noch schlechtere Strategie. Sie ist Wasser auf die Mühlen von Demagogen, weil sie genau das bestätigt, was diese predigen: DIE DA OBEN sind eine arrogante Elite und schauen auf UNS verächtlich herab. Garniert mit einem Spott auf »Dumme« treibt man so Teile der Bevölkerung den Demagogen in die Arme. Ein drastisches Beispiel ist aus Polen bekannt. Wenige Monate vor den Parlamentswahlen im Oktober 2015 wurden Gespräche von Regierungspolitikern veröffentlicht, die heimlich in einem Warschauer Nobelrestaurant aufgenommen wurden. Bei teurem Essen spotteten die Politiker über das Wahlvolk, einzelne Gruppen und Landstriche wurden sogar vulgär beschimpft[1] – die oppositionelle PiS gewann dann die Wahl mit einem Erdrutschsieg.

Ähnliches passierte im Mai 2006 in Ungarn. Dort hielt der damalige Ministerpräsident Ferenc Gyurcsány nach seiner Wiederwahl eine Geheimrede vor der Führungsspitze seiner Partei, die sogenannte »Őszöder Rede«. Darin sagte der Ministerpräsident: »Wir haben die letzten eineinhalb, zwei Jahre durchgelogen. […] Und was haben wir sonst während der vier Jahre gemacht? Nichts. Ihr könnt keine einzige bedeutsame Regierungsentscheidung nennen, auf die wir stolz sein können, außer jener, dass wir zum Schluss die Regierungsarbeit aus der Scheiße gefahren haben.« Jemand zeichnete die Rede heimlich auf, Magyar Rádió strahlte sie landesweit aus. Die Folge waren Proteste und sogar Straßenschlachten. 2009 trat Gyurcsány zurück, im Jahr darauf kam Viktor Orbán wieder an die Macht.[2]

Ein drastisches Beispiel aus Österreich enthielt ein Online-Artikel des Nachrichtenmagazins *Profil* über die Teilnehmerinnen und Teilnehmer an einer FPÖ-Wahlveranstaltung: Diese wurden in ihrem Äußeren als abstoßend geschildert (vgl. Muster 21: Schmähen Sie die Körper der ANDEREN): »Es sind die hässlichsten Menschen Wiens, ungestalte, unförmige Leiber, strohige, stumpfe Haare, ohne Schnitt, ungepflegt, Glitzer-T-Shirts, die spannen, Trainingshosen, Leggins. Pickelhaut. Schlechte Zähne, ausgeleierte Schuhe.«[3]

Aber auch subtilere Formen von Schlechtmachen der Wähler können Demagogen fördern, zum Beispiel wenn man die Wähler demagogischer Parteien als »Verlierer« abstempelt. Niemand hört das gerne über sich, selbst wenn es einem wirklich schlecht geht. Da kann man die Demagogen schon attraktiver finden, die einem erklären, was für eine großartige Person man als Teil »des GUTEN Volkes« ist: »Wenn man schon auf nichts in der eigenen Existenz stolz sein kann, will man wenigstens stolzer Patriot sein dürfen«[4], schreibt die *Spiegel*-Journalistin Melanie Amann.

Eliten unkritisch zu verteidigen

bedeutet, das von den Demagogen erzeugte Weltbild zu bestätigen. Denn Demagogie lebt vom Kampf gegen »die Elite«. »Elite« in der Einzahl gibt es nicht, wohl aber Eliten in der Mehrzahl. Wenn nun diese unkritisch verteidigt werden oder wenn es keine Problematisierung von Eliten gibt, dann ist dies Wasser auf die Mühlen der Demagogen. Denn wir leben tatsächlich in einer Elitengesellschaft, sei es in der Wirtschaft, in der Wissenschaft, in der Politik, in den Medien oder in der Kunst. Überall finden wir hierarchische Systeme, in denen die auf der untersten Ebene über wenig Macht und wenig Handlungsspielraum verfügen. Demokratie beruht aber auf der Gleichwichtigkeit jeder Stimme. Eine lebendige Demokratie steht immer im Spannungsfeld mit ungleich verteilter Macht. Sie kann und muss in intensiver Auseinandersetzung mit dem Einfluss von Eliten geführt werden. Hier den Demagogen das Argument zu überlassen, ist fatal für die Demokratie.

Um den Unterschied nochmals zu betonen: Es geht nicht um »die Elite«, das ist eine demagogische Illusion, sondern um Eliten. Ihre Existenz kann durch viele empirische Befunde gezeigt werden. Der führende Experte in Deutschland ist der Soziologe Michael Hartmann. Nach ihm gibt es keine global agierende Elite, die einheitliche Interessen verfolgt, die dazu Abmachungen treffen kann und daraus ein Lenkungszentrum für die Politik entwickelt hat.[5] Nach Hartmann sind Eliten (dem Mythos von »der« Globalisierung zum Trotz) auf nationaler bzw. regionaler Ebene organisiert. Sie zu kritisieren und ihr Versagen zu thematisieren, z. B. in Bezug auf strukturelle Probleme des Wirtschaftssystems, auf die Ungleichheit von Einkommen und Vermögen, auf den Skandal der Steueroasen oder auf die Gefährdungen der Umwelt, ist dringend angebracht. Solange dies nicht in glaubhaften Alternativen geschieht, werden die Demagogen Zulauf haben.

Michael Hartmann zum Anwachsen von Demagogie[6]

»Trumps Erfolg beruht darauf, dass er sagt: ›*Ich bin nicht das Establishment*‹ – das sind der Clinton- oder Bush-Clan und all jene, die in Washington schon seit ewigen Zeiten regieren. Dieselbe Linie verfolgt Marine Le Pen in Frankreich. Sie spricht von den verknöcherten Eliten in Paris, von den Absolventen der Eliteschulen wie die der École nationale d'administration, ENA, die aus großbürgerlichen Familien stammen. Le Pen behauptet, anders zu sein. [...] In Frankreich ist die Differenz zwischen Volk und Eliten – was soziale Rekrutierung und Bildungswege der Politiker angeht – traditionell am größten. [...]

Im [US-]Kongress sind mittlerweile mehr als die Hälfte der Abgeordneten Millionäre. Die stimmen entsprechend ihrer sozialen Lage ab. [...] Es gibt eine ganze Generation, die merkt, dass ihr etwas versprochen wurde, was nie eingelöst werden wird. [...] Vermögen und Einfluss der Finanz-Eliten steigen kontinuierlich. [...] Es führt dazu, dass diejenigen, die sich abgehängt fühlen, zwei Möglichkeiten haben: Entweder sie wählen Protest oder sie gehen nicht hin. [...] In den USA ist das schon lange so. Das obere Prozent hat über 90 Prozent Wahlbeteiligung, das untere Drittel nur gut 30 Prozent. Überspitzt heißt das: Wenn man als Politiker die Unterstützung der oberen Segmente hat, braucht man den Rest nicht mehr.«

In Deutschland zeigte eine Analyse der Landtagswahlen in Nordrhein-Westfalen, dass die Wahlbeteiligung in den wirtschaftlich starken Regionen bei 79 Prozent lag, während sie in den Nichtwählerhochburgen der sozial schwachen Regionen auf 49,3 Prozent sank. Im Stimmbezirk mit der niedrigsten Wahlbeteiligung (knapp 41 Prozent) gab es mehr als fünfzig Prozent Haushalte aus wirtschaftlich schwachen Milieus, fast viermal so viele Arbeitslose und knapp doppelt so viele Menschen ohne Schulabschluss.[7]

Was man tun kann

Hartmann spricht in dem eben erwähnten Zitat Ursachen für das Anwachsen des Rechtspopulismus an. Bevor wir dies am Schluss kurz andeuten, fragen wir: Was kann man konkret tun, wenn man in eine Konfrontation mit Personen verwickelt ist, die demagogisch denken, demagogisch reden und demagogisch handeln? Hier kann man viel machen:

- die Gesprächsebene wechseln,
- Prozesskommentare anbringen,
- die Muster direkt ansprechen,
- das Bild der gespaltenen Gesellschaft direkt hinterfragen,
- Ärger zurückstellen,
- das eigene Selbstbild stärken,
- eigene Vorstellungen über demagogisch agierende Personen verändern,
- sich als guter Mensch positionieren,
- Demagogen auf Fakten prüfen,
- über Ängste reden,
- den Umgang mit Killerphrasen üben oder
- schnelles Umdeuten praktizieren.

Die folgenden Überlegungen können für viele Situationen Anwendung finden: im eigenen Lebensbereich, mit Partnern, Kindern, Kollegen und Freunden, in Beruf und Freizeit, in Arbeit oder in Rente. Jeder und jede hat viele Möglichkeiten Stimmungen im Land zu verändern und politische Prozesse zu beeinflussen. Und es liegt in unserer Verantwortung, die kleinsten Schritte zu unternehmen, um die von den Demagogen gefährdete Demokratie zu stärken.

Die folgenden Anregungen können manchmal für Ihre Lebenswelt passend sein, oft auch nicht. Unsere Beispiele sind nur für bestimmte Ziele und Umstände sinnvoll. Für jeden Hinweis werden Sie Fälle finden, für die unsere Vorschläge nicht anwendbar sind. Unsere Intention: Wir wollen Sie nicht belehren, sondern Anregungen geben. Sie umzusetzen kann auch Spaß machen.

Die Grundidee im Umgang mit den Mustern der Demagogie

Die in diesem Buch geschilderten Muster der Demagogie gelten nicht nur für die zitierten und prominenten Akteure, sondern finden in alltäglichen Nachahmern ihr vielfaches Echo. Jede politisch denkende Person ist heute mit demagogischen Einzelaktionen konfrontiert, für manche ist das auch zur Belastung geworden. Unsere Grundidee im Umgang damit: nicht auf der gleichen, sondern auf einer anderen Ebene Paroli bieten.

Angenommen, Sie sagen etwas Positives über einen Politiker, über die EU, über Schwule, über Obdachlose, über Afrikaner, über Personen islamischen Glaubens, über Asylsuchende, über eine bekannte Journalistin usw. In Begegnung mit demagogisch inspirierten Personen kann routinemäßig ein persönlicher Angriff, eine üble Beschimpfung oder ein böser Satz erwartet werden. In vielen Fällen wird man Ihnen einen persönlichen Vorwurf machen und eine Beschuldigung gegen Sie erheben, z. B. Sie als »*Gutmensch*« beschimpfen oder Ihnen einen materiellen Vorteil unterstellen. Wenn Sie sich nun wortreich verteidigen und viele inhaltliche Gegenargumente vorbringen, geraten Sie schnell in einen Nachteil. Je mehr Sie reden, desto unglaubwürdiger kann dies wirken. Weitschweifige Erklärungen machen misstrauisch: Was haben Sie denn zu verbergen?

Der Nachteil entsteht, weil Ihre Reaktion auf der gleichen Ebene wie der Angriff stattgefunden hat: Auf einen inhaltlichen Vorwurf haben Sie mit Inhalten geantwortet. In den meisten Fällen ist es besser, die Ebene zu wechseln und auf einer Prozessebene zu agieren: Sie reden dann nicht über Inhalte, sondern über den Prozess der Kommunikation selbst, über die Art, wie hier mit Ihnen umgegangen wird:

- »*Mir fällt auf, dass Sie gleich mit einem persönlichen Angriff kommen.*«
- »*Die Art, wie Sie mit mir reden, muss ich zurückweisen.*«
- »*Jetzt lenken Sie aber ganz gewaltig vom Thema ab.*«

Das kann man im Prinzip mit jedem der vielen Muster machen, die in diesem Buch angeführt worden sind.

Inhalt und Prozess von Kommunikation

Mit Inhalten von Kommunikation meint man das, was gesagt wird: die Themen, Fragestellungen, Handlungen, die gesetzt werden, auch wie nonverbal gesprochen wird. Das folgende Bild zeigt, wie zwei Personen miteinander reden. Die Pfeile symbolisieren das Reden und Tun der beiden. Sie transportieren wechselseitig Inhalte. Die eine Person redet, die andere gibt Antwort, das Gespräch geht hin und her.

Prozesskommunikation hingegen ist gleichsam eine Ebene höher angesiedelt. Man redet nicht über die Inhalte, sondern über die Art, wie gerade geredet wird. In der folgenden Abbildung ist dies durch den dicken Pfeil oberhalb des Kastens symbolisiert.

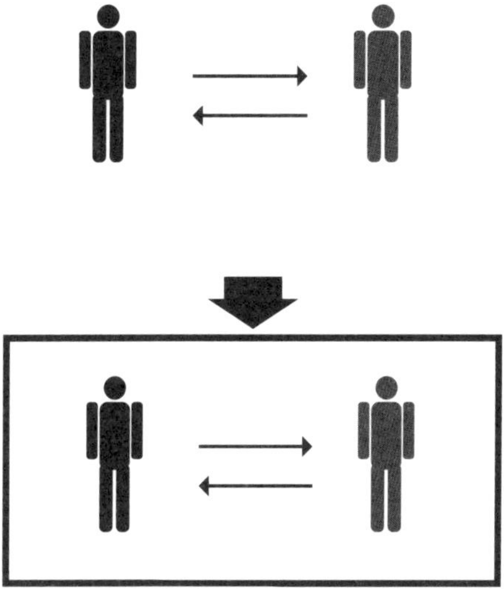

Prozesskommunikation kann meinen: eine Thematisierung über den Umgang miteinander, über mangelnden Respekt, über soziale Spiele (wie das Opferspiel), über offensichtliche Ablenkungsmanöver, über vermutete Intentionen, über beabsichtigte Ziele, wohin eine solche Kommunikation führen kann, welche Konsequenzen der Dialog haben kann usw. Im Streit gehen wir oft auf eine Prozessebene. *»So lass ich nicht mit mir reden«*, *»Das ist eine Unterstellung«*, *»So kommen wir nicht weiter«*, *»Jetzt lassen Sie mich auch mal zu Wort kommen«*.

Demagogische Muster zu thematisieren bedeutet Prozesskommentare über demagogische Politik zu betreiben. Unsere Intention in diesem Buch war es, genau diesen Blickwinkel zu schulen und dazu ein Modell anzubieten, das viele unterschiedliche Muster als gemeinsames Ganzes erkennbar macht. Unser Erzählen von den Mustern der Demagogie hatte die Intention, Ihnen ein Prozesswissen über Demagogie zu vermitteln: die einzelnen Muster und ihre inneren Zusammenhänge verständlich zu machen und Sie damit in die Lage zu versetzen, diese zu erkennen und möglicherweise anzusprechen.

Prozessdenken

Kenntnisse über demagogische Muster können mehrere Vorteile haben:

- Man braucht von einzelnen Aktionen nicht länger überrascht zu sein, weil man ihre Regelmäßigkeit erkennt und sie erwartet.
- Man kann sich von demagogischen Aktionen eher distanzieren, vor allem zu Aussagen, die geeignet sind, Leid zu verursachen (z. B. Angriffe auf die Ehre oder die Integrität einer Person oder auf ihr Aussehen, wie bei rassistischen Äußerungen).
- Man kann sich damit von Energien etwas mehr fernhalten, die schädlich sind, von denen manche Menschen sogar krank werden (z. B. die Hasswolken auf vielen Social-Media-Plattformen, die Demagogen betreiben).

Soll man die Muster direkt ansprechen?

Die Frage, ob man in einem Gespräch Kommunikationsmuster ansprechen soll, kann man nicht allgemein beantworten. Es hängt von Ihrem Ziel, von den Umständen und von Ihren Gesprächspartnern ab. Wenn eines unserer Kinder oder ein anderes Mitglied unserer Familien demagogische Manöver unternimmt, dann werden wir vermutlich nicht mit einem Reden über ihre Muster kontern. Denn stets gilt es abzuwägen: Ist es wichtiger, in Kontakt zu bleiben, kontinuierlich liebevoll zu agieren oder auf Konfrontation zu gehen und vielleicht einen Streit zu riskieren?

In anderen Fällen hingegen macht eine solche Abwägung keinen Sinn. Wenn Sie beispielsweise in der Öffentlichkeit angegriffen werden, am Stammtisch, in Ihrer Gemeinde oder an Ihrem Arbeitsplatz, dann ist es wichtig, dass es Ihnen sowohl persönlich gut geht als auch, dass Sie Ihren Überzeugungen gemäß handeln können. Hier ist die Prozessebene der richtige Weg. Gepaart mit Gelassenheit und innerer Ruhe können Sie Wirkung erzielen. Denn öffentlich zu kommunizieren bedeutet ja immer, auch für beteiligte ZuseherInnen und ZuhörerInnen zu agieren. Vielleicht beobachten Ihre Kolleginnen und Kollegen, ob es Ihnen gelingt, rassistische Aussagen zu unterbinden. Ihr Verhalten kann Einfluss auf das künftige Klima am Arbeitsplatz haben und andere ermutigen, entweder stärker Ihnen oder Ihren demagogiefreundlichen Kollegen nachzueifern.

Noch eine Überlegung: Manche lehnen es ab, Prozesskommentare abzugeben, und das aus gutem Grund. Denn auf einer Prozessebene zu kontern bedeutet im Kern, Kommunikation zu zerstören. Würde man oft oder regelmäßig so agieren, dann könnten wir mit anderen kaum noch sinnvoll reden. In der Familie und bei der Arbeit unterlassen wir meist Prozesskommentare, auch wenn sie uns in den Sinn kommen. Denn wir wollen direkt agieren und nicht andere durch Kommentare nerven, irritieren oder ärgern.

Die Prozessebene von Kommunikation (eine Metaebene zu den Inhalten von dem, was gesagt wird) ist allerdings hilfreich im Gespräch mit Personen, die darauf aus sind, Kommunikation zu zerstören. In Kapitel 4 haben wir das Prinzip des Vertrauens angesprochen, das Demagogen bei anderen voraussetzen, um es ihrerseits zu unterlaufen (Muster 55). Auf diese Weise entsteht eine Schieflage im Gespräch. Wenn Demagogen mit Personen reden, die sie für ihre FEINDE halten, dann werden sie stets danach trachten, persönliche Angriffe zu unternehmen. Eine erste Hilfe kann hier ein Prozesskommentar sein: über die Art, wie hier polemisiert und Politik gemacht wird. Viele Stammtischgespräche, TV-Talks und öffentliche Streitgespräche zeigen genau dies: Die eine Seite will Argumente austauschen, die andere (demagogische) Seite ist nur auf persönliche Konfrontation aus, und der Demagoge oder die Demagogin verlässt im Siegesgefühl den Kampfplatz.

Das demagogische Bild direkt hinterfragen

Das Bild der gespaltenen Gesellschaft ist ungemein einfach. Man kann es in den meisten demagogischen Aktionen direkt erkennen, in anderen schimmert es durch. Dieses Bild direkt zu hinterfragen, kann in vielen Fällen wirkungsvoll sein:

- *»Jetzt habe ich Ihre Aussagen verstanden. Aber sagen Sie mir: Was meinen Sie genau mit Volk? Gehöre ich auch dazu?«*
- *»Wieso gehören so viele nicht zu ›dem Volk‹?«*
- *»Wer sollte denn ›die Elite‹ sein?«*
- *»Wieso hat dann Ihre Partei so reiche Geldgeber, gehören die nicht zur Elite?«*
- *»Wie kann ein Milliardär wie Trump das einfache Volk vertreten?«*

- *»Warum malen Sie immer ein Schwarz-Weiß-Bild? Politik funktioniert doch nicht wie im Märchen.«*
- *»Gibt es bei Ihnen nur Gute und Böse, keine Zwischentöne?«*
- *»Wieso gehören Sie immer zu den Guten und ich immer zu den Bösen? So unterschiedlich sind wir ja auch nicht.«*
- *»Warum gibt die AfD niemals einen Fehler zu, das ist doch auffällig?«*
- *»Jetzt spielen Sie schon wieder das Opfer, wer soll Ihnen das abnehmen?«*

Ärger macht alles nur noch ärger

Demagogen sind Gefühlsmanager. Sie knüpfen an Gefühle an, wollen sie anfeuern und für ihre Pläne nützen. In Begegnung mit einer Kritikerin oder einem Kritiker haben sie ein großes Ziel: diese Person in negative Emotionen zu versetzen. Denn hier steht ein FEIND und ein FEIND soll sich ärgern und im Ärger agieren. Viele misslungene Konfrontationen, auch im TV und in vielen sozialen Medien, zeugen von dieser Schleife: Kritische Menschen wollen sich gegen Demagogen durchsetzen, geraten in Ärger und reagieren unbedacht. In dem so entstandenen Klima sind Demagogen besser zu Hause, sie agieren gekonnt und bekommen Oberwasser.

Hier gilt: Es genügt, dass Demagogen heute über so viel Einfluss verfügen, ich muss mich nicht auch noch ärgern. Wenn ich weiß, dass Demagogen darauf aus sind, mich zu ärgern, dann kann ich das erwarten und bin gewappnet, mich weniger zu ärgern. Ich kann dann vielleicht mehr aus einer Außenperspektive beobachten, welche Manöver Demagogen unternehmen, um mich zu ärgern. Vor allem kann ich mich hüten, wenn Ärger aufsteigt, diesem Ausdruck zu verleihen. Denn meine Gefühle sind mein Besitz, sie gehören mir. Persönliche Gefühle sind im Umgang mit Demagogen zu wertvoll, um sie diesen zu zeigen. Wenn es so gelingt, im Gespräch mit Demagogen die Emotionen herauszuhalten, ist schon viel gewonnen.

Zustandstraining

Ein Beispiel aus der Praxis:

Seit vielen Jahren trainiere ich (Walter Ötsch) Menschen, die lernen wollen, auf demagogische Angebote weniger emotional, ruhiger und selbstbewusster zu reagieren. Der Königsweg dazu ist es zu üben, (1) eine Außenperspektive einzunehmen und sich von dort (2) der eigenen inneren Bilder über die Situation bewusst zu werden und (3) diese direkt zu verändern. Gelingt das, dann ändert sich in vielen Fällen auch das Verhalten erstaunlich rasch. Um das zu verfestigen, ist allerdings Übung notwendig.

Angenommen, eine Person A (zum Beispiel ein Bürgermeister einer kleinen Gemeinde) will lernen, in einer Situation S (die Gemeinderatssitzung) mit einer Person B (der lokale Demagoge, der sehr dominant auftreten kann) ruhig zu agieren. Wie jede Situation, so kann auch die Situation S im Kern durch drei innere Bilder beschrieben werden, die A besitzt. Sie drücken aus, welches Szenarium A über S entwirft und in welcher (mentalen) Welt mein Klient A dabei agiert:

Bild 1: Das Selbstbild von A über sich selbst in der Situation S. Als wer kommt er sich da vor? Welche Identität kommt hier zum Vorschein? Ich frage z. B. A, welche Sätze ihm in den Sinn kommen, wenn er sich vorstellt, in S zu sein. Es geht um Sätze, die mit den Worten »Ich bin …« oder »Ich kann …« beginnen. Wenn A z. B. sagt: »Ich bin hier mutlos. Ich kann in S nichts machen«, dann drückt er damit ein getrübtes Selbstbild in diesem Kontext aus. (In anderen Kontexten agiert A sehr selbstbewusst.)

Bild 2: Das innere Bild bzw. die Vorstellungen, die A über B in S besitzt. Ich frage A: Wie kommt ihm B hier vor? Als welche Person erscheint B in S? Welche Sätze kommen A in den Sinn, wenn er B beschreibt. Zum Beispiel: »B kann sich rücksichtslos durchsetzen. B ist wie eine Lawine.« Damit haben wir einen Hinweis, welches innere Bild A über B im Kontext S besitzt. (In einem anderen Kontext erscheint B wie verwandelt: Am Abend gehen A und B gemeinsam ins Wirtshaus und trinken entspannt ein Bier.)

Bild 3: Das innere Bild, das A über die Situation S selbst besitzt. Was drückt die ganze Szene insgesamt aus? Was wird hier gespielt? Handelt es sich um ein Drama, um einen Krieg, um einen sportlichen Wettstreit, um eine Prüfungssituation, um eine Lernmöglichkeit, …? Aussagen dieser Art beschreiben den Rahmen (das Gesamtbild, den Frame), den A über S entwirft. Die Art, wie A dies macht, ist Teil der Problematik, die der Klient hier erlebt.

Ein typisches Trainingsset in einem Seminarkontext sieht so aus: Seminarteilnehmer A schildert die Problematik mit B in S. Ein anderer Teilnehmer C stellt sich für ein Rollenspiel bereit. Er oder sie spielt mit

A eine Sequenz aus S und nimmt dabei die Rolle von B ein. C wird angehalten, die Rolle von B kraftvoll zu spielen und dabei zu erleben, welche Kraft darin steckt, über A herzufallen und ihm so richtig die Meinung zu sagen. (Sich zeitweise mit der Rolle eines Demagogen zu identifizieren, kann Spaß machen und eine Abhilfe für eine moralische Verurteilung sein.) Dann wird eine erste Sequenz von einigen Minuten gespielt, das Spiel unterbrochen und C aus dem Raum geschickt.

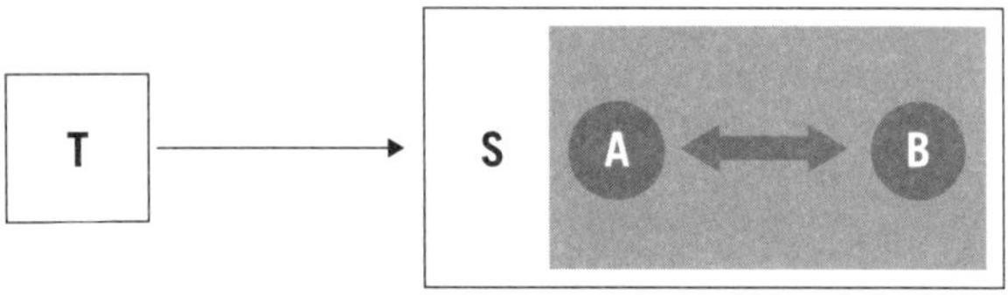

Anschließend soll A den Ort der gespielten Szenerie S verlassen und von außen in einiger Entfernung am Ort T auf diesen Ort S blicken. Es geht darum, einen nüchternen Außenstandpunkt einzunehmen. Jetzt wird erkundet: Was hat A genau getan oder nicht getan? Wie ist es ihm gegangen? Was würde A anders machen wollen?

Angenommen A sagt: »Nein, ich war mit mir gar nicht zufrieden. Ich habe viel zu hektisch agiert und mich unnötig geärgert. Eigentlich möchte ich viel selbstbewusster auftreten.« Damit ist ein klares Ziel formuliert. Im nächsten Schritt wird das direkt geübt. Ich ersuche A (A befindet sich immer noch am Ort T), sich an eine Situation zu erinnern, in der sich A wirklich selbstbewusst gefühlt hat. A denkt jetzt zum Beispiel an ein schönes Erlebnis mit Freunden, die ihn einmal überschwänglich gelobt haben. Ich leite nun A an, sich dieses Erlebnis so intensiv wie möglich vorzustellen: Was gab es da zu hören und zu sehen? Wie haben Sie sich da gefühlt? Wo im Körper spüren Sie dieses gute Gefühl? Können Sie das noch etwas verstärken? Meist kann in kurzer Zeit eine gewisse Intensität erreicht werden. Ich ersuche nun A, an den Ort S zu sehen und sich vorzustellen, dass A genau in diesem Gefühl mit B agieren könnte. Ich frage auch A, ob er sich vorstellen kann, diesen Zustand und sein gutes Gefühl in den nächsten fünf Minuten präsent zu haben. A soll sich vorstellen, wie von T aus genau diese gute Energie in S hineinfließt (siehe den Pfeil von T nach S). Dann geht A wieder zu S und versucht dabei, in dem guten Gefühl zu verbleiben.

Nun hole ich C, der außerhalb des Raumes gewartet hat, wieder herein. C wird angeleitet, wie vorher in S wiederum die Rolle von B zu spielen, genauso kraftvoll wie in der ersten Runde. Im Regelfall entsteht in der zweiten Runde ein ganz anderer Dialog. Meist sind beide über die Unterschiede zur ersten Runde überrascht. A verhält sich dabei deutlich erkennbar anders. Das neue Gefühl (in unserem Fall Selbstbewusstsein) führt direkt zu einem anderen Tun. In fast allen Fällen kann C die intendierte Rolle von B weniger gut spielen und ist überrascht, wie verändert A agiert.

Das Ziel eines solchen Trainings ist, es sich bewusst zu machen,

- in welchem Ausmaß andere uns in unserem inneren Zustand und in unseren Gefühlen beeinflussen,
- dass man sich davon oft rasch distanzieren kann (der Ortswechsel von S nach T ist dazu hilfreich, das kann man auch in Gedanken machen),
- dass es für jede Kommunikation gut ist, ziel- und nicht problemorientiert zu agieren,
- dass der eigene innere Zustand durch bewusst aktivierte Erinnerungen schnell verändert werden kann,
- dass man üben kann – auch für belastende Situationen –, sich auf Bilder zu konzentrieren, die (zumindest eine gewisse Zeit) Kraft, Selbstvertrauen, Gelassenheit (was auch immer brauchbar ist) vermitteln, und
- wie sehr das eigene Verhalten vom jeweiligen inneren Zustand abhängig ist,
- mit anderen Worten: dass auch in belastenden Situationen ein Handlungsspielraum besteht, der unter dem Einfluss schlechter Gefühle nicht erkennbar ist.

All dies muss man allerdings üben. Man kann zum Beispiel eine Routine entwickeln, sich so auf wichtige Begegnungen vorzubereiten. Auf diese Weise kann eine positive Lernspirale entstehen.

Techniken dieser Art dürfen nicht als Lösungen für die Problematik der Demagogie missverstanden werden. Diese liegen auf einer politischen und einer gesellschaftlichen, nicht auf einer individuellen Ebene. Die individuelle Ebene ist ein Ausgangspunkt, nicht mehr. Dies verändern zu wollen (das ist tatsächlich möglich) ist dennoch wertvoll. Denn viele, die Demagogie ablehnen, leiden unter dem Verhalten von sich demagogisch gebärdenden Menschen und fühlen sich hilflos und gelähmt. Notwendig und sinnvoll ist in jedem Fall ein selbstbewusstes Auftreten aus einer Position von Stärke und Kraft. Denn »wir sind die Mehrheit«, sagt der Sozialpsychologe Harald Welzer und fordert ein »aktives Eintreten für die Offene Gesellschaft«.[8] Menschen, die Demokratie und Freiheit lieben, haben allen Grund, sich zu Wort zu melden und demagogischen Dummheiten mit Entschlossenheit entgegenzutreten.

Vorstellungen über demagogisch agierende Menschen

Kommen wir noch mal zu dem geschilderten Seminar zurück. Alternativ oder ergänzend zum Selbstbild von A (oben Bild 1 genannt) kann auch das Bild von B (Bild 2) oder über die ganze Situation (Bild 3) bewusst gemacht und verändert werden. Lehrreich ist es insbesondere, auch das Bild über B direkt zu verändern und im Rollenspiel von beiden Seiten zu erfahren, wie sehr dabei das Verhalten beider Parteien beeinflusst wird.

Eine drastische Variante, die erstaunliche Ergebnisse mit sich bringt, liegt darin, B mit einem Höchstmaß an Wertschätzung zu begegnen. Zum Beispiel kann die Anleitung gegeben werden (wiederum aus der Position T), A solle sich in seiner Phantasie vorstellen, dass er voller Bewunderung sei, wie liebevoll B mit seinen Kindern umgehen kann. Dabei geht es darum, das Verhalten von B (sein demagogisches Agieren) von seiner Qualität als Person (als Mutter oder Vater) deutlich zu trennen. Die Unterscheidung zwischen Person und Verhalten ist vor allem dann angebracht, wenn es sich bei B zum Beispiel um ein Familienmitglied oder um einen Kollegen handelt, mit dem man zusammenarbeiten muss oder will, oder um eine Person, die man für die eigene Sache gewinnen will. Teilnehmer und Teilnehmerinnen meiner Seminare sind oft überrascht, am eigenen Leib zu erfahren, wie stark ihr Verhalten einer anderen Person von ihrem inneren Bild über diese Person abhängig ist. Aber Bilder sind nur Bilder, und Bilder können verändert werden – jedenfalls im Prinzip, manchmal ist das auch nicht möglich. Nur mit dieser Haltung können Menschen, die heute Demagogen nacheifern, wieder in demokratiefördernde Prozesse eingebunden werden. Das verlangt, ihnen Respekt gegenüberzubringen, sowohl individuell als auch kollektiv – von Letzterem reden wir später.

Sich als guter Mensch positionieren

Eine gute Einstellung zu anderen gedeiht nur auf Basis einer guten Einstellung zu sich selbst: zu den eigenen Moralvorstellungen, Werten, Intentionen und persönlichen Überzeugungen. Demagogen gegenüber wird hier oft eine viel zu defensive Haltung eingenommen. Was besagt denn der Vorwurf, man sei ein »*Gutmensch*«? Doch nur, dass man über Moral verfügt, dass man sich selbst als moralisches Wesen erkennt und versucht, ein anständiges Leben zu führen. All das sind Binsenweisheiten. Genauso selbstverständlich sollte es sein, sich mit Stolz und Gelassenheit als guter Mensch zu geben – rechtfertigen muss man das aber nicht.

»*Gutmensch*« als Schimpfwort zu verstehen bedeutet, Selbstverständlichkeiten des menschlichen Lebens in Frage stellen zu wollen. Denn jedes Selbstbild, auch wenn es nicht so toll erscheint, ist immer mit der Zuschreibung von Moral gekoppelt. Menschen können gar nicht anders, als sich selbst als moralisch zu verstehen. Jede und jeder empfindet sich selbst als moralische Person.[9] Mit dem Gerede von den »*Gutmenschen*« wird von Demagogen versucht, eine Selbstbeschreibung von Menschen in Frage zu stellen, die die Basis von Gesellschaft bildet. Denn Moralität ist das Bindeglied jeder Gemeinschaft, ihr sozialer Kitt.

Sind wir gute Menschen? Ja: Im eigenen Selbstbild können wir gar nicht anders sein. Das ist so gewiss, wie es sicher ist, dass morgen die Sonne aufgeht.

Prüfungsstunde

Demagogen sind gut im Thematisieren von Problemen. Sie sprechen Ängste und Befürchtungen an, die oft einen verständlichen Hintergrund haben, darauf kommen wir noch. Aber Demagogen kümmern sich nicht um Sachthemen und Lösungen. Demagogie bedeutet, jedes

Sachthema als Streit von zwei Gruppen zu deuten. Inhalte und Details treten dabei in den Hintergrund, oft gepaart mit bestürzendem Nichtwissen. Im Umgang mit Demagogen sollten regelmäßig Lösungen eingefordert werden. Wer sich lauthals beklagt, sollte auch lauthals Lösungen nennen können: Prüfungsstunde für Demagogen!

So setzte sich zum Beispiel der Wirtschaftsprofessor und Grünen-Abgeordnete Alexander Van der Bellen 2009 im österreichischen Nationalrat ganz ausführlich mit einem dringlichen Antrag von FPÖ-Parteichef Heinz-Christian Strache zum Thema »Abgaben senken« auseinander. In äußerst humorvoller Weise, ironisch (»Der Prüfling verweigert die Antwort«), aber durchaus respektvoll zerlegte Van der Bellen die wirtschaftspolitischen Forderungen des FPÖ-Chefs. Van der Bellen blieb stets bei Straches Zahlen und wies binnen weniger Minuten nach, dass Straches Forderung, die Steuern massiv zu senken und gleichzeitig zu verlangen, dass Bezieher von mehr als 20 000 Euro Monatseinkommen ein Prozent mehr Steuern zahlen müssen, bedeuten würde, dass der Staat etwa 17 Milliarden Euro an Einnahmen verliert und nur 10 Millionen Euro dazubekommt. »Das ist klassische neoliberale Politik, Herr Strache«, stellte Van der Bellen fest.[10]

Über Ängste reden

Demagogen sind Angstspezialisten. Sie sprechen Ängste an, heizen sie an und schieben Ängste als Argument vor sich her – bis hin zu Visionen von Krieg und Bürgerkrieg. Aber viele Ängste haben auch reale Hintergründe. Wenn Trump vom Schicksal verödeter Städte und arbeitsloser Menschen spricht, dann sind diese Ängste realer Natur. Sie handeln von Lebenswirklichkeiten, die angstauslösend sind und Angst machen müssen.

Das Reden von Ängsten den Demagogen zu überlassen bedeutet, ihnen einen Stellenwert zu geben, der ihnen nicht zusteht. Viele, die sich gegen Demagogie aussprechen, vermeiden es, ihrerseits von Ängsten zu reden. Fatal sind Jubelmeldungen über die guten Zustände und die Verurteilung derer, die Ängste thematisieren.

Wie bei so vielem an Demagogie empfiehlt sich auch hier eine entspannte Haltung. Angst zu verspüren und ängstlich zu sein gehört zum Menschsein. Angst ist ein konstitutiver Bestandteil jedes Lebens. Niemand kann ein Leben ohne Angst führen. Jede Kultur hat ihre Ängste, man könnte auch eine Kulturgeschichte von Ängsten schreiben und Jahrhundert für Jahrhundert, Jahrzehnt für Jahrzehnt erkunden, was gerade die größten Ängste gewesen sind. Es gibt auch Modewellen von Angst. Jede Gesellschaft führt ein dauerndes Gespräch über ihre Ängste. Im Reden über Ängste verständigen sich die Mitglieder der Gesellschaft darüber, wer sie sind.[11]

Der Umgang mit Demagogie verlangt auch ein entspanntes und menschliches Reden über Ängste, auch die eigenen – ohne Angst vor der Angst.

Umgang mit Killerphrasen[12]

Demagogische Politik, auch in ihrer Verbreitung im Alltag, lebt im hohen Maße von Killerphrasen, wie etwa »*Niemand kümmert sich um uns*«, »*Die Flüchtlinge zerstören das Sozialsystem*«, »*Alle Politiker sind Gauner*« oder »*Das sind alles nur Verbrecher*«. Solche Sätze geben oft dem Sprecher Power. Sie sind hervorragend geeignet, von Sachthemen abzulenken, Leute zu emotionalisieren (in Zustimmung wie in Ablehnung), dem Sprecher Zeit zu verschaffen und andere zu verwirren. Viele Personen reagieren auf Killerphrasen mit Rückzug oder Resignation. Andere lassen sich zu Emotionsausbrüchen verleiten, in jedem Fall kann die »Führung« des Gesprächs verloren gehen.

Killerphrasen können in einem Zweiergespräch fallen, in Diskussionsrunden, am Stammtisch, bei Vorträgen, bei Verhandlungen usw. Jede dieser Situationen ist in gewissem Sinn einzigartig und erfordert eine spezielle Vorgangsweise. Wichtig ist auch immer das Ziel in der jeweiligen Situation. Was will man erreichen? Will man zum Beispiel den, der eine Killerphrase sagt, auf- oder abwerten – beides kann für bestimmte Ziele förderlich sein.[13]

Will man den Gesprächspartner aufwerten, könnte man sagen:

- *»Ihre Formulierung zeigt, dass ihnen dieser Punkt besonders wichtig ist.«*
- *»Ihre Frage ist berechtigt … Sie haben eben eine sehr wichtige Überlegung gebracht …«*
- *»Das ist ein interessanter Gedanke …«*

Will man ihn aber abwerten, könnte man sagen:

- *»Ihre Formulierung zeigt, dass Sie sich mit dem Thema bestenfalls oberflächlich auseinandergesetzt haben.«*
- *»So ein unsinniges Argument konnte nur von Ihnen kommen …«*
- *»Ihr Einwand lässt klar erkennen, dass Ihnen die großen Zusammenhänge fehlen.«*

Ziel des Umgangs mit Killerphrasen ist es, die Führung zu behalten und die Emotionen bewusst einzusetzen beziehungsweise zurückzuhalten.

Andere Möglichkeiten sind:

Vorbeugen – Nehmen Sie den vermuteten Einwand vorweg:

- *»Sie werden sagen, dass … Dagegen lässt sich einwenden …«*
- Wenn Sie manipulativ vorgehen wollen: *»Nur Dummköpfe wenden dagegen … ein, Dummköpfe deshalb, weil …«*

Den Einwand zurückstellen:

- *»Ihr Einwand ist berechtigt, ich werde später darauf zurückkommen, bitte erlauben Sie mir mein Argument vollständig darzulegen.«* (Sie können den Einwand aufschreiben und ihn später oder gar nicht behandeln.)

Schlüsselbegriffe hervorheben – Verwenden Sie den Schlüsselbegriff aus der Killerphrase und beginnen Sie ihr Argument mit:

- *»X ist kein Problem weil, …«*

Den Einwand in eine Frage umwandeln:

- *»Sie fragen sich also, wie man Politik anders machen könnte?«*
- *»Wenn dieser Einwand geklärt wäre, würden Sie dann das Vorhaben befürworten?«*

Gegenfragen stellen – Lassen Sie sich die Killerphrase genau erklären:

- *»Wie meinen Sie das?«*
- *»Was meinen Sie konkret?«*
- *»Wie definieren Sie den Begriff …?«*

Provozieren:

- *»Sie haben also noch keine Lösung für das Problem XY gefunden?«*

- *»XY ist also für Sie der Kern des Problems …«* Dann Gegenargumente bringen.
- *»Offensichtlich ist Ihnen noch einiges unklar.«*

Provokant ist es auch, Antikillerphrasen zu verwenden – ob das angebracht und wirksam ist, hängt von Ihrem Ziel und der konkreten Situation ab:
- *»Schimpfen kann jeder, aber Lösungen haben Sie auch keine.«*
- *»Wenn alle Sündenböcke beseitigt sind, geht's Ihnen dann wirklich besser?«*
- *»Es ist schwieriger, eine vorgefasste Meinung zu zertrümmern als ein Atom.«*
- *»Sie glauben an das Volk, ich glaube an die Kreativität der Leute.«*

Schnelles Umdeuten

In eine ähnliche Richtung zielen Techniken eines schnellen Umdeutens (Reframing). In manchen Situationen kann dies hilfreich sein (es gibt allerdings viele Fälle, in denen sich das als kontraproduktiv erwiesen hat). Die hier angeführten Möglichkeiten können die Schlagfertigkeit erhöhen. (Wenn Sie hierin ein Naturtalent sind, dann können Sie diesen Abschnitt überspringen.)

Als Beispiel zwei Aussagen des AfD-Vorstandsmitglieds Georg Pazderski:

- *»Zu uns kamen zuletzt* […] *65 Prozent Analphabeten«*, gemeint sind Flüchtlinge.[14]
- *»Die überbordenden Flüchtlingskosten sind einer der Hauptgründe, weshalb die Sozialausgaben 2017 über 40 Prozent steigen werden.«*[15]

Verdichten wir das zu einem Satz: *»Die Analphabeten, die zu uns kommen, fressen den Sozialstaat auf.«*

Hier eine Liste von 14 Möglichkeiten zum schnellen Kontern:

1. Die vermeintliche Absicht (Intention) ansprechen – Die Aufmerksamkeit wird auf eine (positive oder negative) Absicht der Aussage gelenkt:
   »Wollen Sie die Angst vor dem Abbau des Sozialstaates ansprechen oder ausbeuten?«

2. Die Wirkung umlenken – Die Aufmerksamkeit wird auf eine (positive oder negative) Wirkung gerichtet, die durch die Aussage eintreten kann:
   »Ein guter Anlass, um im Schulsystem einiges zu ändern.«
3. Die Aussage neu definieren – Ein Wort in der Aussage wird durch ein neues Wort ersetzt. Das neue Wort bedeutet etwas Ähnliches und lässt neue Folgerungen zu oder dreht den Satz um:
   »Die multinationalen Konzerne, die zu uns kommen, unterminieren den Sozialstaat.«
4. Die Aussage konkret hinterfragen, in spezifischen Details (oben war von »Prüfungsstunde« die Rede):
   »Welcher Posten genau in welcher Höhe ist gemeint?«
5. Die Aussage wird verallgemeinert:
   »Bei 300 Milliarden Euro Budget spielen einige Analphabeten definitiv keine Rolle.«
6. Ein Gegenbeispiel vorbringen:
   »In Kanada lernen die innerhalb von drei Monaten lesen und schreiben.«
7. Ein anderes Ziel anpeilen – Die Pointe in der Aussage wird auf ein anderes Ziel gerichtet:
   »In Syrien gibt es ja kaum Analphabeten. Die haben ein gutes Schulsystem«.
   »Bei einem Budgetüberschuss haben wir mit oder ohne Ausländer kein echtes Finanzierungsproblem.«
8. Ein Märchen oder eine Metapher für die Aussage dazu erzählen:
   »Das kommt mir so vor, als ob man bei einer teuren Hochzeit jammern würde, dass ein paar arme Verwandte auch an der Tafel sitzen.«
9. Die Aussage selbstbezüglich machen, auf die Aussage selbst anwenden:
   »Durch so einen Satz wird nichts aufgefressen.«
10. Die Aussage auf ein höher gelegenes Kriterium umformulieren:
    »Wichtig ist mir nur der soziale Friede. Das darf ruhig kosten.«
11. Die Aussage für einen neuen Kontext umformulieren, z. B. für einen längeren (kürzeren) Zeitrahmen, für eine größere (kleinere) Gruppe von Menschen, für eine größere oder kleinere Perspektive:
    »Längerfristig kann es kein Problem sein, denen lesen und schreiben beizubringen.«
    »Gegen die ökologische Krise sind das Nebenprobleme.«
12. Verallgemeinern auf eine allgemeingültige dahinterliegende Aussage:

»Ich stimme Ihnen zu, dass die Sorge um das Gemeinwohl vorrangig ist. Was ich mich frage: Wie können wir die unterschiedlichen Sichtweisen friedlich integrieren?«

13. Eine neue Landkarte zeichnen, ein neues Denkmodell formulieren:
    »Ist es Ihnen bewusst, dass es ganz andere Vorstellungen gibt, um zu mehr Steuereinnahmen zu kommen?«
14. Den Wahrheitsgehalt der Aussage hinterfragen:
    »Um welche Summen geht es denn?«
    »Kennen Sie denn die Zahlen, was Analphabetisierungskurse wirklich kosten?«

Was man noch tun kann

Im Umgang mit Demagogen kann man zusätzlich auch auf praktische Erfahrungen zurückgreifen, die sich in den vergangenen Jahren als durchaus wirksam erwiesen haben:

- Eigene Inhalte in den Vordergrund stellen
- Zu den eigenen Werten stehen
- Sachlichkeit mit Emotion verbinden
- Positivbilder gegen Negativbilder
- Den Humor nicht vergessen

Eigene Inhalte in den Vordergrund stellen

bedeutet, Politik selbst zu gestalten anstatt sich von den Demagogen hertreiben zu lassen und ihnen damit die Themenführerschaft zu überlassen.

Je öfter wir die Demagogen in den Vordergrund stellen, desto größer machen wir sie. Ein besonders radikales Beispiel war der Slogan von Hillary Clinton gegen Donald Trump. Clinton setzte auf »Love Trumps Hate«, frei übersetzt: »Die Liebe triumphiert über den Hass«. Quer durch die USA hielten Clinton-Unterstützer derartige Schilder hoch, selbst der berühmte Popstar Lady Gaga stellte Bilder von sich mit einem »Love Trumps Hate«-Schild auf Twitter. Erreicht wurde damit genau das Gegenteil: Zum einen hat Clinton mit diesem Slogan permanent den politischen Gegner in ihren Wahlkampf geholt. Zum zweiten löste der Slogan auch den in der Psychologie bekannten »Priming-Effekt« aus: Jedes Wort aktiviert Gefühle und Assoziationen, die auf das direkt nachfolgende Wort abstrahlen. Das Wort »Love« beschreibt vermutlich das stärkste positive Gefühl. Als erstes Wort im Satz verbindet es dieses Gefühl mit dem zweiten, nämlich mit »Trumps«. In der Kurzformel wird das zum Befehl »Love Trumps«, man soll die Trumps lieben. Besser konnte man für Trump gar nicht werben.[17]

Wer Demagogen etwas entgegensetzen möchte, sollte sich hingegen vor allem auf die eigenen Inhalte konzentrieren. Wer stets nur die von Demagogen vorgegebenen Themen aufnimmt, wem als Reaktion auf den Aufstieg extrem rechter Parteien nichts Besseres einfällt als zum Beispiel eine Asylgesetznovelle nach der anderen zu beschließen, öffentlich über Mauern gegen Flüchtlinge und eine Abschottung gegen alles Fremde zu diskutieren, braucht sich nicht zu wundern, dass die Demagogen noch größeren Zulauf bekommen. Denn das Original ist immer besser als die Kopie.

Viel wichtiger ist, zu signalisieren, wofür man steht. Selbstbewusst agieren ist stets besser, als auf die Politik der Demagogen zu reagieren. Dafür braucht es aber klare Inhalte und starke Werte.

Zu den eigenen Werten stehen

bedeutet, klare Grundsätze zu haben und zu diesen auch in schwierigen Zeiten zu stehen. Grund- und Menschenrechte gelten universell oder gar nicht. Wer schon bei leichtem Gegenwind ins Wanken gerät, darf sich nicht wundern, wenn ihm niemand vertraut. Klare Grundsätze zu haben, bedeutet nicht, immer auf alles sofort eine Antwort haben zu müssen. Sondern auch in schwierigen Zeiten zu wissen, wofür man steht. Dass die Sozialdemokratie im Wiener Landtagswahlkampf 2015 sich offen gegen den Anti-Flüchtlings-Wahlkampf der FPÖ stellte und der Wiener Bürgermeister Michael Häupl (SPÖ) im Wahlkampf gemeinsam mit dem Wiener Kardinal Christoph Schönborn ein Asylheim besuchte und erklärte: »Wenn Menschen vor Terror, Krieg und Hungertod flüchten, dann bekommen sie bei uns Hilfe«,[18] machte Eindruck. Die seit Jahrzehnten in Wien regierende SPÖ hatte zwar Prozentpunkte verloren, den ersten Platz in der Stadt konnte sie aber gegen die FPÖ klar verteidigen.

Sachlichkeit mit Emotion verbinden

bewirkt, dass die Menschen den eigenen Inhalten aufmerksam zuhören und Glauben schenken. Emotional vorgetragene Sachlichkeit ist das Gegenteil von Bürokratensprech. Ein besonders gelungenes Beispiel dafür fand sich während der Bundespräsidentschaftswahl in Österreich 2016. Damals mischte ein Video mit dem Titel »Meine letzte Wahl« den Wahlkampf auf.

Darin spricht eine 89-jährige Holocaust-Überlebende mit dem Vornamen Gertrude (der Nachname wurde nicht veröffentlicht, um die alte Dame nicht zu gefährden), die als einzige in ihrer Familie nicht von den Nazis ermordet wurde, kurz vor der Bundespräsidentschaftswahl zu den Wählerinnen und Wählern. In einer äußerst emotionalen, aber durchaus unaufgeregten und sachlichen Ansprache erzählte sie, dass sie im Bürgerkrieg des Jahres 1934 ihre ersten Toten gesehen habe. Dass FPÖ-Chef Strache nun von einem möglichen Bürgerkrieg spreche und dass politische Demagogen nun wieder versuchen, »das Niedrigste aus den Leuten« herauszuholen, erinnere sie an die 1930er-Jahre. Frau Gertrude rief auf, Van der Bellen zu wählen, und erklärte in diesem Video, wieso das aus ihrer Sicht die bessere Wahl für das Land sei.

Das Video wurde vom Wahlkampfteam des unabhängigen Kandidaten Alexander Van der Bellen online gestellt und brachte es binnen nur vier Tagen auf knapp drei Millionen Klicks. Es wurde von zahlreichen Medien im In- und Ausland aufgegriffen und gilt als mitentscheidend dafür, dass Van der Bellen und nicht der FPÖ-Kandidat Norbert Hofer zum neuen Bundespräsidenten von Österreich gewählt wurde.

Positivbilder gegen Negativbilder

Das Negative herbeibeschwören, das beherrschen Demagogen perfekt. Man sollte ihnen also besser dort begegnen, wo sie keine Meister sind. In seiner erfolgreichen Wahlkampagne konzentrierte sich der parteilose Kandidat Van der Bellen auf ausschließlich positive Bilder. Van der Bellen zeichnete ein optimistisches Bild der Zukunft, betonte das Gemeinsame, warb mit Slogans wie »Für unser vielgeliebtes Österreich«. Mut schlägt Hoffnungslosigkeit – zumindest war dies bei dieser Wahl so. Van der Bellen startete auf beinahe hoffnungsloser Stelle gegen seinen Konkurrenten Norbert Hofer. Der FPÖ-Kandidat Hofer kam im ersten Wahlgang bei sechs Kandidaten auf 35,05 Prozent der Wählerstimmen, Van der Bellen auf nur 21,34 Prozent. Trotzdem gelang es Van der Bellen nicht zuletzt durch die Betonung eines Positivbildes von Österreich (auch als »Heimat«), die Wählerinnen und Wähler so zu mobilisieren, dass er die Wahl schlussendlich mit 53,8 Prozent gewann.

Den Humor nicht vergessen

Die Welt ist bekanntlich nicht so böse, wie sie von Demagogen gerne dargestellt wird. Deshalb sollten auch diejenigen, die gegen Demagogie auftreten, nicht so agieren, als durchwanderten sie gerade ein irdisches Jammertal. Wer im Kampf gegen rechte Demagogie den Humor verliert, der hat schon verloren.

In Ungarn macht eine Satiregruppe unter dem Namen »Partei des zweischwänzigen Hundes« durchaus erfolgreich gegen Orbáns Populismus mobil. Als Orbán quer durch das Land Plakate mit dem Text »*Wenn du in unser Land kommst, musst du unsere Gesetze befolgen*« aufhängen ließ (die sich zwar offiziell an Flüchtlinge richteten, aber, da sie nur auf Ungarisch geschrieben waren, tatsächlich nur dazu geeignet waren, die Ungarinnen und Ungarn für sich zu mobilisieren), antwortete der zweischwänzige Hund mit eigenen Plakaten. Diese waren im Layout an die Regierungsplakate angelehnt, auf ihnen stand aber: »*Wenn du ungarischer Premierminister bist, musst du unsere Gesetze befolgen*« oder (auf Englisch, damit es auch die Flüchtlinge verstehen): »*Sorry für unseren Premierminister*«. Als Orbán in einer »*Wussten Sie?*«-Kampagne Sätze wie »*Seit Beginn der Migrationskrise ist die sexuelle Belästigung von Frauen sprunghaft angestiegen*«, plakatieren ließ, antwortete der zweischwänzige Hund ebenfalls mit Plakaten, auf denen Sätze wie »*Wussten Sie? Brüssel ist eine Stadt*« oder »*Wussten Sie? In Syrien ist Krieg*« zu lesen waren.[19]

Geschichtsmythen

Demagogen leben von der Fiktion der GUTEN im Kampf gegen die BÖSEN. Die Willkür, mit der dabei Menschen als GUT oder BÖSE eingeteilt werden, entspricht der Willkür, mit dem Demagogen mit vergangenen Ereignissen umgehen: die Geschichte der WIR gerät zum Heldenmythos, die der ANDEREN wird zum Schurkenepos.

Demagogen denken Gegenwart, Vergangenheit und Zukunft so:

- Die Gegenwart wird schlechtgeredet, sie erscheint in düsterem Licht. Denn die ANDEREN sind an der Macht und WIR sind ihre Opfer.
- Die Vergangenheit hingegen wird verklärt und überhöht: WIR besitzen eine glänzende Vergangenheit, die UNS heute mit Stolz erfüllt.
- Aber der Weg von der glorreichen Vergangenheit bis in die Jetztzeit war ein schmerzhafter »Abstieg«. WIR haben dabei etwas Wichtiges verloren.
- Für die Zukunft entwirft Demagogie somit zwei getrennte Szenarien:
  - Bleiben die ANDEREN an der Macht, dann droht der absolute Horror, ein Schrecken ohne Ende.
  - Kommt aber SUPER-WIR an die Macht, dann wird sich das Blatt drastisch wenden. Nur so kann die Zukunft in hellem Licht erscheinen.

Das demagogische Heil liegt demnach nicht in einer offenen Zukunft, die es gemeinsam zu gestalten gilt, sondern in einer Zukunft, die nach dem Ideal der »guten alten Zeit« vom SUPER-WIR gemacht werden soll. Demagogie ist prinzipiell vergangenheitsorientiert und autoritär. Ihre Heilserwartungen basieren auf der Vorstellung einer rückverwandelten Gesellschaft. Dieser Prozess basiert auf der Illusion, man könne die Gesellschaft von morgen nach einem Bild von gestern umgestalten. Das Werkzeug dazu ist, SUPER-WIR mit so viel Macht auszustatten, dass die Gesellschaft im Kern verändert werden kann.

Muster 70: Verbreiten Sie den Mythos von der guten alten Zeit.

Demagogen aller Länder entwerfen den Mythos einer glorreichen Vergangenheit, aus dem sie ihre Zukunftsvisionen beziehen. Die fiktive Großartigkeit der gegenwärtigen WIR wird in die Vergangenheit projiziert und irgendwo in naher oder ferner Vergangenheit eine »gute alte Zeit« fixiert. Demagogen gehen dabei erfindungsreich vor. Flexibel und willkürlich werden Versatzstücke der Geschichte zu einem Mythos verklumpt. Der AfD-Politiker Björn Höcke beschwörte am 23. September 2015 auf einer Demonstration in Erfurt gar Jahrtausende: »*Thüringer! Deutsche! 3000 Jahre Europa! 1000 Jahre*

Deutschland! Ich gebe euch nicht her und ich weiß: ihr gebt sie auch nicht her!«[20] Und Marine Le Pen träumt von der Zeit, als Frankreich noch als »*grande nation*« eine Kolonialmacht war – oder von einer noch früheren Epoche, denn Jeanne d'Arc ist so etwas wie ihre Wappenfigur und sie hält auch Reden mit der Statue der Jungfrau von Orleans im Hintergrund.

Die FPÖ instrumentalisiert regelmäßig die türkischen Belagerungen Wiens der Jahre 1529 und 1683. Strache posierte als »*Retter*« vor dem Gemälde des Türkenbesiegers Prinz Eugen, er postete einen Artikel des berühmten Feldherren, der das Osmanische Heer in die Flucht geschlagen hatte, auf Facebook und schrieb dazu: »*Zur Erinnerung! Auch heute brauchen wir eine Rettung in Wien und Europa!*« Im September 2016 feierte die FPÖ ganz offiziell den 333. Jahrestag des Endes der Türkenbelagerung unter dem Motto »*Abendland beschützen, damals wie heute*«.[21]

Viktor Orbán ließ 2011 im Brüsseler EU-Ratsgebäude einen »*Geschichtsteppich*« ausstellen, der Ungarn in den Grenzen von 1848 zeigt. Sein Ideal ist das Großungarische Reich, das vor dem Ersten Weltkrieg als Teil der »k.u.k.« (kaiserlich und königlichen) österreichisch-ungarischen Monarchie bestanden hat. Im Vertrag von Trianon aus dem Jahre 1920 gingen dann zwei Drittel des historischen ungarischen Königsreichs an andere Staaten »*verloren*«. Orbán hat genau dieses große Reich im Visier. Magyaren, die im Ausland leben, können heute auch die ungarische Staatsbürgerschaft erwerben.[22] Orbáns ungarische WIR leben nicht innerhalb der Staatsgrenzen des heutigen Ungarns. Mental bereitet er damit eine Verschiebung der Grenzen vor, ein Krieg ist möglich.

Die FPÖ schlägt in dieselbe Kerbe: Denn im Jahre 1919 hat Österreich das deutschsprachige Südtirol an Italien »*verloren*«: »*Unrechtsgrenzen bleiben Unrechtsgrenzen, Völkerrechtsverbrechen bleiben zu sühnende Verbrechen und verjähren nicht*«, meint Strache zu diesem Thema.[23] Und Trumps »*Make America Great Again*« beschwört im »*Again*« eine heile vergangene Zeit herauf, als die USA noch ein starkes Industrieland gewesen und – wie Trump argumentiert – noch nicht unter die Räder »der Globalisierung« gekommen sind. Auch der Niederländer Geert Wilders appelliert an eine noch nicht lange vergangene Zeit. Sein erfundenes Pärchen »*Henk und Ingrid*« lebt vermutlich vor zwei Generationen. Es steht für das gute Leben in der Idylle einer beschaulichen Vorstadt, von heutigen Problemen verschont – während die Niederlande als Kolonialmacht früher für Reichtum und Einfluss standen. In allen Fällen wird ein seltsames Gebilde errichtet: die Vision einer heilen, abgegrenzten Welt, die gleichzeitig machtvoll nach außen wirkt.

Bilder über die Zeit

Warum erwähnen wir das am Schluss unseres Buches?

Unsere Darstellung der Demagogie beruht auf der Annahme der Wichtigkeit innerer Bilder, es ging um ein Bild der Gesellschaft (Kapitel 1), wie dies mittels Sprache bei anderen hervorgerufen wird und wie dadurch Wahrnehmung verändert werden kann (Kapitel 2). Dieses Bild kann bewusst gemacht und verändert werden – das ist unsere Grundidee. Neben Bildern über die Gesellschaft gibt es andere Bilder mit gleicher Wichtigkeit. Für jede und jeden von uns spielt dabei das eigene Selbstbild eine entscheidende Rolle, davon war in diesem Kapitel kurz die Rede. Aber ein Selbstbild ist immer auch mit einem Geschichtsbild verknüpft. Wenn ich jemandem erkläre, wer ich bin, dann muss ich meine Geschichte (meine Geschichten) erzählen. Mit anderen Worten: Ich muss eine Geschichte entwerfen, die natürlich mit meinem Leben zu tun hat, aber auch willkürliche und wandelbare Aspekte besitzt. Eine Trennung zum Beispiel von einem ehemals geliebten Partner oder von einer ehemals geliebten Partnerin verändert notwendig die Geschichte über die gemeinsam erlebte Zeit. Die historischen Daten haben sich nicht verrückt, aber unsere Erzählung wurde verwandelt. Heute (nach der Trennung) berichten wir unseren Freunden eine andere Biographie über die Zeit vor der Trennung, als wir dies damals (vor der Trennung) taten. In jeder Geschichte erzählen wir ihnen – damals wie heute –, wer wir sind. Bilder und Vorstellungen über die eigene Geschichte haben mit Bildern und Vorstellungen über die eigene Identität zu tun. Selbstbilder und Bilder über die eigene Vergangenheit sind untrennbar verbunden.

Die Gegenwartswirkung von Zukunftsbildern

Was hat das mit Zukunftsbildern zu tun? Geht es hier auch um den Einfluss auf Selbstbilder? Oder handelt sich es nur um Chimären, die keine wirkliche Bedeutung besitzen, weil niemand weiß, wie die Zukunft aussehen wird?

Vergangenheits- und Zukunftsbilder gelten als qualitativ verschieden. Die Vergangenheit habe ich ja erlebt, sie erscheint als real, und die Zukunft ist immer ungewiss – so viel ist gewiss. Aber die Bedeutung von Zukunftsbildern liegt nicht in ihrem Realitätsgehalt, sondern in ihrer Wirkung auf die Gegenwart, das wird von vielen unterschätzt. Denn der Mensch ist auch ein bildgebendes Wesen, der Philosoph Hans Jonas hat dafür den Ausdruck »Homo pictor« geprägt.[24] Das meiste, was wir tun, ist auf die Zukunft gerichtet. Wenn Sie jetzt zum Beispiel auf die nächste Seite umblättern, dann wird automatisch ein inneres Bild aktiviert, das im Detail beschreibt, wie Sie das genau machen werden. Ob Ihnen dieses Bild bewusst ist oder nicht, tut nichts zur Sache. Es steht Ihnen immer frei, sich jetzt dessen bewusst zu werden.

Man könnte es auch so formulieren: In jedem Handeln sind Zukunftsbilder versteckt. Wenn ich anschließend den Raum verlassen werde, in dem ich mich jetzt aufhalte, dann handle ich aus der erlernten Vorstellung (einem Bild), wie es in dem anschließenden Raum aussieht. Bevor ich losstarte, »sehe« ich mich gleichsam, wie ich gehen werde: ein Bild meiner allernächsten Zukunft. Jeder einzelne Schritt braucht sein Bild. Bei jeder Entscheidung werden Zukunftsbilder entworfen. Soll ich mich heute mit A treffen, wie lange wird das dauern, worüber werden wir sprechen? Die Begegnung mit A wird mit vielen Vorstellungen mental vorbereitet. Ich simuliere den Ort und die Situation mit A.

Mit anderen Worten: Zukunftsvorstellungen sind ein alltägliches Phänomen. Sie begleiten uns die ganze Zeit. Ob diese Bilder richtig oder falsch sind (in der Bedeutung, ob sie uns etwas zeigen, was eintreffen wird oder nicht), ist dabei nicht von Belang. Wichtig ist, dass sie immer vorhanden sind. In ihrer Existenz legen sie aber auch fest, was unsere aktuellen Handlungsoptionen sind. Dieser Tatbestand gilt für alles, was wir tun. Jedes Tun ist von Zukunftsbildern beeinflusst.

Wie im Kleinen so im Großen. Individuelle Zukunftsbilder beeinflussen individuelles Leben. Auch auf der Ebene der Politik und der Gesellschaft werden andauernd bewusst oder unbewusst Zukunftsbilder entworfen. Manche dieser Bilder setzen sich durch und werden dominant, viele haben keine Wirkung. Die Handlungsoptionen, die eine Gesellschaft in der Gegenwart besitzt, haben mit ihren Zukunftsbildern zu tun. Nicht ihre Vorhersagekraft (die Zukunft wird ohnehin anders sein), sondern ihre Wirkungen auf die Gegenwart sind entscheidend. Die Menschen haben die Macht, fiktive Bilder über eine immer unbekannte Zukunft zu entwerfen. Diese Bilder werfen ihr

Licht auf die Gegenwart zurück. Sie strahlen gleichsam aus der fiktiven Zukunft auf das reale Heute. Dort werden sie handlungswirksam, weil sie Grenzen abstecken, was kollektiv als möglich erachtet wird und was eben nicht.

Die Zukunftsbilder der Gesellschaft

So betrachtet besitzt jede Gesellschaft ihre Zukunftsbilder, ob es ihr bewusst ist oder nicht – das heißt ob sie darüber einen Diskurs führt oder nicht. Über innere Bilder muss man ja nicht zwingend reden. Der heutigen Demagogie wurde jahrzehntelang der Boden bereitet. Und zwar durch eine Politik, die keine expliziten Zukunftsbilder entworfen hat, das heißt auf einen kraftvollen Zukunftsdiskurs verzichtet hat. Denn viele Jahre wurde der Schlachtruf »*Es gibt keine Alternative*« gelebt. Aber auch das ist ein Zukunftsbild: die Vorstellung, dass es Prozesse gibt, die man politisch nicht oder nicht mehr gestalten kann. Die Zukunft erscheint dabei als ein Raum, der von der Politik aktiv nicht mehr bespielt wird und – so die Ideologie – nicht mehr bespielt werden kann. Demagogische Bedrohungs- und Verheißungsbilder sind damit auch eine Antwort auf die behauptete Alternativlosigkeit von Politik. Wenn Trump gegen »die Globalisierung« vorgeht, dann zeigt er, dass angesichts »der Globalisierung« sehr wohl eine aktive Politik möglich ist. Genau das macht ihn für seine Fans attraktiv. Aber diese Möglichkeit hätte und hat es immer gegeben. Die Politik, die sich als alternativlos gebärdet, verfährt so: Sie stellt aktiv jene Bedingungen her, auf die sie sich dann beruft, wenn sie ihre Alternativlosigkeit beklagt. Dass so viele Menschen Demagogen zulaufen, ist auch Ausdruck einer Gegenposition zu jenen, die einen positiven Zukunftsdiskurs verweigern. Denn die Demagogen verheißen ihnen eine strahlende Zukunft – freilich mit ungenügenden und gefährlichen Bildern.

Auf Deutschland bezogen: Jahrelang wurde gesagt, es gäbe keine Alternative, und die Antwort war die Alternative für Deutschland.

Die Implikationen dieser Gedanken liegen auf der Hand. Wenn es kollektiv nicht gelingt, attraktive Bilder über mögliche Zukunftsszenarien zu entwerfen, dann werden die Demagogen in ihrer Bedeutung weiter steigen. Aber hier liegt auch die große Chance für alle, die über das Anwachsen der Demagogie in Europa und in den USA besorgt sind. Ihr Ziel sollte es sein, einen neuen Diskurs über attraktive Zukunftsbilder zu starten: Wie sollte die Gesellschaft in fünf, zehn oder zwanzig Jahren aussehen? Viele machen sich genau darüber kluge Gedanken. Sie zu stärken ist das wichtigste Moment im Kampf gegen Demagogie. Denn eines ist gewiss: Demagogen können die Zukunft nur als Hölle der ANDEREN oder als illusorischen Himmel der WIR entwerfen – und aus diesem »Paradies« ist bereits ein Großteil der Bevölkerung vertrieben. Die Zukunft der Demokratie liegt nicht in Ausschluss und Spaltung (die Stärke der Demagogen), sondern in Einschluss und Integration.

Dazu braucht es neue Bilder einer bunten und freien Gesellschaft. Die Demagogen geben uns eine machtvolle Lehrstunde. Ihr Inhalt ist das Wiedererlernen der Fähigkeit, kollektive Zukunftsbilder zu entwerfen, dafür Verbündete und Netzwerke zu suchen und mit langem Atem umzusetzen.[25] Dazu müssen – das ist unsere Überzeugung – vor allem jene Bilder gebrochen werden, die das Vorhandensein von Kräften besagen, gegen die Politik nichts ausrichten kann (wie das Bild »des Marktes« oder »der Globalisierung«, beide in der Einzahl).[26] Bilder dieser Art sind eine Illusion, sie befördern letztlich Demagogie. Denn den Bildern der Demagogen, die sich als handlungsfähig geben (und handlungsfähig sind), kann nur mit der Vorstellung einer prinzipiell handlungsfähigen Politik begegnet werden.

Viele, die Demagogen nachrennen, sind von der Sorge nicht um sich selbst, sondern um die Zukunft ihrer Kinder erfüllt. Sie werden nur dann von den Demagogen ablassen, wenn es attraktive Zukunftsalternativen gibt, die das Leben ihrer Kinder in rosigerem Licht erscheinen lassen. Diese Bilder werden nicht die Zukunft bannen, das können Zukunftsbilder niemals leisten. Aber sie werden Möglichkeiten sichtbar machen, angesichts derer das, was Demagogen anbieten, lächerlich wirken wird.

Alle neuen Entwicklungen in der Geschichte der Menschheit haben sich aus Zukunftsbildern gespeist. Lasst uns einen lebendigen Zukunftsdiskurs starten. Aber zuerst müssen wir gemeinsam die Demagogen zurückdrängen. Denn das Rumpelstilzchen, das brauchen wir nur im Märchen.

Danksagungen

Ein solches Buch ist nur mit der Unterstützung zahlreicher Personen möglich. Stellvertretend für viele andere bedanken wir uns bei Lucas Derks für die Zeichnung auf Seite 14, Benedikt Narodoslawsky für die Überlassung einer Zitatesammlung, Karl Bayer für Recherchen zur Freiheitlichen Partei Österreichs, Silja Graupe, Stephan Pühringer und Ruth Wodak für den Ideenaustausch zu rechtspopulistischen Denkweisen, Niko Mayr für viele hilfreiche Diskussionen, Markus Weyand und Boris Wucherer für den technischen Support, Sebastian Wiese für kluge Anmerkungen, Traude und Fred Horaczek für ihre Unterstützung sowie bei der Politikredaktion der Wochenzeitung *Falter*. Wir bedanken uns bei den vielen Personen, die uns zu Vorträgen eingeladen und uns mit ihrer Kritik bereichert haben. Unser ganz besonderer Dank gilt Doris, Peter, Fanny, Jasper und Zora für ihr Verständnis und ihre Geduld.

Filmprojekt zum Buch

Als Ergänzung zu diesem Buch hat Walter Ötsch unter der Regie von Niko Mayr den Film »Rechtsruck. Zehn Gespräche. Gegen Angst« gemacht. Darin wurden zehn Expertinnen und Experten zur Frage interviewt, wie sie sich das Ansteigen des Rechtspopulismus erklären. Ich bedanke mich bei folgenden Personen, sie haben meinen Blick auf die Rechtsdemagogie verändert: Isolde Charim (Philosophin und Publizistin, Wien), Klaus Dörre (Soziologe, Friedrich-Schiller-Universität, Jena), Silja Graupe (Ökonomin und Philosophin, Cusanus Hochschule, Bernkastel-Kues), Sabine am Orde (Journalistin, *taz*), Klaus Ottomeyer (Sozialpsychologe und Psychoanalytiker, Universität Klagenfurt), Walter Pachler (Psychotherapeut, Pro mente, Wels), Harald Schwaetzer (Philosoph, Cusanus Hochschule, Bernkastel-Kues), Marlene Streeruwitz (Schriftstellerin, Wien), Claus Thomasberger (Ökonom, Hochschule für Technik und Wirtschaft, Berlin) und Ruth Wodak (Sprachwissenschaftlerin, Universität Lancaster und Universität Wien).

Den Film können Sie im Youtube-Kanal von Walter Ötsch sehen: https://youtu.be/O1zLUVr8Uc8

Liste der Muster der Demagogie

Kap. 1 Erfinden Sie sich Ihre eigene Welt

1. Erfinden Sie eine Gesellschaft, die nur aus zwei Gruppen besteht: den WIR und den ANDEREN.
2. Reduzieren Sie alles auf Ihre Kernbotschaft.
3. Erfinden Sie Kose- und Hassnamen für die ANDEREN.
4. Machen Sie die WIR schön und die ANDEREN hässlich.
5. Gestehen Sie den ANDEREN nicht einen Funken Moral zu.
6. Ja keine Grautöne!
7. Bleiben Sie in Ihrem starren Schema flexibel.
8. Werden Sie zum Superstar.
9. Machen Sie SUPER-WIR super-schön.
10. Jesus war gestern. Jetzt rettet uns SUPER-WIR.
11. Machen Sie SUPER-WIR zum Überirdischen.
12. Geben Sie niemals einen Fehler zu.
13. Wechseln Sie blitzschnell in die Opferrolle.
14. Erfinden Sie Sündenböcke.
15. Immer den bösen Einzelfall verallgemeinern.
16. Vergleichen Sie immer Äpfel mit Birnen.
17. Ignorieren Sie Statistiken, erfinden Sie Zahlen.
18. Beschränken Sie Ihre Agitation auf wenige Themen.

Kap. 2 Werden Sie zum Gefühls-Manager

19. Verwenden Sie eine gefühlvolle Sprache.
20. Beschimpfen Sie Ihre FEINDE.
21. Schmähen Sie die Körper der ANDEREN.
22. Bezeichnen Sie die ANDEREN als Tiere.
23. Regen Sie Gewaltphantasien an.
24. Drohen Sie ANDEREN.
25. Kein Mitleid mit den ANDEREN.
26. Unterstellen Sie den ANDEREN jedes Verbrechen.
27. Kommentieren Sie »Unerfreuliches« für die WIR in nüchterner Sachsprache.
28. Verteidigen Sie die Hasssprache des SUPER-WIR mit Sachsprache.
29. Für DIE WIR nur Liebessprache.
30. Geben Sie herkömmlichen politischen Begriffen eine neue Bedeutung.
31. Bezeichnen Sie das Tun der ANDEREN als Missbrauch.
32. Wiederholen, wiederholen, wiederholen.
33. Verknüpfen Sie Dinge, die eigentlich nicht zusammengehören.
34. Erzählen Sie Geschichten.
35. Setzen Sie gezielt Symbole mit hoher Gefühlswirkung ein.

Kap. 3	**Schaffen Sie sich eine sektenähnliche Organisation**
36.	Schaffen Sie sich eine Organisation nach dem Vorbild einer Sekte.
37.	Umgeben Sie sich mit einer kleinen Schar absolut Getreuer.
38.	Fordern Sie Unterwerfung.
39.	Geben Sie sich ein Willens-, Wissens- und Erklärungsmonopol.
40.	Fordern Sie Loyalität. Seien Sie illoyal.
41.	Demütigen Sie Abtrünnige.
42.	Verleihen Sie sich selbst mehrere Image-Bilder. Ignorieren Sie Widersprüche.
43.	Übernehmen Sie keine Verantwortung.
44.	Grenzen Sie aus.
45.	Behaupten Sie, dass die ANDEREN Sie ausgrenzen.
Kap. 4	**Führen Sie**
46.	Gleichen Sie sich Ihrer Zielgruppe an.
47.	Klopfen Sie kurze Sprüche mit hohem Aufmerksamkeitswert.
48.	Brechen Sie Tabus.
49.	Erregen Sie Aufsehen durch Nazisprüche.
50.	Erheben Sie einen Vorwurf. Kündigen Sie Beweise für später an.
51.	Emotionalisieren Sie termingerecht.
52.	Kooperieren Sie mit dem medialen Platzhirsch.
53.	Schaffen Sie sich ihre eigene Medienwelt.
54.	Nützen Sie ganz gezielt Social Media zur Selbstdarstellung.
55.	Setzen Sie das Prinzip des Vertrauens (teilweise) außer Kraft.
56.	Lügen Sie. Setzen Sie »Fakten« außer Kraft.
57.	Dementieren Sie, was Sie wollen.
58.	Leugnen Sie jedes Muster.
59.	Werfen Sie den FEINDEN das vor, was Sie gerade tun.
60.	Geloben Sie Besserung.
Kap. 5	**Übernehmen Sie die Macht**
61.	Verbreiten Sie Verschwörungs-Mythen.
62.	Planen Sie langfristig eine radikale Änderung des politischen Systems.
63.	Stellen Sie jede moralische Autorität in Frage.
64.	Bauen Sie den Staat um.
65.	Eskalieren Sie.
66.	Bündeln Sie Ihre FEINDE.
67.	Lassen Sie Ihre FEINDE Ihre Arbeit tun.
68.	Befragen Sie »das Volk«. Aber richtig.
69.	Bereiten Sie den Mega-Hype vor.
Kap. 6	**Widerstehen Sie den Demagogen**
70.	Verbreiten Sie den Mythos von der guten alten Zeit.

Anmerkungen

1. Erfinden Sie sich Ihre eigene Welt

1 »I define populism as an ideology that considers society to be ultimately separated into two homogeneous and antagonistic groups, ›the pure people‹ versus ›the corrupt elite‹, and which argues that politics should be an expression of the volonté générale (general will) of the people« (Mudde 2004), vgl. auch Mudde 2017, 6. Mudde definiert Populismus als Idee. Wir beziehen diese Idee auf ein Bild (wir gehen davon aus, dass Kognitionen auf Bildern beruhen) und sprechen von einem »demagogischen Bild«.

2 Vgl. dazu Reisigl und Wodak 2000, Kapitel 12 für rassistisches Denken als Sonderfall des demagogischen Denkens in der Bedeutung, wie es in diesem Buch verwendet wird. Zum Begriff der Demagogie vgl. Signer 2009, 34 ff.

3 Zitiert nach Walter Kohl: FPÖ eröffnet Wahlkampf mit Ausländerthema. *Der Standard* vom 15.09.1997.

4 OTS-Meldung vom 27.02.1998.

5 Rede von Heinz-Christian Strache am 28.10.2011 am Stephansplatz, 1. Bezirk, Wien, www.youtube.com/watch?v=ObEgJI3W70c, abgerufen am 01.06.2017.

6 Jan-Werner Müller: Das Prinzip Verantwortungslosigkeit. *Süddeutsche Zeitung* vom 13.02.2017.

7 Matteo Salvini: Rede bei der ENF-Konferenz in Koblenz, 21.01.2017, Übersetzung von Michael Mannheimer, michael-mannheimer.net/2017/01/23/enf-in-koblenz-es-spricht-matte-salvini-lega-nord, abgerufen am 15.05.2017.

8 Howanietz 2013, 12.

9 Matthias Krupa: Bös zu sein, bedarf es wenig. *Die Zeit* 11/2017.

10 Nina Horaczek: Radikal normal. *Falter* 17/2015.

11 Wirrer AfD-Politiker hisst Deutschlandfahne bei Jauch. Welt.de vom 19.10.2015, wwww.welt.de/vermischtes/article147757587/Wirrer-AfD-Politiker-hisst-Deutschlandfahne-bei-Jauch.html, abgerufen am 01.06.2017.

12 Auf einer Demonstration in Erfurt im März 2016. Vgl. www.focus.de/politik/deutschland/bjoern-hoecke-sieben-zitate-zeigen-wie-gefaehrlich-der-afd-rechtsaussen-wirklich-ist_id_6536746.html, abgerufen am 08.04.2017.

13 APA-Meldung vom 19.01.2016.

14 www.fpoe-staw.at/archiv/fpoe-staw/ le/Aktuelles/comic_web.pdf, abgerufen am 15.05.2017.

15 Wieviel Trump steckt in Blocher? – Eine Spurensuche zwischen New York City und Domat/Enns. *Neue Zürcher Zeitung* vom 07.01.2017, www.nzz.ch/schweiz/zwei-starke-maenner-im-vergleich-wie-viel-trump-steckt-in-blocher-ld.138364, abgerufen am 01.06.2017.

16 AfD-Bayern: Hampel: CDU-Spahn auf AfD-Kurs, www.afdbayern.de/hampel-cdu-spahn-auf-afd-kurs, abgerufen am 01.06.2017.

17 AfD Parteiprogramm, beschlossen am 1. Mai 2016.

18 Rede von Heinz-Christian Strache am 01.05.2015 in einem Bierzelt in Linz. Das Transkript und eine ausführliche Analyse dieser Rede finden sich in Andres 2016.

19 Matteo Salvini: Rede bei der ENF-Konferenz in Koblenz, 21.01.2017, Übersetzung von Michael Mannheimer, michael-mannheimer.net/2017/01/23/enf-in-koblenz-es-spricht-matte-salvini-lega-nord/, abgerufen am 15.05.2017.
20 Roger de Weck: Tribun ohne Volk. *Die Zeit* vom 05.06.2008, www.zeit.de/2008/24/Essay-Schweiz, abgerufen am 20.06.2017.
21 FPÖ-Parlamentsklub: Van der Bellen hat die Hautevolee und ich die Menschen, 09.05.2017, www.fpoe-parlamentsklub.at/artikel/norbert-hofer-van-der-bellen-hat-die-hautevolee-und-ich-die-menschen/, abgerufen am 01.06.2017.
22 Howanietz 2013, 135.
23 »*Big business, elite media and major donors are lining up behind the campaign of my opponent because they know she will keep our rigged system in place. They are throwing money at her because they have total control over everything she does. She is their puppet, and they pull the strings.*« Rede auf demKonvent der Republikaner im Juli 2016. Transkript unter http://europe.newsweek.com/donald-trump-full-transcript-republican-national-convention-482945, abgerufen am 15.08.2016.
24 Erben des Urvolks, Interview mit Alex Rühle. *Süddeutsche Zeitung* vom 21.02.2017, Seite 15.
25 Vgl. Reisigl und Wodak 2000, Kapitel 12.
26 Zitiert nach Amann 2017, 47.
27 Plasser, Fritz und Ulram, Peter: Wandel der politischen Konfliktdynamik. Radikaler Rechtspopulismus in Österreich. In: Müller u.a. 1995, 480.
28 FPÖ-Chef Heinz-Christian Strache am 1. Mai 2017, zitiert nach *Heute* vom 02.05.2017.
29 AfD-Redaktion: Glaser: Wolfgang Schäuble, der Autorassist, 9. Juni 2016, www.alternativefuer.de/2016/06/09/glaser-wolfgang-schaeuble-der-autorassist/, abgerufen am 01.06.2017.
30 *Der Tagesspiegel* vom 01.04.2017.
31 Gero von Randow: Wie hat der Rechtspopulist Viktor Orbán die Ungarn herumgekriegt? *Die Zeit* vom 01.05.2016, www.zeit.de/2016/17/ungarn-viktor-orban-konservatismus-populismus, abgerufen am 09.05.2017.
32 *Frankfurter Neue Presse* vom 28.11.2016.
33 Twitter: »*The Establisment and special interest are absolutely killing our country. We must put #AmericaFirst.*« 12.08.2016.
34 Veronika Hartmann: Erdoğan definiert »richtige« Kunst. www.nzz.ch/feuilleton/erdogans-kulturpolitik-nur-noch-makramee-und-miniaturen-ld.1288742, abgerufen am 01.06.2017.
35 APA-Meldung vom 25.03.1987.
36 *Wiener Zeitung* vom 06.12.2005.
37 *Süddeutsche Zeitung Magazin* vom 21.03.2014.
38 www.meinbezirk.at/graz/politik/graz17-letztes-plakat-vorgestellt-fpoe-will-ihr-graz-zurueckholen-d1985991.html?cp=Kurationsbox, abgerufen am 01.06.2017.
39 *Kurier* vom 15.09.2015.
40 Zitiert nach www.youtube.com/watch?v=v9i7Qv8ipEI, abgerufen am 01.06.2017.
41 *Wiener Zeitung* vom 02.11.2016.
42 Höcke: Merkels asylpolitischer Amoklauf. Das Erste, ARD Mediathek vom 25.04.2016, www.ardmediathek.de/tv/Reportage-Dokumentation/Die-Story-im-Ersten-AfD-Und-jetzt/DasErste/Video?bcastId=799280&documentId=34921408, abgerufen am 20.06.2017..
43 Zu den hier aufgeführten Zitaten von Jörg Haider vgl. zu den jeweiligen Begriffen die Zitate in Tributsch 1994.
44 AfD-Redaktion: Glaser: Wolfgang Schäuble, der Autorassist, 9. Juni 2016, www.alternativefuer.de/2016/06/09/glaser-wolfgang-schaeuble-der-autorassist/, abgerufen am 01.06.2017.

45 AfD-Redaktion: Meuthen: Es ist gut, dass ein Referendum durchgeführt wurde, 24.06.2016, www.alternativefuer.de/meuthen-es-ist-gut-dass-ein-referendum-durchgefuehrt-wurde/, abgerufen am 20.11.2016.

46 Haider sprach bei seiner Antrittsrede als Landeshauptmann von Kärnten von den *»Gaunern der Republik«*, *»die unter dem Deckmantel der Universität und Wissenschaft oder sonstiger Institutionen«* agieren. *Profil* 23/1989. Zitiert nach Goldmann u.a. 1992, 61.

47 *»Und zum andern ist da die jahrzehntelange Meinungssteuerung und Umerziehung, die grade im Westen Gehirnwäsche-Ergebnisse verbuchen kann«*. AFD-Television 2, Kyffhäusertreffen mit Björn Höcke von der AfD, 2016, www.youtube.com/watch?v=fjaMsAHEIPY, abgerufen am 15.05.2017.

48 Jörg Meuthen sprach beim Kyffhäusertreffen von *»Links-Rot-Grüner Gemischtwarenladen«*, *YouTube*, 04.06.2016, www.youtube.com/watch?v=6_Dsaw6tbFQ, abgerufen am 15.05.2017.

49 Michael Frisch, der Trierer AfD-Vorsitzende, laut *Trier Reporter* vom 10.01.2015, www.trier-reporter.de/afd-reagiert-gruene-gesinnungspolizei/, abgerufen am 01.06.2017.

50 AfD-Redaktion: Weidel: Merkels Vorgehen gegen Großbritannien schadet vor allem der deutschen Wirtschaft, 29.06.2016, www.alternativefuer.de/weidel-merkels-vorgehen-gegen-grossbritannien-schadet-vor-allem-der-deutschen-wirtschaft/, abgerufen am 05.05.2017.

51 Alice Weidel: Deutschland wird endgültig zur Haftungsmasse, 21.06.2016, www.alternativefuer.de/alice-weidel-deutschland-wird-endgueltig-zur-haftungsmasse/, abgerufen am 05.05.2017.

52 AfD-Redaktion: Pazderski: Nonsens statt Konsens der Kartellparteien, 01.07.2016, www.alternativefuer.de/pazderski-nonsens-statt-konsens-der-kartellparteien/, abgerufen am 05.05.2017.

53 Der AfD-Vorsitzende von Sachsen-Anhalt André Poggenburg über Studierende, die eine Veranstaltung der AfD-Hochschulgruppe an der Uni Magdeburg verhindert hatten. Nach *Huffington Post* vom 04.02.2017, www.huffingtonpost.de/2017/02/04/was-gestern-im-landtag-von-sachsen-anhalt-passierte-ist-eine-schande-fur-deutschland_n_14612548.html, abgerufen am 05.05.2017.

54 Nina Horaczek, *Falter* Nr. 15/2016 vom 13.04.2016, Seite 18 f.

55 AfD-Redaktion: Petry: Wieviel Pinocchiopresse geht noch in Deutschland?, 14.06.2016, www.alternativefuer.de/2016/06/15/petry-wieviel-pinocchiopresse-geht-noch-in-deutschland/, abgerufen am 20.06.2017.

56 *Tiroler Tageszeitung* vom 29.04.2017.

57 Jörg Meuthen (AfD) auf einem Bundesparteitag 2016 der AfD. Vgl. dazu Holger Schmale: Feindbild. So reagiert das »versiffte links-grüne-68er-Deutschland« auf AfD-Attacken. *Berliner Zeitung* vom 12.07.2016, www.berliner-zeitung.de/24382588, abgerufen am 05.05.2017.

58 *»Der Herr Maas lebt anscheinend nicht mehr in der Realität, sondern in einem ideologischen Wolken-Kuckucksheim.«* NDR: Pöbeln, hetzen, drohen — wird der Hass gesellschaftsfähig?, daserste.ndr.de/guentherjauch/ Poebeln-hetzen-drohen-wird-der-Hass-gesellschaftsfaehig,guentherjauch542.html, abgerufen am 31.07.2016.

59 *Märkische Allgemeine Zeitung*, AfD füllt den Rathaussaal, www.maz-online.de/Lokales/Oberhavel/AfD-fuellt-den-Rathaussaal, abgerufen am 15.05.2017.

60 AfD-Redaktion: Petry: Offenbar 64 Millionen für Daimler aus Steuermitteln und kaum ein eingestellter Flüchtling?, 13.07.2016, www.alternativefuer.de/petry-offenbar-64-millionen-fuer-daimler-aus-steuermitteln-und-kein-eingestellter-fluechtling/, abgerufen am 01.06.2017.

61 Vgl. Marcin Pietraszkiewicz: Warum kam es zum rechtsnationalen Umschwung in Polen? Telepolis vom 08.02.2016, www.heise.de/tp/artikel/47/47323, abgerufen am 22.05.2017.

62 Haider, News 17/2000.
63 Rede zum 1. Mai 2017.
64 *Kölnische Rundschau* vom 24.01.2017.
65 *Frankfurter Allgemeine Zeitung* vom 23.01.2017.
66 *Tagesanzeiger* vom 22.04.2017.
67 Rede zur Einweihung einer monumentalen Turulstatue am 29.09.2012 in Ópusztaszer, nach https://pusztaranger.wordpress.com/2012/10/06/viktor-orbans-blut-und-boden-rede-dokumentation. Ein Turul ist ein mythischer Vogel, der auch in der Symbolik des »Reichsverwesers« Miklós Horty und bei den faschistischen Pfeilkreuzlern Verwendung fand. Vgl. zu dieser Rede auch Gregor Mayr: Umstrittene Blut-und-Boden-Rede Orbáns. *Der Standard* vom 04.10.2012, derstandard.at/1348284885395/Umstrittene-Blut-und-Boden-Rede-Orbans, abgerufen am 15.05.2017.
68 Sabine Platzer hat 50 Interviews von Haider aus den Jahren 1985 bis 1990 analysiert. Sie zeigte, dass die Begriffe »*Große Koalition*«, »*Alte Parteien*« systematisch mit bestimmten Begriffen assoziativ verbunden waren, wie: »*Skandal-Republik*«, »*Privilegienmissbrauch*«, »*Packelei*«, »*Postenschacher*«, »*Parteibuchwirtschaft*«, »*Machtverfilzung*«, »*stur*«, »*bürokratisch*«, etc. (Platzer 1990, 16).
69 *Die Presse* vom 27.11.2016.
70 Benedikt Narodoslawsky: Hinter der Maske. In: *Falter* 46/2016.
71 »*Bedauerlicherweise haben sich die gesellschaftlichen Funktionseliten im Zuge der 68er-Revolution darauf verständigt, dass eine gute Ausbildung in politischer Korrektheit solider Charakterbildung vorzuziehen sei. Und so sieht die Welt auch aus: feige Trittbrettfahrer tun alles, um nicht aufzufallen, aber nichts, um ihre innersten Überzeugungen zu kultivieren. […] Die in diesem System unerwünschte gereifte Persönlichkeit wird ausgegrenzt und am Hochkommen gehindert, denn ein schwaches Räderwerk kann starke Motoren nicht verkraften.*« (Howanietz 2013, 117 f.)
72 Interview im *Sonntagsblick* vom 23.05.2010 mit Hannes Britschgi, www.blocher.ch/artikel/single/article/wir-waehlen-zwischen-cholera-und-pest/, abgerufen am 05.05.2017.
73 *NFZ* 37/1999, 1; zit. nach Geden 2006, 71.
74 Rede auf dem Parteitag in Erfurt im März 2014. Früher online unter: www.alternativefuer.de/2014/03/22/rede-bernd-lucke-auf-dem-mitgliederparteitag-in-erfurt/, abgerufen am 22.04.2014.
75 Höcke im Interview: Drei-Kinder-Familie ist politisches Leitbild, *Thüringer Allgemeine* vom 21.07.2014, http://altenburg.thueringer-allgemeine.de/web/jena/start-seite/detail/-/specific/AfD-Kandidat-Hoecke-im-Interview-Drei-Kinder-Familie-ist-politisches-Leitbild-1702194881, abgerufen am 15.06.2015.
76 Hauptansprache an der 25. Albisgüetlitagung. *Der Zürcher Bote* vom 25.01.2013, Seite 1.
77 Original-Zitat: »*@ariannahuff is unattractive both inside and out. I fully understand why her former husband left her for a man – he made a good decision.*« Zitiert nach www.rp-online.de/politik/ausland/us-wahlen/us-praesident-donald-trump-und-seine-frauenfeindlichen-macho-sprueche-iid-1.5297051, abgerufen am 17.05.2017.
78 Original-Zitat: »*Rosie O'Donnell is disgusting – both inside and out. If you take a look at her, she's a slob. How does she even get on television? If I were running The View, I'd fire Rosie. I'd look her right in that fat, ugly face of hers and say, ›Rosie, you're fired.‹ We're all a little chubby but Rosie's just worse than most of us. But it's not the chubbiness – Rosie is a very unattractive person, both inside and out.*« Zitiert nach www.pride.com/outrageous/2015/07/29/10-billion-reasons-donald-trump-horrifying-women?page=full, abgerufen am 16.05.2017.
79 APA-Meldung vom 27.11.2015.

80 Zitiert nach https://kurier.at/politik/ausland/niederlaendischer-rechtspopulist-geert-wilders-danke-angela-fuers-reinlassen-dieser-terroristen/212.151.781, abgerufen am 15.05.2017.
81 FPÖ Bildungsinstitut 2013, 28.
82 *Der Standard* vom 07.09.2016, derstandard.at/2000043988907/FPOe-Niederoesterreich-fordert-Gutmenschen-Abgabe, abgerufen am 15.05.2017.
83 *Tagesanzeiger* vom 22.04.2017.
84 Alexander Kohnen: Wie die AfD Putsch und Terror für sich nutzt. *Berliner Morgenpost* 01.08.2016, www.morgenpost.de/politik/article207974379/Wie-die-AfD-Putsch-und-Terror-fuer-sich-nutzt.html, abgerufen am 16.05.2017.
85 Melanie Amann: Radikales Asylpapier: AfD gibt Merkel Mitschuld am Terror von Paris. *Der Spiegel* vom 19.11.2015, www.spiegel.de/politik/deutschland/anschlaege-von-paris-afd-gibt-merkel-mitschuld-a-1063676.html, abgerufen am 16.05.2017.
86 *Die Welt* vom 7.1.2016, www.welt.de/politik/ausland/article150752952/Donald-Trump-verlegt-Paris-nach-Deutschland.html, abgerufen am 16.05.2017.
87 Vgl. Reisigl und Wodak 2000, Kapitel 12, 3 für die Konstruktionsprinzipien rassistischer Denkkategorien.
88 *Kurier* vom 05.11.2011, http://kurier.at/politik/ausland/oslo-fpoe-als-unfreiwillige-inspiration/717.056, abgerufen am 17.05.2017.
89 *Berliner Morgenpost* vom 11.02.2016.
90 Adorno bezeichnete eine solche Figur einmal als »Verbindung von King-Kong und Vorstadtfriseur«. (Adorno, Theodor W.: Die Freudsche Theorie und die Struktur der faschistischen Propaganda, in ders.: Kritik. *Kleine Schriften zur Gesellschaft*. Frankfurt 1971, 49; zitiert nach Goldmann u.a. 1992, 130.)
91 Vgl. Goldmann u.a. 1992, 46.
92 *Tagesanzeiger* vom 12.04.2017.
93 *taz* vom 30.06.2012.
94 www.fpoe-staw.at/archiv/fpoe-staw/file/Aktuelles/comic_web.pdf, abgerufen am 15.05.2017.
95 Daniele Friedli: Blocher und Co stürmen die Carts, *Neue Zürcher Zeitung* vom 20.09.2015, www.nzz.ch/nzzas/nzz-am-sonntag/blocher-und-co-stuermen-die-charts-1.18616217, abgerufen am 16.05.2017.
96 News.at vom 04.10.2005, www.news.at/a/werde-retter-wiens-fuer-strache-schuessel-oesterreich-stich-122914, abgerufen am 08.06.2017.
97 Eine ausführliche Analyse zu Jörg Haider finden Sie in Ötsch 2005.
98 Donald Trump, siehe APA-Meldung vom 11.01.2017.
99 FPÖ-Chef Heinz-Christian Strache, siehe APA-Meldung vom 19.01.2012.
100 AfD-Chefin Frauke Petry beim Treffen europäischer Rechtsextremisten in Koblenz im Jänner 2017, siehe APA-Meldung vom 21.01.2017.
101 Donald Trump, siehe APA-Meldung vom 11.01.2017.
102 Siehe dazu Horaczek und Reiterer 2009.
103 APA-Meldung vom 29.01.2007.
104 *Der Spiegel* vom 20.05.2017.
105 *Der Standard* vom 30.01.2012.
106 www.afd.de/poggenburg-awo-will-existenzen-politisch-andersdenkender-bedrohen/, abgerufen am 16.05.2017.
107 Siehe Sasan Abdi-Herrle: Das passiert nach kritischen Fragen an Marine Le Pen, *Zeit online* vom 02.02.2017, http://blog.zeit.de/teilchen/2017/02/02/marine-le-pen-reporter-sicherheitskraefte/
108 *Süddeutsche Zeitung* vom 02.07.2014.
109 Vgl. Reisigl und Wodak 2000, Kapitel 12, zur Schwierigkeit, den Begriff »*Ausländer*« ins Englische zu übersetzen.
110 AfD-Redaktion: Glaser: Die planmäßige Zerstörung von Staat und Gesellschaft in Deutschland wird forciert, 13.07.2016, www.alternativefuer.de/glaser-die-plan

maessige-zerstoerung-von-staat-und-gesellschaft-in-deutschland-wird-forciert/, abgerufen am 15.11.2016.

111 Eine Sammlung von Anti-Ausländer-Parolen aus der Frühzeit der FPÖ hat der TV-Moderator Josef Broukal zusammengestellt. Sie wurde abgedruckt in *Falter* 35/1994, 15 ff. Vgl. auch die detaillierte Analyse in Bailer-Galanda 1995, 140 ff.

112 Haider im Konzerthaus in Klagenfurt. 18.09.1990; zitiert nach Goldmann u.a. 1992, 140 f.

113 *Der Standard* vom 11.11.2014. Kursivsetzung von uns.

114 *Frankfurter Allgemeine Zeitung* vom 15.10.2015, www.faz.net/aktuell/politik/fluechtlingskrise/wahlkampf-in-polen-jaroslaw-kaczynski-ueber-fluechtlinge-13856938.html, abgerufen am 01.06.2017.

115 Vgl. die vielen Zitate in Scharsach 1992, Kapitel 5 und 1995, Kapitel 16; die »*Resolution zur Ausländerfrage*« der FPÖ Burgenland vom Oktober 1989 sowie die oben erwähnte Dokumentation von Josef Broukal.

116 *Die Aula* 12/2015, Medieninhaber der Zeitschrift sind die Freiheitlichen Akademikerverbände. Zitiert nach https://recherchegraz.noblogs.org/post/2015/12/31/gab2016/ sowie: Die Grünen: Rechtsextremismusbericht 2016, 84.

117 Zitiert nach www.berliner-zeitung.de/politik/-politiker-zitate-sote-die-groessten-entgleisungen-der-afd-23567456, abgerufen am 16.05.2017.

118 Siehe derstandard.at/1328508128008/Brickners-Blog-Strache-und-die-Asylanten und www.sosmitmensch.at/site/home/article/503.html, beide abgerufen am 17.05.2017.

119 siehe www.zeit.de/2016/43/ceta-eu-oesterreich-freihandelsabkommen-norbert-hofer-bundeskanzlerwahl, abgerufen am 17.05.2017.

120 Im Juni 2016 sagte Trump wiederum in einem Interview bei Fox News' »Justice« mit Judge Jeanine: »*The number five per cent is a phony number – it's really twenty per cent, close to twenty-per-cent unemployment. That's just a phony number to make the politicians look good.*« Im August 2016 bei einer Rede über die Lage der Wirtschaft: »*The five-per-cent figure is one of the biggest hoaxes in American modern politics.*« Zitate nach Adam Davidson: Trump and the Truth: The Unemployment-Rate Hoax. *The New Yorker* vom 10.9.2016, www.newyorker.com/news/news-desk/trump-and-the-truth-the-unemployment-rate-hoax?intcid=mod-latest, abgerufen am 15.04.2017.

121 www.politifact.com/personalities/donaldtrump/, abgerufen am 26.06.2017. Die Gesamtzahl von 100 Prozent ergibt sich durch Rundung.

122 www.afd.de/pazderski-die-leistungen-fuer-asylbewerber-muessen-deutlich-gekuerzt-werden/, abgerufen am 17.05.2017

123 Höcke beim Kyffhäusertreffen im Juni 2016, vgl. www.youtube.com/watch?v=-fjaMsAHEIPY, abgerufen am 17.05.2016.

124 Markus Grill: Anti-Islam-Kurs, Correctiv vom 11.03.2016, https://correctiv.org/blog/2016/03/11/afd-hat-neues-knall-thema/, abgerufen am 01.06.2017.

125 Siehe Stefan Schmitt: Zwei Fieberkurven. *Die Zeit* 35/2016.

126 Siehe www.youtube.com/watch?v=JHwNbr0Qfwc, abgerufen am 07.6.2017.

127 Siehe www.faktistfakt.com/aussagecheck/groenland-wein, abgerufen am 07.06.2017.

2. Werden Sie zum Gefühlsmanager

1 Vgl. Falkenberg 1997.

2 Niederösterreichs FPÖ-Landesparteisekretär Christian Hafenecker, nachdem Unbekannte die Reifen eines Wahlkampfbusses aufgeschlitzt hatten. Siehe *Tips* vom 05.09.2013.

3 AfD-Politiker Björn Höcke bei einer AfD-Veranstaltung in Osburg im Oktober 2016, zitiert nach www.fliesstexte.de/2016/10/11/thueringer-afd-chef-will-menschen-entsorgen-empoert-das-irgendwen/, abgerufen am 20.5.2017.
4 Festrede von AfD-Politiker Björn Höcke im November 2016 beim Kongress des rechtsextremen Instituts für Staatspolitik: Ansturm auf Europa, zitiert nach www.youtube.com/watch?v=kMcStcmSv08, abgerufen am 21.05.2017.
5 AfD-Politiker Heiner Hofsommer, siehe *Frankfurter Neue Presse* vom 28.11.2016.
6 *Der Stern* vom 01.06.2014, www.stern.de/politik/ausland/marine-le-pen-im--spiegel---ich-will-die-eu-zerstoeren---3171906.html, abgerufen am 30.05.2017.
7 Freiheitlicher Parlamentsklub: Für ein freies Österreich, www.fpoe.at/fileadmin/user_upload/Souveraenitaet_als_Zukunftsmodell.pdf, abgerufen am 21.05.2017.
8 Vgl. dazu das 4. Kapitel in Lehner und Ötsch 2015. Hier werden im Detail nonverbale Dominanzsignale beschrieben, viele von ihnen können an Trump studiert werden.
9 Vgl. Elizabeth Cohen: How Trump's bumptious body language dominates, CNN vom 18.09.2015, http://edition.cnn.com/2015/09/17/health/republican-debate-donald-trump-body-language/index.html, abgerufen am 15.04.2017.
10 Nach Ronald N. Riggio: Top 10 Lessons From Donald Trumps Body Language. In: *Psychology Today* vom 17.09.2015, www.psychologytoday.com/blog/cutting-edge-leadership/201509/top-10-lessons-donald-trumps-body-language, abgerufen am 30.04.2017.
11 Vgl. Will Worley: Donald Trump's body language gives an insight to his behaviour on inauguration day. *The Independent* vom 21.01.2017, www.independent.co.uk/news/science/donald-trump-body-language-inauguration-day-psychology-alpha-male-a7539256.html, abgerufen am 10.03.2017.
12 www.whitehouse.gov/administration/president-trump, abgerufen am 08.06.2017.
13 Marcus Klöckner: Trumps Körperhaltung signalisiert Angriffsbereitschaft. Telepolis vom 02.02.2017, www.heise.de/-3613860, abgerufen am 02.02.2017.
14 Walter Ötsch hat sich viele Jahre intensiv mit NLP beschäftigt. Er hat ein Wörterbuch des NLP geschrieben (online zugänglich unter www.nlp.at) und 2016 die medialen Inszenierungen von Norbert Hofer in vielen Medien kommentiert. Videos dazu gibt es auf einem eigenen Videokanal von Walter Ötsch auf YouTube.
15 *Falter* 46/2016.
16 Belege bei Januschek 1992, 54 ff.
17 Derartige Beschimpfungen finden sich ständig auf dem populären konservativen Blog breitbart.com, den Trumps Berater Steve Bannon betrieben hat. Vgl. »Nigger«, »Faschisten« und »Verbrecher«, *Nürnberger Nachrichten* vom 28.01.2016.
18 *Sächsische Zeitung* vom 01.02.2017: Die Ex von Pegida, Gespräch mit Tatjana Festerling, 5. Die Pegida ist nicht Teil der AfD, in der letzten Zeit hat sich aber ein Näheverhältnis entwickelt. Nach Melanie Amann (2017, 232) hat die AfD spätestens im April 2016 den Pegida-Jargon zur offiziellen Parteisprache erhoben.
19 Haider in: *Die Presse* vom 27.09.1990; zitiert nach Scharsach 1992, 214.
20 APA vom 22.01.2011.
21 Diese AfD-Politiker sitzen künftig im Berliner Abgeordnetenhaus. sueddeutsche.de vom 19.09.2016, http://www.sueddeutsche.de/politik/afd-in-berlin-diese-afd-politiker-sitzen-kuenftig-im-berliner-abgeordnetenhaus-1.3163987, abgerufen am 01.06.2017.
22 *Profil* 36/2014.
23 *Die Welt* vom 02.09.2016.
24 Beide Zitate nach: Von »Lügnern« und »generell schlechten Menschen«. *Süddeutsche Zeitung* vom 02.06.2016.
25 Trump sorgte mit aggressivem Tweet gegen Clinton erneut für Empörung. Kurier.at/APA vom 03.07.2016, kurier.at/politik/ausland/donald-trump-sorgte-mit-aggressivem-tweet-gegen-hillary-clinton-erneut-fuer-empoerung/207.723.234, abgerufen am 11.05.2017.

26 Quellen: ORF III Spezial vom 27.04.2016: www.youtube.com/watch?v=qbwE36 DkftU, Puls 4 vom 08.05.2016: www.puls4.com/video/pro-und-contra/ play/3054320, Live Graz vom 13.05.2016: www.kleinezeitung.at/politik/bun despraesident/4982389/Livestream-zum-Nachsehen_HofburgWahl_So-lief-das-Finale-der, ATV vom 15.05.2016 und ORF vom 19.05.2016: www.youtube.com/ watch?v=OvInYzjqbmU.
27 Rede auf der Weihnachtsfeier der Jungen Alternative in Stuttgart am 22.12.2014, Min. 39:40, www.youtube.com/watch?v=YhYCrQR-xBI, abgerufen am 02.06.2017.
28 Ö 1 Abendjournal vom 19.10.2016.
29 Michael Scherrer: Donald Trump Heaps Insults on Lindsey Graham, Jeb Bush, Hillary Clinton, *Time* vom 21.07.2015, time.com/3966085/donald-trump-hillary-clinton-jeb-bush-lindsey-graham/, abgerufen am 02.06.2017.
30 *spiegelonline*: Trump posaunt Handynummer eines Konkurrenten hinaus. Vom 22.07.2017, www.spiegel.de/politik/ausland/donald-trump-liest-handynummer-von-rivalen-vor-a-1044739.html, abgerufen am 01.06.2017.
31 James Fallow: Trump Time Capsule #7: »The Judge, We Believe, Is Mexican«. *The Atlantic* vom 28.05.2016, www.theatlantic.com/notes/2016/05/trump-time-cap sule-7-the-judge-we-believe-is-a-mexican/484787/, abgerufen am 15.04.2017.
32 The Donald folgt seinem eigenen PR-Lehrbuch. *taz* vom 15.12.2015.
33 Georg Rammer: Der gewöhnliche Rassismus. In: *Ossietzky*, Heft 8/2016, www. ossietzky.net/8-2016 &textfile=3474, abgerufen am 20.06.2016.
34 Von Vergewaltigern und Blödmännern: Sprüche aus dem US-Wahlkampf. Wienerzeitung.at, nach dpa vom 26.01.2016: www.wienerzeitung.at/dossiers/us_ wahl_2016/us_wahl_2016_vorwahlen/797571_Von-Vergewaltigern-und-Bloedmaennern.html, abgerufen am 11.05.2017.
35 Siehe www.youtube.com/watch?v=EJKaEkLqGgs, abgerufen am 21.05.2017, sowie BBC.com, Donald Trump criticised for mocking reporter with disability, 01.06.2017, www.bbc.com/news/av/world-us-canada-34931215/donald-trump-criticised-for-mocking-reporter-with-disability, abgerufen am 01.06.2017.
36 She *»had blood coming out of her eyes, blood coming out her wherever.«* *The Guardian* vom 08.08.2015, www.theguardian.com/us-news/2015/aug/08/donald-trump-black-balled-by-conservatives-over-menstruation-comment?CMP=fb_gu, abgerufen am 15.04.2017.
37 *»I know where she went, it's disgusting, I don't want to talk about it. No, it's too disgusting. Don't say it, it's disgusting, let's not talk.«* Alexander Hurst: Donald Trump and the Politics of Disgust. *New Republic* vom 31.12.2015, newrepublic.com/article/126837/donald-trump-politics-disgust, abgerufen am 15.04.2017. Vgl. auch Marni Sommer: Toilet Trouble. *Pacific Standard* vom 30.12.2015, psmag.com/ toilet-trouble-651 e40 d264 e4, abgerufen am 15.04.2017.
38 Krone.at vom 29.01.2017, www.krone.at/oesterreich/widerliche-hass-postings-von-fpoe-mann-gegen-vdb-facebook-skandal-story-551290, abgerufen am 01.06.2017.
39 APA vom 06.06.2016.
40 *taz* vom 17.07.2014.
41 *taz* vom 17.07.2014.
42 *»Animals representing Hillary Clinton and Dems in North Carolina just firebombed our office in Orange County because we are winning.«* Quelle: James Fallow: Trump Time Capsule #144: ›Animals‹. *The Atlantic* vom 16.10.2016, www.theatlantic. com/notes/all/2016/05/the-daily-trump/484064/, abgerufen am 15.04.2017, mit Verweis auf die Angaben der Polizei durch *Charlotte Observer*, vgl. www.char lotteobserver.com/news/ local/article109148932.html, abgerufen am 15.04.2017.
43 Nach *Huffington Post* vom 04.02.2017, www.huffingtonpost.de/2017/02/04/ was-gestern-im-landtag-von-sachsen-anhalt-passierte-ist-eine-schande-fur-deutschland_n_14612548.html, abgerufen am 05.05.2017.
44 Das folgende – auch die Zitate – nach *Der Standard* vom 04.11.1997.
45 Zitate nach Amann 2017, 141.

46 Pinzgauer FPÖ-Bezirksobmann sorgt mit Waffen-Posting für Aufmerksamkeit. salzburg24.at vom 01.09.2016, www.salzburg24.at/pinzgauer-fpoe-bezirksobmann-sorgt-mit-waffen-posting-fuer-aufmerksamkeit/4879935, abgerufen am 01.06.2017.
47 Zitiert nach *Frankfurter Allgemeine Zeitung* vom 11.03.2017.
48 Zitiert nach *Falter* 35/2013.
49 Trump on protester: I'd like to ›punch him in the face‹. CNN.com vom 23.02.2016, edition.cnn.com/2016/02/23/politics/donald-trump-nevada-rally-punch/, abgerufen am 01.06.2017.
50 Donald Trump, encouraging violence at his rallies, Cedar Rapids, Iowa, 01.02.2016, eigene Übersetzung.
51 Trump zum angeblichen Jubel von Muslimen nach den Anschlägen vom 11. September: *Wiener Zeitung* mit Berufung auf dpa vom 26.01.2016: Von Vergewaltigern und Blödmännern: Sprüche aus dem US-Wahlkampf, www.wienerzeitung.at/dossiers/us_wahl_2016/us_wahl_2016_vorwahlen/797571_Von-Vergewaltigern-und-Bloedmaennern.html, abgerufen am 11.05.2017.
52 »*His father was with Lee Harvey Oswald prior to Oswald's being – you know, shot. I mean, the whole thing is ridiculous. What is this, right prior to his being shot, and nobody even brings it up. They don't even talk about that. That was reported, and nobody talks about it.*« Fox-News-Interview vom 03.05.2016, abgerufen am 01.06.2016.
53 Siehe *Falter* vom 04.11.2015.
54 Zusammenfassung des Interviews von Matthias Wohlfarth, 13.03.2014, www.deutschlandradiokultur.de/wahlkampf-fundamentalistisch-und-national.1001.de.html?dram:article_id=280051, abgerufen am 01.06.2017.
55 Gerald John: »Armutsmigranten«: Strache befürchtet Bürgerkrieg. *Der Standard* vom 24.10.2016, derstandard.at/2000046403983/Strache-Rede-gegen-Fluechtlinge-Ceta-und-gekaufte-Medien, abgerufen am 13.05.2017.
56 *Österreich* vom 17.01.2016.
57 Schweizerische Volkspartei SVP: Völkerwanderung, nein zum Asylmissbrauch, www.svp.ch/aktuell/referate/voelkerwanderung-nein-zum-asylmissbrauch, abgerufen am 01.06.2017.
58 *Die Welt* vom 03.01.2017.
59 *Der Tagesspiegel* vom 23.05.2017.
60 AfD-Thüringen: Möller zum Anschlag auf den BVB, http://afd-thl.de/2017/04/13/moeller-zum-anschlag-auf-den-bvb/, abgerufen am 20.05.2017.
61 Verrieten Zecken Sergej W.? *Frankfurter Allgemeine Zeitung* vom 28.04.2017, www.faz.net/aktuell/gesellschaft/kriminalitaet/mutmasslicher-taeter-sergej-w-bestreiet-anschlag-auf-bvb-bus-14991835.html, abgerufen am 05.06.2017.
62 Im zweiten TV-Duell zwischen Clinton und Trump kam es zu folgendem Wortwechsel: Clinton: »It's just awfully good that someone with the temperament of Donald Trump is not in charge of the law in our country.« Trump unterbrach: »*Because you would be in jail*.« Quelle: Yoni Appelbaum: Trump's Promise to Jail Clinton Is a Threat to American Democracy. *The Atlantic* vom 10.10.2016, www.theatlantic.com/politics/archive/2016/10/trumps-promise-to-jail-clinton-is-a-threat-to-american-democracy/503516/, abgerufen am 15.04.2017.
63 AfD Kyffhäusertreffen 2016. Rede Alexander Gauland, YouTube, 04.06.2016, www.youtube.com/watch?v=5fC5EjEZ1Po, abgerufen am 01.06.2017.
64 Siehe *Frankfurter Allgemeine Zeitung* vom 02.02.2017.
65 Elefantenrunde: »Wir drei Außenseiter«. *Kurier*.at vom 22.04.2016, kurier.at/politik/inland/elefantenrunde-wir-drei-aussenseiter/194.328.036, abgerufen am 01.06.2017.
66 Blaue Schlammlawinen gegen Journalistinnen. Puls 4-Infochefin Corinna Milborn schildert, wie brutal die Strache-Fans agieren. *Kurier* vom 02.12.2016, m.

kurier.at/politik/inland/blaue-schlammlawinen-gegen-journalistinnen/233.841.168, abgerufen am 20.12.2016.

67 Norbert Hofer vor FPÖ-Fans in Graz: »Ich bin wieder da«. Der Standard.at vom 03.02.2017, derstandard.at/2000052078899/Norbert-Hofer-vor-jubelnden-FPOe-Fans-in-Graz-Ich-bin, abgerufen am 01.06.2017.

68 Hans-Werner Schlamp: Matteo Salvini: Italiens gefährlichster Populist. *Spiegel Online* vom 30.03.2017, http://www.spiegel.de/politik/ausland/italien-der-auf stieg-des-matteo-salvini-von-der-lega-nord-a-1140953.html, abgerufen am 15.05.2017.

69 *Der Spiegel* 51/2015, 25.

70 Fundamentalistisch und national. Deutschlandrundffunkkultur.de, www.deutsch landradiokultur.de/wahlkampf-fundamentalistisch-und-national.1001.de.html?dram%3 Aarticle_id=280051 #, abgerufen am 01.06.2017.

71 Benedikt Narodoslawsky: Norbert, der Profi. In: *Falter* 18/2016.

72 Hubertus Volmer: Ich bin Offizier, Sie können mir glauben. N-tv.de vom 11.03.2016, www.n-tv.de/politik/Ich-bin-Offizier-Sie-koennen-mir-glauben-arti cle17194331.html, abgerufen am 18.04.2017.

73 Afd.de: Poggenburg: Der Terror ist endgültig in Deutschland angekommen, www.alternativefuer.de/poggenburg-der-terror-ist-endgueltig-in-deutschland-angekommen/, abgerufen am 23.01.2017.

74 Zufall oder gezielte Unterwanderung? Stuttgarter Zeitung.de vom 10.03.2016, www.stuttgarter-zeitung.de/inhalt.rechtsradikale-bei-der-afd-jungendorganisa tion-zufall-oder-gezielte-unterwanderung.3423802 e-6015-4 bc2-b2 a6-ad6961 ca5 f80.html, abgerufen am 18.04.2017.

75 »*We should take a drug test prior, because I don't know what's going on with her. But at the beginning of her last debate – she was all pumped up at the beginning, and at the end it was like, ›Oh, take me down.‹ She could barely reach her car.*« Quelle: James Fallow: Trump Time Capsule #14: ›Drug Test‹. *The Atlantic* vom 15.10.2016, www.theatlantic.com/notes/all/2016/05/the-daily-trump/484064/, abgerufen am 15.04.2017.

76 Siehe *Rheinische Post* vom 07.12.2016.

77 APA-Meldung vom 16.01.2016.

78 Volksverräter-Rufe seien gelebte Demokratie. *Mitteldeutsche Zeitung* vom 10.10.2016, www.mz-web.de/politik/afd-chef-poggenburg-bei--hart-aber-fair--volksver raeter-rufe-seien-gelebte-demokratie-24877898, abgerufen am 01.06.2017.

79 *Die Presse* vom 25.08.2012.

80 *Die Presse* vom 18.06.2009.

81 *Die Presse* vom 25.08.2012.

82 Interview mit Björn Hocke. *Junge Freiheit* 43/14 vom 17.10.2014, afd-thueringen.de/wp-content/uploads/sites/2/2014/10/2014-10-17-bjoern-hoecke-im-gespraech-junge-freiheit.pdf, abgerufen am 30.05.2017.

83 Vorarlberg online vom 24.02.2007, www.vol.at/strache-will-verbotsgesetz-ab schaffen/news-20070223-05195534, abgerufen am 01.06.2017.

84 Pressekonferenz vom 05.08.2016.

85 Nina Horaczek: Hofers Welt. *Falter* 15/2016.

86 Strache gefiel auf Facebook Aufforderung, Regierung zu steinigen. DerStandard.at vom 15.11.2015, derstandard.at/2000025777327/Strache-gefaellt-auf-Facebook-Aufforderung-Regierung-zu-steinigen, abgerufen am 01.06.2017.

87 *Die Welt* vom 02.09.2016.

88 Merkel wendet sich in der Neujahrsansprache gegen das eigene Volk. Bjoern-hoecke.de vom 02.01.2015, www.bjoern-hoecke.de/single-post/2015/01/01/Björn-Höcke-Merkel-wendet-sich-in-Neujahrsansprache-gegen-das-eigene-Volk, abgerufen am 01.06.2017.

89 Pöbeln, hetzen, drohen – wird der Hass gesellschaftsfähig?, daserste.ndr.de/guentherjauch/Poebeln-hetzen-drohen-wird-der-Hass-gesellschaftsfaehig,

guentherjauch542.html, abgerufen am 31.07.2016. Höcke einzuladen, geschah bewusst: Wie ARD und Jauch zur besten Sendezeit versagten. Focus.de vom 19.10.2015, www.focus.de/kultur/kino_tv/guenther-jauch-hoecke-einzuladen-geschah-bewusst-wie-ard-und-jauch-zur-besten-sendezeit-versagten_id_5022607.html, abgerufen am 01.06.2017.

90 Norbert Hofer: Ich werde als Präsident ein Schutzherr für Österreich sein! FPOe.at vom 02.04.2016, www.fpoe.at/artikel/norbert-hofer-ich-werde-als-praesident-ein-schutzherr-fuer-oesterreich-sein, abgerufen am 22.05.2017.

91 Strache: Wir handeln aus Liebe. *Kurier* vom 24.10.2012, siehe http://kurier.at/politik/strache-wir-handeln-aus-liebe/825.038, abgerufen am 22.05.2017.

92 Das Folgende nach Hamann 2000, 393 ff.

93 Hugo von Hofmannsthal, *Buch der Freunde*. Leipzig 1922, 74; zitiert nach Hamann 2000, 407.

94 Hamann 2000, 409f., mit Verweis auf Seite 116 in *Mein Kampf* (im zitierten Text schreibt Hamann statt Hitler immer H.). Eine ähnliche Einschätzung der Wirkung Luegers auf Hitler vertritt Kershaw 1998, 67 ff.

95 Ansprache während des Weihnachtsfests der Jungen Alternative Baden-Württemberg am 22.12.2014 in Stuttgart, Min. 39:25 auf www.youtube.com/watch?v=YhYCrQR-xBI, abgerufen am 01.06.2017.

96 Vgl. die Analyse der »Islamophobie« bei Klammer 2012, inbes. die Definition dazu auf Seite 58. Zur Bedeutung von Frames für das politische Denken vgl. Lakoff und Wehling 2016 und Wehling 2016, z.B. zum unbewussten ideologischen Framing, das automatisch moralische Deutungen vornimmt (Wehling 2016, 61f.)

97 *Hamburger Abendblatt* vom 04.03.2017.

98 Puls 4: Wer wird Präsident? Das Duell vom 08.05.2016.

99 AfD-Grundsatzprogramm, 79, http://alternativefuer.de/wp-content/uploads/sites/7/2016/05/2016-06-27_afd-grundsatzprogramm_web-version.pdf, abgerufen am 01.06.2017.

100 OTS-Meldung vom 10.11.2015.

101 Schweizerische Volkspartei SVP: Völkerwanderung, nein zum Asylmissbrauch, www.svp.ch/aktuell/referate/voelkerwanderung-nein-zum-asylmissbrauch/, abgerufen am 01.06.2017.

102 Lucke beklagt »pseudo-revolutionäre« Umgangsformen. *Süddeutsche Zeitung* vom 22.03.2014, www.sueddeutsche.de/politik/afd-parteitag-lucke-beklagt-pseudo-revolutionaere-umgangsformen-1.1919482, abgerufen am 01.06.2017.

103 Vgl. Kellner 2016, 34.

104 FPÖ Wien wegen Gudenus-Aussendung verurteilt. DerStandard.at vom 15.10.2017, derstandard.at/2000006875978/FPOe-Wien-wegen-Gudenus-Aussendung-verurteilt, abgerufen am 01.06.2017.

105 Lay 1977, 286. Wir haben das Zitat geringfügig sprachlich korrigiert. Eine einfache kognitionswissenschaftliche Erklärung geben Lakoff und Wehling 2016, 74: »Wenn wir zum Beispiel ein Wort oder einen Satz immer wieder hören, werden diejenigen neuronalen Schaltkreise, die seine Bedeutung ›errechnen‹, entsprechend häufig aktiviert. Und indem die Neuronen immer wieder in diesen Schaltkreisen feuern, werden die Synapsen stärker, und die Schaltkreise verfestigen sich. Und in dem Maße, in dem sich ein Frame über eine lange Zeit hinweg auf diese Weise im Gehirn verfestigt, wird die Idee zum festen Bestandteil unseres […] Common Sense. Und wenn Menschen erst einmal in diesen […] Frames denken, prallen die nicht in diese Frames passenden Fakten einfach ab.«.

106 Lochner, Louis (Hg.): Goebbels Tagebücher. Zürich 1948, Eintragung vom 3.1.1940 (Bd. 4, 2) und vom 8.2.1940 (ebda., 36); zitiert nach Reuth 1995, 695.

107 Nach Lay 1977, 288 ff.

108 Zitiert nach *Falter* 46/2016.

109 Vgl. als Einführung das Stichwort »Milton-Modell« in Ötsch und Stahl 1997, 131 ff.

110 Vgl. O'Hanlon 1995, 73 ff.
111 Vgl. ebenda, 139 ff.
112 Hofer, Norbert u.a. 2014: Leben nach der Querschnittslähmung, 50, www.fpoe.at/fileadmin/user_upload/Ein_Leben_nach_der_Querschnittslaehmung.pdf, abgerufen am 01.06.2017.
113 Vgl. Gruber 1988, 143.
114 Vgl. Haslinger 1995, 128 f.
115 Nach Amann 2017, 122.
116 Im Dunstkreis der blauen Blüte. kurier.at vom 12.05.2016, kurier.at/politik/inland/die-kornblume-geliebt-von-bismarck-symbol-der-alldeutschen-vereinigung-und-blumenschmuck-der-fpoe/198.127.906, abgerufen am 01.06.2017.
117 OTS-Meldung vom 28.11.2008.
118 Ö1 Mittagsjournal vom 23.10.2013.
119 Profil vom 02.04.1990; zitiert nach Scharsach 1992, 93.
120 Zitiert nach: Viktor Orbáns Blut-und Boden-Rede. *Pusztaranger* vom 6.12.2012, pusztaranger.wordpress.com/2012/10/06/viktor-orbans-blut-und-boden-rede-dokumentation, abgerufen am 30.05.2017. Vgl. auch Gregor Mayr: Umstrittene Blut-und-Boden-Rede Orbáns. *Der Standard* vom 04.10.2012, derstandard.at/1348284885395/Umstrittene-Blut-und-Boden-Rede-Orbans, abgerufen am 15.05.2017.
121 Vgl. zur Bedeutung innerer Bilder für die Sprache Bergen 2012. Unsere Ausführungen stützen sich in hohem Masse auf das »Soziale-Panorama-Modell« von Lucas Derks und seiner hier enthaltenen Theorie der Personifikation. Vgl. dazu Derks 2000 und Derks u.a. 2015.
122 *Frankfurter Allgemeine Zeitung* vom 20.12.2013.
123 Walter Klingenbeck: Gottfried Küssel singt gemeinsam mit anderen Neonazis antisemitische, nationalsozialistische Lieder. www.youtube.com/watch?v=Q5SE0HKbGEo, abgerufen am 28.06.2017. Dieses Zitat impliziert keinesfalls, dass sich der heutige FPÖ-Parteichef Heinz-Christian Strache an derartigen Gesängen beteiligt hat. Es dient lediglich zur Illustration, welches Gedankengut damals in der VAPO vorherrschte.
124 Allport, Gordon, W.: *The Nature of Prejudice*, 1954; zitiert und referiert nach Scharsach 1995, 199 ff.
125 Ebenda, 199.
126 Ebenda, 200.
127 Polizeischutz für Hilbert nach Drohung. MDR.de vom 13.02.2017, www.mdr.de/sachsen/dresden/drohungen-gegen-oberbuergermeister-hilbert-100.html, abgerufen am 01.06.2017.
128 Rechtsextreme Morddrohung. *Berliner-Zeitung* vom 17.08.2016, www.berliner-zeitung.de/berlin/brandenburg/rechtsextreme-morddrohungen-bernauer-buergermeister-laesst-sich-nicht-einschuechtern-24603320, abgerufen am 22.05.2017.
129 Morddrohung gegen Bürgermeister, BR.de vom 01.07.2016, www.br.de/mediathek/video/sendungen/nachrichten/zirndorf-buergermeister-drohung-100.html, abgerufen am 01.06.2017.
130 Amann 2017, 116. Kursivsetzungen von uns.
131 3500 Angriffe auf Flüchtlinge im vergangenen Jahr. *Der Tagesspiegel* vom 26.02.2017, www.tagesspiegel.de/politik/gewalt-gegen-asylbewerber-3500-angriffe-auf-fluechtlinge-im-vergangenen-jahr/19443722.html, abgerufen am 23.05.2017.
132 APA-Meldung vom 27.04.2017.
133 Brand in Asylheim war gelegt, ORF.at vom 01.06.2016 ooe.orf.at/news/stories/2777675/, abgerufen am 27.05.2017.
134 Die angeführten Zitate stammen aus Hitler 1937, 331. Vgl. dazu Institut für Zeitgeschichte 2016, Bd. 1, 817 ff.
135 Vgl. zum folgenden Strasser, Peter: Tiere sehen dich an – der Blick des Hasses. In: *Manuskripte* 121 a/1993, 122 ff., der auch von einem Wandel im »Sehen« spricht.

3. Schaffen Sie sich eine sektenähnliche Organisation

1 Vgl. zu möglichen Organisationsformen Mudde und Kaltwasser 2017, Kapitel 3.
2 *Tagesanzeiger* vom 22.04.2017.
3 Michael Kruse: Donald Trump's Better Half. *Politico* vom 21.07.2016, www.politico.com/magazine/story/2016/07/ivanka-trump-2016-donald-trump-214079, abgerufen am 24.05.2017.
4 Zitiert nach Clara Ott: Die wichtigste Frau in Trumps Leben ist nicht Melania. *Die Welt* vom 11.11.2016, www.welt.de/vermischtes/article159428042/Die-wichtigste-Frau-in-Trumps-Leben-ist-nicht-Melania.html, abgerufen am 24.05.2017.
5 *Neue Zürcher Zeitung* vom 09.04.2017.
6 *Frankfurter Allgemeine Zeitung* vom 13.05.2017.
7 *Die Zeit* 51/2011.
8 *taz* vom 22.04.2017.
9 Zitiert nach *Neue Zürcher Zeitung* vom 04.04.2017.
10 APA-Meldung vom 18.05.2017.
11 Horaczek und Reiterer 2009, 201.
12 *Profil* 41/2004.
13 *Profil* 12/2013.
14 Informationen nach www.oe24.at/leute/tv/Strache-Freundin-moderiert-jetzt-fuer-FPOe-TV/227517348, abgerufen am 29.05.2017.
15 Amann 2017, 204.
16 Vgl. Kramer und Alstad 1993, 65 ff. und 85 ff.
17 *Neue Zürcher Zeitung* vom 08.03.2017.
18 *Süddeutsche Zeitung* vom 10.03.2017.
19 Horaczek und Reiterer 2009, 125.
20 Wayne Madsen: The Three Trump Administrations. *Opinion* vom 24.02.2017, www.strategic-culture.org/news/2017/02/24/three-trump-administrations.html, abgerufen am 28.05.2017.
21 Vgl. Kramer und Alstad 1993, 61 ff.
22 Kuhn, Johannes: Trump, gefangen in der Filterblase. Sueddeutsche.de vom 12.05.2017, www.sueddeutsche.de/politik/trumps-filterblase-analyse-zu-einem-prinzipienlosen-us-praesidenten-der-sich-mit-ja-sagern-umgibt-1.3502211, abgerufen am 23.05.2017.
23 Nach Alstad und Kramer 1993, 55 ff.
24 *Falter* 17/2015.
25 *Salzburger Bezirksblätter* vom 17.06.2015.
26 Vgl. Kramer und Alstad 1993, 90.
27 Vgl. Arendt 1996, 787 ff.
28 Jan-Werner Müller: Alternative Fakten. Wahrheit? Welche Wahrheit? *Neue Zürcher Zeitung* vom 08.02.2017, www.nzz.ch/feuilleton/fake-news-wahrheit-welche-wahrheit-ld.144218, abgerufen am 15.02.2017.
29 Orwell 1973, 33.
30 Zöchling 1999.
31 *Zeit im Bild* 1 vom 04.08.2011.
32 *Frankfurter Rundschau* vom 16.05.2017.
33 *Die Welt* vom 26.09.2016.
34 *Profil* 44/2005.
35 APA-Meldung vom 04.09.2007.
36 Im April 2005 spaltete sich Jörg Haiders BZÖ von der FPÖ ab. Das BZÖ blieb in der Regierung, die FPÖ wurde zur Oppositionspartei.
37 *Der Spiegel* vom 18.03.2017.
38 *Der Spiegel* vom 20.05.2017.
39 *Der Spiegel* vom 14.01.2017
40 Vgl. dazu die Kriterien von Kramer und Alstad 1993, 57.

41 OTS-Meldung vom 15.06.2015.
42 OTS-Meldung vom 14.06.2015.
43 OTS-Meldung vom 15.06.2015.
44 Das Folgende aus Hitler 1937, 2. Band Kapitel 11. Es trägt die Überschrift »*Propaganda und Organisation*«. Vgl. dazu Institut für Zeitgeschichte 2016, Bd. 2, 1471ff. Ähnliche Gedanken finden sich in der Denkschrift vom 15.12.1932, zitiert nach Kershaw 1998, 500 ff.
45 Arendt 1996, Teil III.
46 Vgl. Kershaw 1980, 111 ff.
47 Vgl. Fischer, Michael: Die sektiererischen Grundlagen des rechtsextremen Denkens: der Nationalsozialismus. In Reinalter u.a. 1998, 141 f.
48 Vgl. Gergen 1996 und Goebel und Clermont 1997.
49 HC Strache, Facebook-Eintrag vom 15.06.2017, facebook.com/HCStrache/posts/131139863572576, abgerufen am 24.05.2017.
50 OTS-Meldung vom 16.05.2017.
51 ORF: Wahl 13 vom 12.09.2013.
52 HC Strache, Facebook-Eintrag vom 14.05.2017, abgerufen am 01.06.2017.
53 Stand Juni 2017.
54 HC Strache, Facebook-Eintrag vom 05.06.2016, abgerufen am 01.06.2017.
55 Horaczek und Reiterer 2009, 29.
56 Ö3 Frühstück bei mir vom 25.06.2017.
57 *Neue Zürcher Zeitung* vom 16.03.2017. Die Großschreibung stammt von uns.
58 »*It's a very rough system, […] It's an archaic system […] It's really a bad thing for the country.*« Nach Julian Borger: Trump blames constitution for chaos of his first 100 days. *The Guardian* vom 30.04.2017, www.theguardian.com/us-news/2017/apr/29/trump-blames-constitution-for-first-100-days-chaos-presidency?CMP=-share_btn_tw, abgerufen am 30.04.2017.
59 Amann 2017, 152 ff. Die Kursivschreibung stammt von uns. Die Reporterin der *taz* Sabine am Orde, die ebenfalls anwesend war, gibt im Film »Rechtsruck« einen ähnliche Schilderung. Dieser Film wird im Anhang dieses Buches bei den Danksagungen erwähnt.
60 Amann 2017, 79.
61 Amann 2017, 101. Kursivsetzungen von uns.
62 AfD sperrt Journalisten aus. N-tv.de vom 13.02.2017, www.n-tv.de/politik/AfD-sperrt-Journalisten-aus-article19544341.html, abgerufen am 24.05.2017.
63 Siehe Amann 2017, 84.
64 Beim Regierungsheurigen am 12.07.2000, *Profil* 30/2000.
65 Gemeint ist die Journalistin, Co-Autorin dieses Buches und langjährige FPÖ-Berichterstatterin Nina Horaczek, die in den vergangenen 17 Jahren eine Vielzahl an FPÖ-Veranstaltungen besucht hat.
66 OTS-Meldung vom 13.10.2015.
67 Zitiert nach: Trump auf den Spuren von Stalin und Hitler: Wer vor Trump schon Kritiker »Feinde des Volkes« nannte. *Der Westen* vom 18.02.2017, www.derwesten.de/politik/wer-vor-trump-schon-kritiker-feinde-des-volkes-nannte-id209655473.html, abgerufen am 25.05.2017.
68 *Der Spiegel* vom 18.03.2017.
69 Vgl. Steinert 1999.
70 APA-Meldung vom 22.09.1999.
71 ZIB 2 vom 15.05.2017.
72 Kramer und Alstad 1993, 109 f.
73 Arendt 1996, 792.
74 HC Strache, Facebook-Eintrag vom 24.04.2017, www.facebook.com/HCStrache/posts/10154877116763591, abgerufen am 01.06.2017.

75 Straches »Wutbrief« auf Facebook war von rechtem Blog kopiert. *Der Standard* vom 25.04.2017, derstandard.at/2000056486768/Straches-Wutbrief-auf-Facebook-war-von-rechtem-Blog-kopiert, abgerufen am 24.05.2017.
76 Daniel Kehlmann: Mein Leben mit dem Monster. *Die Zeit* vom 04.02.2017, www.zeit.de/2017/04/donald-trump-republikaner-usa-daniel-kehlmann, abgerufen am 20.05.2017.
77 Vgl. Kershaw 1980, 65 ff.
78 Baynes, Norman H. (Hg.): *Hitler's Speeches*. London 1942, 76; zitiert nach Arendt 1996, 760.
79 Kolm-Brandstedt, Ernst: Dictatorship and Political Police. The Technique of Control by Fear, London 1945, 178 f., zitiert nach Arendt 1996, 760.
80 Cohen 1995, 218.
81 *Der Spiegel* vom 14.01.2017.
82 *Die Presse* vom 01.04.2015.
83 Vgl. dazu Miller 1962 sowie Krall 1992, Kapitel 5 und Worm, Alfred: Widersprechen ..., in Scharsach 2000, 170 ff.
84 Vgl. Kramer und Alstad 1993, 110 ff. sowie Ottomeyer 2000, 70 ff. mit Hinweis auf die Kindheit von Haider.
85 *Der Spiegel* vom 14.01.2017.
86 Vgl. Krall 1992, 179 ff.
87 Nach Kramer und Alstad 1993, 107 ff.
88 APA-Meldung vom 05.03.2014.
89 Ö1 Mittagsjournal vom 16.03.2013.
90 Zöchling 1999, 185; mit Bezug auf ein Gespräch mit Gernot Rumpold am 10.06.1999.

4. Führen Sie

1 Vgl. Ötsch und Stahl 1997, Stichworte »Angleichen« und »Spiegeln« bzw. im Online-Wörterbuch des NLP unter www.nlp.at.
2 Welt Online vom 15.11.2016, www.welt.de/icon/article159503336/Deshalb-macht-Trump-eine-so-schlechte-Figur.html, abgerufen am 27.05.2017.
3 Trump's Ties, twitter.com/trumpsties, abgerufen am 01.06.2017.
4 Der Fahnen Skandal Björn Höcke AfD, Eklat bei Günther Jauch. www.youtube.com/watch?v=A5 GFgjLENsI, abgerufen am 01.06.2017.
5 Strache-Song ein Plagiat? FPÖ weist Vorwurf zurück. heute.at vom 30.08.2013, www.heute.at/politik/news/story/11014128, abgerufen am 03.06.2017.
6 *Kurier* vom 02.05.2014.
7 300 statt 1000 Menschen beim AfD-Wahlkampfauftakt in Essen. WAZ.de vom 08.04.2017, www.waz.de/staedte/essen/wahlkampfauftakt-in-essen-afd-auf-stimmenfang-im-revier-id210196421.html, abgerufen am 03.06.2017.
8 President Trump announces his decision on the Paris Climate Accord. youtube.com/watch?v=uvsTIsPmyic, abgerufen am 04.06.2017, eigene Übersetzungen, Großschreibungen von uns.
9 *Falter* 26/2008.
10 Stand Juni 2017.
11 Nach Christian Fuchs: How The Frankfurt School Helps Us To Understand Donald Trump's Twitter Populism. Huffington Politics vom 18.01.2017, www.huffingtonpost.co.uk/christian-fuchs1/how-the-frankfurt-school-_b_14156190.html, abgerufen am 22.05.2017.
12 Zachary Crockett: What I learned analyzing 7 months of Donald Trump's tweets. Vox.com vom 16.05.2016, www.vox.com/2016/5/16/11603854/donald-trump-twitter, abgerufen am 25.01.2017.

13 George Lakoff: Taxonomy of Trump Tweets. http://trumptrauma.wordpress.com/2017/01/25/taxonomy-of-trump-tweets-by-george-lakoff/, abgerufen am 23.05.2017.
14 *Salzburger Nachrichten* vom 20./21.05.2000. Eine ausführliche Erklärung des »Perpetuums mobile« gibt Wodak 2016, 38ff.
15 *Salzburger Nachrichten* vom 20./21.05.2000.
16 Vgl. dazu die Chronologie bei mdr aktuell vom 31.03.2017, www.mdr.de/nachrichten/politik/regional/hoecke-thueringen-afd-ausschluss-debatte-100.html, abgerufen am 31.05.2017.
17 Vgl. die Reuters-Meldung vom 14.02.2017: AfD-Machtkampf – Gauland schlägt Höcke für Bundestag vor. http://de.reuters.com/article/deutschland-afd-idDEKBN15T1F3, abgerufen am 01.09.2016.
18 Zitiert nach Amann 2017, 121.
19 *Süddeutsche Zeitung* vom 10.03.2017.
20 APA-Meldung vom 19.05.2016.
21 *Der Spiegel* vom 21.01.2017.
22 *Der Standard* vom 30.01.2012.
23 Auftakt des Landtagswahlkampfes der AfD am 6. Januar 2016 in Stuttgart. Vgl. *Der Spiegel* vom 08.01.2016, www.spiegel.de/politik/deutschland/afd-alexander-gauland-fabuliert-vom-volkskoerper-a-1071101.html, abgerufen am 23.05.2017.
24 Tagesschau vom 22.09.2013, www.tagesschau.de/wahl/liveticker-bundestagswahl100.html, abgerufen am 21.05.2017.
25 Beim Kyffhäusertreffen am 04.06.2016. Vgl. AFD-Television 2, www.youtube.com/watch?v=fjaMsAHEIPY, abgerufen am 22.05.2017.
26 Dokumentationsarchiv des österreichischen Widerstands: Neues von ganz rechts, Juni 2007. www.doew.at/erkennen/rechtsextremismus/neues-von-ganz-rechts/archiv/juni-2007/oelm-wkr-sonnwendfeier-am-cobenzl, abgerufen am 27.05.2017.
27 Wir Prügelknaben. *Der Spiegel* vom 19.11.2016, S. 24. Provokation gegen Merkel sorgfältig geplant. Tagesanzeiger.ch vom 21.12.2016, www.tagesanzeiger.ch/ausland/europa/die-raffinierte-strategie-der-afd/story/20233491, abgerufen am 01.06.2017.
28 APA-Meldung vom 23.01.2017.
29 Siehe zum Beispiel die Facebook-Seite von AfD Nordwestmecklenburg vom 11.03.2016: »*Wahltag ist Zahltag, die Angst sitzt Frau Merkel im Nacken!*«, www.facebook.com/permalink.php?id=680517605346814 &story_fbid=969566023108636, abgerufen am 28.05.2017.
30 Siehe zum Beispiel das Wahlkampfvideo der FPÖ 2013: www.youtube.com/watch?v=XJsluapqhtQ, abgerufen am 28.05.2017.
31 z. B. in einem Flugblatt der österreichischen NSDAP zur Wahl am 24.04.1932, dokumentiert in Schausberger, Franz: *Ins Parlament, um es zu zerstören*. Wien 1995, Dokumente, 21 f.; zitiert nach Gratzer 1998, 18.
32 Markus Grill: Anti-Islam-Kurs. Correctiv vom 11.03.2016, correctiv.org/blog/2016/03/11/afd-hat-neues-knall-thema/, abgerufen am 01.06.2017.
33 Markus Huber: Zu weit weg von der Bevölkerung. Interview mit Richard Schmitt im Sommer 2016. www.fleischmagazin.at/index.php/fleisch-38-krone-richard-schmitt, abgerufen am 23.05.2017.
34 Die Methode Wilders. cicero.de/weltbühne/die-methode-wilders/31468, abgerufen am 30.05.2017.
35 Siehe Maren Hennemuth/dpa, zitiert nach APA-Meldung vom 24.03.2016.
36 Zitiert nach *Frankfurter Allgemeine Zeitung* vom 27.08.2016.
37 www.fpoe.at/artikel/die-neue-freie-zeitung-diesmal-ganz-neu, abgerufen am 28.05.2017.
38 *Zur Zeit* 19/2012.
39 Die FPÖ-Zeitung *Zur Zeit* bezeichnet Wiener Kindergartenkinder als »*rassisch durchmischt*«. Vice.com vom 24.11.2015, www.vice.com/de_at/article/die-fp-

zeitung-zur-zeit-bezeichnet-wiener-kindergartenkinder-als-rassisch-durchmischt-479, abgerufen am 01.06.2017.

40 Zahlen zur Presseförderung in Österreich finden sich unter www.rtr.at/de/ppf/VertPFW2016/Ergebnis_der_Vertriebsförderung_für_Wochenzeitungen_im_Jahr_2016.pdf, abgerufen am 25.05.2017.

41 *Zur Zeit* 47/2015.

42 *Kurier* vom 13.03.2016.

43 Zitiert nach *Trend* 47/2016.

44 Pfefferspray für Abonnenten gratis. Wochenblick.at vom 30.06.2016, www.wochenblick.at/pfefferspray-fuer-abonnenten-gratis, abgerufen am 20.05.2017.

45 FPÖ-TV vom 31.03.2016.

46 Wie Strache (falsche) Nachrichten für seine Zwecke verwendet. Vice.com vom 30.03.2017, www.vice.com/de_at/article/wie-strache-auf-facebook-falsche-nachrichten-fuer-seine-zwecke-verwertet, abgerufen am 28.05.2017.

47 *Der Standard* vom 26.11.2013.

48 Das Interview mit Richard Schmitt erfolgte im Sommer 2016, www.fleischmagazin.at/index.php/fleisch-38-krone-richard-schmitt, abgerufen am 28.05.2017.

49 Siehe *Frankfurter Allgemeine Zeitung* vom 25.01.2017.

50 Alternative für Deutschland: Strategie 2017 vom 22.12.2016.

51 Julia Bähr: Pläne der AfD: Staatsferner Staatsfunk? *Frankfurter Allgemeine Zeitung* vom 18.03.2016, www.faz.net/aktuell/feuilleton/medien/plaene-der-afd-zur-privatisierung-von-ard-und-zdf-14126655.html, abgerufen am 28.05.2017.

52 Amannn 2017, 84.

53 *Süddeutsche Zeitung* vom 19.11.2016.

54 Ebenda.

55 Facebook.com, I was blocked by HCStrache, facebook.com/groups/blocked.by.HCStrache/, abgerufen am 01.06.2017.

56 *Frankfurter Allgemeine Zeitung* vom 9.11.2016.

57 Von AfD bis Linkspartei – so politisch ist Facebook. www.sueddeutsche.de/politik/politik-auf-facebook-rechte-abschottung-ohne-filterblase-1.3470137, abgerufen am 01.06.2017.

58 In der Sprachphilosophie spricht man vom »Principle of Charity«, das jedem Verstehen zugrunde liegen muss. Ein klassischer Text stammt von Donald Davidson, neben Quine der berühmteste amerikanische Vertreter der analytischen Philosophie (*Inquiries into Truth and Interpretation*. Clarendon Press, Oxford 1984).

59 Urteil Az 324 O 502/13, vgl. Gericht erlaubt »Lügen-Lucke«. *Frankfurter Neue Presse* vom 20.09.2013, www.fnp.de/nachrichten/politik/Gericht-erlaubt-Luegen-Lucke;art673,635867, abgerufen am 19.06.2017.

60 Siehe https://medium.com/@fpoeticker/diegesammelten-lügen-des-heinz-christanstrache-8ed54e4c388c, abgerufen am 08.06.2017

61 Jane Mayer: Donald Trump's Ghostwriter Tells All. *The New Yorker* vom 25.07.2016, www.newyorker.com/magazine/2016/07/25/donald-trumps-ghost-writer-tells-all, abgerufen am 15.04.2017. Eine Liste von Lügen und Halbwahrheiten von Trump führt *Politfact* unter www.politifact.com/personalities/donald-trump/, abgerufen am 26.06.2017. Zur Bedeutung von Frames für die Interpretation von »Fakten« vgl. Wehling 2016, 28 und 45 und Lakoff und Wehling 2016, 78 ff.

62 Vgl. dazu den Kurzbericht von Michael Shermer: How to Convince Someone When Facts Fail. *Scientific American* vom Januar 2017, www.scientificamerican.com/article/how-to-convince-someone-when-facts-fail/, abgerufen am 01.06.2017.

63 Vgl. Long list of lies. Richardcorbett.org vom 26.06.2016, www.richardcorbett.org.uk/long-list-leave-lies, abgerufen am 01.06.2017.

64 Du sollst Haider nicht entlarven! *Die Zeit* vom 17.02.2000, www.zeit.de/2000/08/200008.reden_haider_10_.xml/komplettansicht, abgerufen am 01.06.2017.

65 Vgl. Wir haben Norbert Hofer mit Norbert Hofer diskutieren lassen. Vice.com vom 20.05.2016, www.vice.com/alps/article/norbert-hofer-freiheitlich-ueberparteilich, abgerufen am 15.05.2017.

66 Nach Wodak 2016, 73.

67 Die Story im Ersten: AfD. Und jetzt. Das Erste, 25.04.2016, siehe www.youtube.com/watch?v=bY4 fiZ9 At_E, abgerufen am 20.11.2016.

68 APA-Meldung vom 15.05.2016.

69 AfD Sachsen-Anhalt: Poggenburg: Ist Minister Schäuble ein Rassist?, 09.06.2016, afd-lsa.de/politik/2016/06/poggenburg-ist-minister-schaeuble-ein-rassist/, abgerufen am 02.07.2017.

70 Ordnungsrufe beschäftigen Ältestenrat: AfD-Chef kritisiert Brandstifter-Zwischenruf. swr.online vom 14.06.2016, uaktuell/rp/ordnungsrufebeschaeftigenaeltestenrat-afd-chefkritisiert-brandstifterzwischenruf/-/id=13831106/did=17600496/nid=13831106/1me37kk/index.html, abgerufen am 20.01.2017.

71 *Der Standard* vom 04.02.2000.

72 In einem Interview, ORF ZIB 2; nach Falter 28/2000.

73 Dresdner Holocaust-Rede – Höcke entschuldigt sich auf AfD-Parteitag. *Spiegel Online* vom 18.02.2017, www.spiegel.de/politik/deutschland/bjoern-hoecke-vor-der-afd-entschuldigung-fuer-dresden-rede-a-1135230.html, abgerufen am 28.05.2017.

5. Übernehmen Sie die Macht

1 Vgl. Wilson 2000, 375.

2 Douglas, Karen/Wood, Michael (2013): What about building 7? A social psychological study of online discussion of 9/11 conspiracy theories. In: *Frontiers in Psychology* 2013 (4), 409–419; Coady, David (2007): Conspiracy Theories. In: *Episteme: A Journal of Social Epistemology* 4 (2), 131 –134.

3 Wilson 2000, 14.

4 Nicht alle Verschwörungstheorien sind Mythen. Natürlich gibt es tatsächlich Verschwörungen. Ein Beispiel ist die P2-Verschwörung in den 1970er- und 1980er-Jahren in Italien, in die über 900 Personen (Regierungsbeamte, Offiziere, Nachrichtendienste, Medien, Industrie und Banken) verwickelt waren. Die Verschwörung hielt sich zehn Jahre und wurde dann durch Bloßstellung und Gerichtsurteile gesprengt. Vgl. Wilson 2000, 273 ff.

5 *Kurier* vom 04.06.1994; zitiert nach Stiftung Dokumentationsarchiv 1994, 458.

6 Vgl. Wilson 2000, 77 f.

7 Bilderberger: Die einflussreichste Gruppe der Welt. unzensuriert.at vom 07.06.2015, www.unzensuriert.at/content/0017931-Bilderberger-Die-einfluss reichste-Gruppe-der-Welt, abgerufen am 30.05.2017.

8 Der französische Rundfunkjournalist Thierry de Segonzac, nach Wilson 2000, 78.

9 Christoph Blocher: Schweiz auf dem Weg zur Diktatur, Albisgüetli-Rede vom 15.01.2016, www.blocher.ch/uploads/media/D-Schriftliche_Fassung.doc.pdf, abgerufen am 29.05.2017.

10 Nina Horaczek in *Falter* 44/2016.

11 Christian Böhmer: Hilfe, Verschwörer! Warum die FPÖ so gerne Gespenster sieht. *Kurier* vom 08.09.2016, kurier.at/politik/inland/hilfe-verschwoerer-warum-die-fpoe-so-gerne-gespenster-sieht/221.710.676, abgerufen am 20.05.2017.

12 Ivan Krastey: The Plane Crash Conspiracy Theory That Explains Poland. In: *Foreign Policy* vom 21.12.2015, http://foreignpolicy.com/2015/12/21/when-law-and-justice-wears-a-tinfoil-hat-poland-russia-smolensk-kaczynski, abgerufen am 10.05.2017.

13 Vgl. Bailer-Galanda 1995, 153.

14 Birgit Holzer: Marine Le Pen wittert Verschwörung. *Augsburger Allgemeine* vom 14.12.2015, www.augsburger-allgemeine.de/politik/Marine-Le-Pen-wittert-Verschwoerung-id36352472.html?view=print, abgerufen am 31.05.2017.
15 Ingrid Brodnig: Da stinkt was. *Profil* 50/2016.
16 Parlamentarische Anfrage 3491/J vom 21.01.2015, www.parlament.gv.at/PAKT/VHG/XXV/J/J_03491/imfname_381677.pdf, abgerufen am 30.05.2015.
17 *Der Spiegel* 5/2000; zitiert nach Stiftung Dokumentationsarchiv 2000.
18 *Die Presse* vom 29.02.2000; zitiert nach Stiftung Dokumentationsarchiv 2000 sowie Scheidel, Herbert: Gedächtnis, Erinnerung, Archiv. *Der Standard* vom 13.07.2000.
19 *Zur Zeit* 7 a/2000; zitiert nach Dokumentationsarchiv 2000.
20 Nach Petri, Franko: Der Weltverschwörungsmythos. Ein Kaleidoskop politischer Esoterik. In: Reinalter u.a. 1998, 195 ff.
21 Thomas Assheuer: Alphabet des rechten Denkens. *Die Zeit* Nr. 10 vom 02.03.2017, 44.
22 Nach Herzinger, Richard: Das ungeschriebene Gesetz Europas. Der Aufstieg Haiders stellt den Grundkonsens westlicher Demokratien in Frage. In: Scharsach 2000, 257 ff., mit Bezug auf Benoist, Alain de: *Aus rechter Sicht. Eine Anthologie zeitgenössischer Ideen*. Tübingen 1984.
23 So Herzinger im Jahre 2000 über Haider, 258.
24 Dresdner Gespräche mit Björn Höcke am 17.01.2017, www.youtube.com/watch?v=sti51 c8 abaw&feature=youtu.be&t=5200, abgerufen am 30.05.2017.
25 *Die Presse* vom 20.11.2016.
26 Haider wollte die gesamte Gesellschaft von Grund auf verändern. Notwendig sei eine »*Totalreform des Verfassungsrechtes*«. Sozialpartnerschaft, Kammern und grundlegende Elemente des Sozialstaates sollten abgeschafft werden. Anstelle von Kollektivverträgen sollten Betriebsvereinbarungen treten. Alle Bürger, auch Frauen, sollten einer »*allgemeinen Wehr- und Dienstpflicht*« unterliegen, die Freiheit der Kunst sei einzuschränken, der Sozialdemokratie wurde jede Daseinsberechtigung abgesprochen. Belege dazu finden sich in: Stiftung Dokumentationsarchiv 1994, 409 ff., mit Bezug auf die Broschüre »*Weil das Land sich ändern muß!*«, Wien 1994 (Reihe Kontrovers des Freiheitlichen Bildungswerks) und Haider, Jörg: *Die Freiheit, die ich meine*. Frankfurt 1993.
27 Björn Höcke spricht auf der Weihnachtsfeier 2014 der Jungen Alternativen in Stuttgart, am 22.12.2014, www.youtube.com/watch?v=YhYCrQR-xBI, Min.: 25:40, abgerufen am 01.06.2017.
28 Vgl. Platzer 1990, 18.
29 Vgl. Lay 1977, 146.
30 Aktuell spielen alle Parteien der AfD in die Hände. *Süddeutsche Zeitung* vom 17.2.2016, www.sueddeutsche.de/kultur/sprache-in-der-fluechtlingsdebatte-das-wort-fluechtling-richtet-schaden-an-1.2864820, abgerufen am 01.06.2017.
31 *Kurier* vom 09.09.2016.
32 *Bonner Generalanzeiger* vom 25.04.2017.
33 *Frankfurter Allgemeine Zeitung* vom 12.05.2017.
34 APA-Meldung vom 03.05.2017.
35 APA-Meldung vom 17.05.2017.
36 Siehe Fußnote oben.
37 APA-Meldung vom 12.04.2007.
38 APA-Meldung vom 13.02.2002.
39 APA-Meldung vom 06.07.2011.
40 APA-Meldung vom 02.08.2011.
41 APA-Meldung vom 20.12.2012.
42 *Der Standard* vom 30.09.2016.
43 www.vfgh.gv.at/downloads/buergermeisterwahlen_voralberg_presseinformaton.pdf, abgerufen am 20.05.2017.

44 *Vorarlberger Nachrichten* vom 27.11.2015.
45 Vgl. Rainer Bauböck in *Der Standard* vom 12./13.02.2000.
46 Ronald D. Gerste: Demonstrieren für unabhängige Forschung. *Neue Zürcher Zeitung* vom 26.04.2017.
47 Zitate aus: Erfolge in eigener Sache, orf.at/m/stories/2370166/2370113/, abgerufen am 22.05.2017, die Kursivschreibung in den Zitaten stammt von uns.
48 Orwell 1973, 35, 40, 64 und 75.
49 O'Hanlon 1995, 115.
50 *Kurier* vom 30.04.2016.
51 *Falter* 24/2015.
52 *Kurier* vom 30.04.2016.
53 *Falter* 24/2015.
54 *Der Standard* vom 08./09.2.2000.
55 Das Folgende und die folgenden Zitate nach Amann 2017, 228 ff. Die Kursivsetzungen stammen von uns.
56 Im Frühjahr 2017 waren zum Beispiel die beiden AfD-Spitzenkandidaten Gauland und Weidel zu Besuch bei der FPÖ im Parlament in Wien, um sich Tipps für den deutschen Bundestagswahlkampf zu holen. Sie trafen unter anderem FPÖ-Parteichef Strache, die beiden Generalsekretäre Kickl und Vilimsky sowie den Dritten Nationalratspräsidenten Norbert Hofer. Vgl. FPÖ-TV von Juni 2017, www.fpoe.at/medien/fpoe-tv, abgerufen am 05.06.2017.
57 Arendt 1996, 666 (Fußnote 15) sowie 763 und 855.
58 Hitler 1937, 129.
59 Die damalige freiheitliche Sicherheitssprecherin Helene Partik-Pablé laut Freiheitlicher Pressedienst vom 22.05.2000.
60 OTS-Meldung vom 19.09.2016.
61 Freiheitliches Bildungsinstitut 2013, 53.
62 HC Strache: Rede am Viktor Adler Markt in Wien am 09.09.2010. www.youtube.com/watch?v=GrHckUCGOWs, zu Beginn von Teil 2 von 10, abgerufen am 02.06.2017.
63 Zitiert nach kurier.at vom 01.03.2017.
64 Die Methode Wilders. cicero.de/weltbühne/die-methode-wilders/31468, abgerufen am 01.06.2017.
65 *Falter* 11/2017.
66 APA-Meldung vom 29.03.2017.
67 Frei übersetzt nach Umberto Eco: Eternal Fascism: Fourteen Ways of Looking at a Blackshirt. *New York Review of Books* vom 22.06.1995, 12–15, www.nybooks.com/articles/1995/06/22/ur-fascism, abgerufen am 15.04.2017.
68 David Neiwert: Donald Trump May Not Be a Fascist, But He is Leading Us Merrily Down That Path. *Orcinus* vom 28.11.2015, dneiwert.blogspot.co.at/2015/11/donald-trump-may-not-be-fascist-but-he.html, abgerufen am 15.04.2017.
69 Marc Pitzke: Die Saat des Bösen. *Spiegel Online* vom 09.12.2015, www.spiegel.de/politik/ausland/donald-trump-die-saat-des-boesen-a-1066792.html, abgerufen am 01.06.2017.
70 *Der Standard* vom 08.05.2000.
71 APA-Meldung vom 27.09.2016.
72 Otmar Lahodinsky: Orbán startet EU-Volksbefragung. Profil.at vom 06.04.2017, www.profil.at/ausland/ungarn-lets-stop-brussels-volksbefragung-8068059, abgerufen am 04.06.2017.
73 Zitat nach Amann 2017, 235.
74 Vgl. Hamann 2000, 378 ff. und Carsten 1977, 23 ff.
75 *Frankfurter Zeitung* vom 01.01.1933; zitiert nach Reuth 1995, 246.
76 Lutz Graf Schwersin von Krosigk: *Es geschah in Deutschland*. Tübingen und Stuttgart 1951, 147; zitiert nach Kershaw 1998, 521.
77 Vgl. Cullen 1995, 242 ff.

78 Vgl. Bahar und Kugel 1999 sowie dies.: Der Reichstagsbrand – »ein Zeichen Gottes«. Neue Hinweise auf eine selbstinszenierte Aktion der Nazis. *Neue Zürcher Zeitung*, Internationale Ausgabe, 19./20.8.1995. Kugel 1998 argumentiert, Marinus van der Lubbe sei über längere Zeit hinweg von dem Hellseher Hanussen hypnotisiert worden. (Hanussen wurde einige Wochen nach dem Reichstagsbrand von einem SA-Kommando ermordet.) Zum aktuellen Stand der Forschung siehe auch Hett 2016.
79 Vgl. Kershaw 1998, 579 ff.
80 Alfred Rosenberg im *Völkischen Beobachter* vom 01.03.1933; wiederabgedruckt in Rosenberg 1936, 76.
81 Vgl. Kershaw 1998, 583.
82 Akten der Reichskanzlei, Regierung Hitler, 128; zitiert nach Kershaw 1998, 582.

6. Widerstehen Sie den Demagogen

1 Vgl. Marcin Pietraszkiewicz: Warum kam es zum rechtsnationalen Umschwung in Polen? Telepolis vom 08.02.2016, www.heise.de/tp/artikel/47/47323, abgerufen am 22.05.2017.
2 Orbán war zuvor bereits zwischen 1998 und 2002 Ministerpräsident von Ungarn gewesen.
3 Hilfe für Flüchtling: Meine Freundin weint. profil.at vom 06.09.2015, www.profil.at/oesterreich/hilfe-fluechtlinge-meine-freundin-5845568, abgerufen am 01.06.2017.
4 Amann 2017, 111.
5 Vgl. dazu das Interview mit Michael Hartmann in den NachDenkSeiten vom 25.11.2016. www.nachdenkseiten.de/?p=35985, abgerufen am 01.06.2017. Ähnlich argumentiert auch: Pohlmann, Markus: Globale ökonomische Eliten? Eine Globalisierungsthese auf dem Prüfstand der Empirie. In: *Kölner Zeitschrift für Soziologie und Sozialpsychologie* 61 (4), 2009, 513 –534.
6 Thomas Seifert und Saskia Blatakes: Wir gehören nicht zu den Machteliten. Interview mit Michael Hartmann. *Wiener Zeitung* vom 25.03.2016, www.wienerzeitung.at/nachrichten/europa/europaeische_union/808753_Wir-gehoeren-nicht-zu-den-Machteliten.html, abgerufen am 15.12.2016. Kursivsetzung von uns.
7 Siehe Bertelsmann Stiftung: *Populäre Wahlen NRW. Mobilisierung und Gegenmobilisierung der sozialen Milieus bei der Landtagswahl Nordrhein-Westfalen 2017,* www.bertelsmann-stiftung.de/de/publikationen/publikation/did/populaere-wahlen-nrw/, abgerufen am 05.06.2017.
8 Welzer 2017.
9 Das sind Grundgedanken des Philosophen Charles Taylor, z. B. in Taylor 1994.
10 Nationalratssitzung vom 21.04.2009, zitiert nach www.youtube.com/watch?v=fHrLCkPLufk, abgerufen am 31.05.2017.
11 Eine gute Einführung in diese Problematik vermittelt Bude 2014.
12 Aus Trainingsunterlagen von Walter Ötsch, der viele Seminare und Coachings zum Umgang mit demagogischer Politik durchgeführt hat.
13 Zu Prozessen von Auf- und Abwertung im Alltag vgl. Lehner und Ötsch 2015.
14 Zitiert in Correctiv 2017, 209.
15 Zitiert in Correctiv 2017, 199.
16 Das Folgende stammt aus dem Standardrepertoire der Kommunikationstechniken von NLP (Neuro-Linguistisches Programmieren), und zwar von Robert Dilts aus den 1980er-Jahren. Walter Ötsch ist NLP-Lehrtrainer und hat 1997 mit Thies Stahl ein Wörterbuch des NLP verfasst. Dieses Buch ist vergriffen. Eine Onlineversion ist via www.nlp.at/alles-ueber-nlp/nlp-woerterbuch/ zugänglich. Vgl. zu Folgendem das Stichwort »Punch-Reframing«.

17 Vgl. Smith, Conrad: Why Clinton's Slogans Failed (Hard): A Persuasion Analysis, Extranewsfeed.com vom 09.01.2017, extranewsfeed.com/clinton-slogans-bad-persuasion-a3 bd5 cbe59 ac#.9 f6 n2 k6 cf, abgerufen am 05.06.2017.

18 OTS-Meldung vom 07.10.2015.

19 *Profil* 39/2016.

20 Wenn Unrecht zu Recht wird, wird Widerstand zur Pflicht, YouTube vom 24.09.2015, www.youtube.com/watch?v=o50 ldvntXPY, Min. 33.14, abgerufen am 01.06.2017.

21 Siehe www.fpoe.at/artikel/333-jahrestag-fpoe-feierte-ende-der-tuerkenbelagerung/, abgerufen am 05.06.2016.

22 Ein Teppich erregt die Gemüter in Brüssel: Ungarn lässt Großungarn-Teppich ausrollen. News.at vom 14.8.2011, www.news.at/a/ein-teppich-gemueter-bruessel-ungarn-grossungarn-teppich-286359, abgerufen am 01.06.2016.

23 Strache: Tirol – von Kufstein bis Salurn, Presseaussendung des Freiheitlichen Parlamentsklubs vom 17.01.2007: www.ots.at/presseaussendung/OTS_20070117_OTS0057/strache-tirol-von-kufstein-bis-salurn, abgerufen am 08.01.2012.

24 Jonas, Hans: Homo Pictor: Von der Freiheit des Bildens. In: Boehm, Gottfried (Hg.): *Was ist ein Bild?* München 1995, 105 –124.

25 »[Es] kann langfristig kognitive Pluralität nur über sprachliche Pluralität bestehen. Es ist also wichtig, in sozialen und politischen Diskursen diejenigen Frames zu nutzen, die der eigenen Weltsicht gerecht werden. Nur so können ideologische Vielfalt und transparente, ehrliche Diskurse langfristig gesichert werden. Bewusstes politisches Framing ist eine Überlebensstrategie für unsere Demokratie.« (Wehling 2016, 43).

26 Walter Ötsch betreibt seit Jahren zu diesen Fragen ein breites Forschungsprogramm. Es umfasst (a) eine Analyse von Trends in der Gesellschaft (vgl. dazu die Reihe »Kritische Studien zu Markt und Gesellschaft« im Verlag Metropolis, Marburg, www.metropolis-verlag.de, die Walter Ötsch begründet hat, mit bisher 10 Bänden), (b) die Rolle von Bildern für menschliche Kognitionen (Ötsch und Stahl 1997, Derks u.a. 2016), (c) die Bedeutung des Konzeptes von »dem Markt«, seiner Geschichte und seiner gesellschaftlichen Wirkungen (Ötsch 2009, 2016 a und b, Ötsch u.a. 2017) und (d) den Zusammenhang des marktfundamentalen (neoliberalen) mit dem demagogischen (rechtspopulistischen) Denken (Ötsch 2013, Ötsch und Pühringer 2017). Nach Walter Ötsch sollte die aktuelle Gesellschaft als ökonomisierte Gesellschaft verstanden werden, bei der die Ökonomik die gesellschaftliche Leitwissenschaft geworden ist und ökonomische Vorgaben in viele Bereiche der Gesellschaft eingedrungen sind. Bemerkenswert sind auch die Parallelen von Markt- und demagogischem Denken (Ötsch und Pühringer 2017). Graupe (2017) hat ähnliche Prozesse des Umdeutens, die in diesem Buch für das politische Denken gezeigt werden, bei Lehrbüchern der Mikroökonomie ausfindig gemacht. Mit Silja Graupe, Kollegin an der Cusanus Hochschule, will ich diese Parallelen in Zukunft vertiefen. Für das Jahr 2018 ist die gemeinsame Publikation einer Theorie der ökonomisierten Gesellschaft geplant.

Literatur

Amann, Melanie: *Angst für Deutschland*. München 2017.

Andres, Roland: *Persuasive Kommunikation in der Politik*. Masterarbeit an der Johannes Kepler Universität Linz 2016.

Arendt, Hannah: *Elemente und Ursprünge totaler Herrschaft*. München 1996.

Bailer-Galanda, Brigitte und Neugebauer, Wolfgang: *Haider und die Freiheitlichen in Österreich*. Berlin 1997.

Bailer-Galanda, Brigitte: *Haider wörtlich. Führer in die Dritte Republik*. Wien 1995.

Bergen, Benjamin K.: *Louder Than Words. The New Science of How the Mind Makes Meaning*. New York 2012.

Bude, Heinz: *Gesellschaft der Angst*. Hamburg 2014.

Carsten, Francis L.: *Faschismus in Österreich. Von Schönerer zu Hitler*. München 1977.

Cohen, David: *Lexikon der Psychologie. Namen – Daten – Begriffe*. München 1967.

Correctiv (Hg.): *Schwarzbuch AfD. Fakten, Figuren, Hintergrunde*. Essen 2017.

Cullen, Michael S.: *Der Reichstag. Parlament, Denkmal, Symbol*, Berlin-Brandenburg 1995.

Derks, Lucas, Ötsch, Walter O. und Walker, Wolfgang: Relationships are Constructed from Generalized Unconscious Social Images Kept in Steady Locations in Mental Space. In: *Journal of Experiential Psychotherapy* 19, Nr. 1 (73), 2016, 3 –16.

Derks, Lucas: *Das Spiel sozialer Beziehungen. NLP und die Struktur zwischenmenschlicher Erfahrung*. Mit einem Geleitwort von Wolfgang Walker und einem NLP-Glossar von Walter Ötsch. Stuttgart 2000.

Falkenberg, Susanne: *Populismus und Populistischer Moment im Vergleich zwischen Frankreich, Italien und Österreich*. Dissertation, Universität Duisburg 1997.

FPÖ Bildungsinstitut (Hg.): *Handbuch freiheitlicher Politik. Ein Leitfaden für Führungsfunktionäre und Mandatsträger der Freiheitlichen Partei Österreichs*. 4. Auflage, 2013.

Geden, Oliver: *Diskursstrategien im Rechtspopulismus. Freiheitliche Partei Österreichs und Schweizerische Volkspartei zwischen Opposition und Regierungsbeteiligung*. Wiesbaden 2006.

Gergen, Kenneth J.: *Das übersättigte Selbst. Identitätsprobleme im heutigen Leben*. Heidelberg 1996.

Goebel, Johannes und Clermont, Christoph: *Die Tugend der Orientierungslosigkeit*. Berlin 1997.

Goldmann, Harald, Krall, Hannes und Ottomeyer, Klaus: *Jörg Haider und sein Publikum. Eine sozialpsychologische Untersuchung*. 2. Auflage, Klagenfurt 1992.

Gratzer, Christian: *Der Schoß ist fruchtbar noch … NSDAP (1920 –1933) – FPÖ (1986 –1998). Kontinuitäten, Parallelen, Ähnlichkeiten*. Wien 1998.

Graupe, Silja: *Beeinflussung und Manipulation in der ökonomischen Bildung. Hintergründe und Beispiele*, FGW-Studie Neues Ökonomisches Denken 5, Düsseldorf 2017.

Gruber, Helmut: Der kleine Mann und die alten Parteien. Ergebnisse einer Untersuchung zum Sprachgebrauch J. Haiders 1973 –1987. In: *Journal für Sozialforschung* 28 (19), 1988, 137–145.

Haider, Jörg: *Die Freiheit, die ich meine*. Frankfurt/Main 1993.

Hamann, Brigitte: *Hitlers Wien. Lehrjahre eines Diktators*. 3. Auflage, München 2000.

Haslinger, Josef: *Politik der Gefühle. Ein Essay über Österreich*. Frankfurt/Main 1995.
Hett, Benjamin Carter: *Der Reichstagsbrand. Wiederaufnahme eines Verfahrens*. Reinbek bei Hamburg 2016.
Hitler, Adolf: *Mein Kampf*. 434.–443. Auflage, München 1939.
Horaczek, Nina und Reiterer, Claudia: *HC Strache. Sein Aufstieg. Seine Hintermänner. Seine Feinde*. Wien 2009.
Horaczek, Nina und Wiese, Sebastian: *Gegen Vorurteile. Wie du dich mit guten Argumenten gegen dumme Behauptungen wehrst*. Wien 2015 (aktualisierte, erweiterte Neuauflage 2017).
Howanietz, Michael: *Für ein freies Österreich. Souveränität als Zukunftsmodell*. Wien: Freiheitlicher Parlamentsklub, 2013 (Herausgegeben von Norbert Hofer. Impressum Parlamentsklub der FPÖ. Mit einem Vorwort von Heinz-Christian Strache und Norbert Hofer).
Institut für Zeitgeschichte (Hg.): *Hitler. Mein Kampf. Eine kritische Edition,* 2 Bände, 3. durchgesehene Auflage, München - Berlin 2016.
Januschek, Franz: *Rechtspopulismus und NS-Anspielungen am Beispiel des österreichischen Politikers Jörg Haider*. 2. Auflage, Veröffentlichung des Duisburger Instituts für Sprach- und Sozialforschung, Duisburg 1992.
Kellner, Douglas: *American Nightmare. Donald Trump, Media Spectacle, and Authoritarian Populism*. Amsterdam 2016.
Kershaw, Ian: *Hitler. 1889–1936*. 2. Auflage, Stuttgart 1998.
Klammer, Carina: *Imaginationen des Untergangs: von der »abgeklärten Aufklärung« zum »Wiegenimperialismus«. Eine Diskursanalyse zur Konstruktion antimuslimischer Fremdbilder im Rahmen der Identitätspolitik der Freiheitlichen Partei Österreichs*. Masterarbeit an der Universität Wien, 2012.
Kramer, Joel und Alstad, Diana: *The Guru Papers. Masks of Authoritarian Power*. Berkeley, CA 1993.
Lay, Rupert: *Manipulation durch Sprache*. 4. Auflage, München 1977.
Lakoff, George und Wehling, Elisabeth: *Auf leisen Sohlen ins Gehirn. Politische Sprache und ihre heimliche Macht*, 4. Auflage, Heidelberg 2009.
Lehner, Johannes und Ötsch, Walter: *Jenseits der Hierarchie: Status im beruflichen Alltag aktiv gestalten*. 2. Auflage, Weinheim 2015.
Mudde, Cas und Kaltwasser, Christóbal Rovira: *Populism. A Very Short Introduction*. Oxford und New York 2017.
Müller, Jan-Werner: *Was ist Populismus? Ein Essay*. Berlin 2016.
Müller, Wolfgang C., Plasser, Fritz und Ulram, Peter A. (Hg.): *Wählerverhalten und Parteienwettbewerb. Analysen zur Nationalratswahl 1994*. Wien 1995.
O'Hanlon, William H.: *Eckpfeiler. Grundlegende Prinzipien der Therapie und Hypnose Milton Ericksons*. 2. Auflage, Salzhausen 1995.
Orwell, George: *1984,* 21. Auflage, Zürich 1973.
Ötsch, Walter: *Haider Light. Handbuch für Demagogie*. 5. Auflage, Wien 2005.
Ötsch, Walter O.: The Deep Meaning of ›Market‹: Understanding Neoliberal-Market-Radical Reasoning. In: *Human Geography* 6/2, 2013, 11–25.
Ötsch, Walter O.: Die neoliberale Utopie als Ende aller Utopien. In: Sebastian Pittl und Gunter Prüller-Jagenteufel (Hg.): *Unterwegs zu einer neuen »Zivilisation geteilter Genügsamkeit«. Perspektiven utopischen Denkens 25 Jahre nach dem Tod Ignacio Ellacurías*. Wien 2016, 105–119 [2016 a].
Ötsch, Walter O.: Die Politische Ökonomie »des« Marktes. Eine Zusammenfassung zur Wirkungsgeschichte von Friedrich A. Hayek. In: Jakob Kapeller, Stephan Pühringer, Katrin Hirte, Walter O. Ötsch (Hg.): *Ökonomie! Welche Ökonomie? Zu Stand und Status der Wirtschaftswissenschaft*. Marburg 2016, 19–50. [2016 b].
Ötsch, Walter O.: *Mythos Markt. Marktradikale Propaganda und ökonomische Theorie*. 2. Auflage, Marburg 2009.
Ötsch, Walter O. und Pühringer, Stephan: Right-wing populism and market fundamentalism. Two mutually reinforcing threats to democracy in the 21st century. Er-

scheint 2017 im special issue »Right-Wing Populism in Europe & USA« des *Journal of Language and Politics* 16(4).
Ötsch, Walter O., Pühringer, Stephan und Hirte, Katrin: *Die Netzwerke des Marktes. Ordoliberalismus als politische Ökonomie*. Erscheint 2017 im Verlag Springer VS.
Ötsch, Walter und Stahl, Thies: *Das Wörterbuch des NLP. Das NLP-Enzyklopädie-Projekt*. Paderborn 1997.
Platzer, Sabine: *Untersuchung des Sprachverhaltens von Jörg Haider in Interviews*. Diplomarbeit an der Universität Innsbruck, 1990.
Reinalter, Helmut, Petri, Franko und Kaufmann, Rüdiger (Hg.): *Das Weltbild des Rechtsextremismus. Die Strukturen der Entsolidarisierung*. Innsbruck und Wien 1998.
Reisigl, Martin und Wodak, Ruth (Hg.): *The Semiotics of Racism*. Wien 2000.
Reuth, Ralf Georg: *Goebbels. Eine Biographie*. 3. Auflage, München 1995.
Rosenberg, Alfred: *Blut und Ehre*. 11. Auflage, 76.–80.Tausend, München 1936.
Scharsach, Hans-Henning (Hg.): *Haider. Österreich und die rechte Versuchung*. Reinbek bei Hamburg 2000.
Scharsach, Hans-Henning: *Haider's Kampf*. 8. Auflage, Wien 1992.
Signer, Michael: *Demagogue. The Fight to Save Democracy from Its Worst Enemies*. New York 2009.
Steinert, Hans: Kulturindustrielle Politik mit dem Großen & Ganzen: Populismus, Politik-Darsteller, ihr Publikum und seine Mobilisierung. In: *Internationale Gesellschaft und Politik*, H. 4, 1999, 402–413.
Stiftung Dokumentationsarchiv des Österreichischen Widerstandes: Neues von ganz rechts. Online-Dokumentation, Wien 1997, www.doew.at/neuevre.html, abgerufen am 14.07.2000.
Strasser, Peter: Tiere sehen dich an – der Blick des Hasses. In: *Manuskripte* 121 a/1993, 117 –136.
Taylor, Charles: *Quellen des Selbst: Die Entstehung der neuzeitlichen Identität*. Frankfurt/Main 1994.
Tributsch, Gudmund (Hg.): *Schlagwort Haider. Ein politisches Lexikon seiner Aussprüche von 1986 bis heute*. Wien 1994.
Wehling, Elisabeth: *Politisches Framing. Wie eine Nation sich ihr Denken einredet – und daraus Politik macht*, Magdeburg 2016.
Welzer, Harald: *Wir sind die Mehrheit. Für eine offene Gesellschaft*. Frankfurt/Main 2017.
Wilson, Robert Anton: *Das Lexikon der Verschwörungstheorien. Verschwörungen, Intrigen, Geheimbünde*. Frankfurt/Main 2000.
Wodak, Ruth: *Politik mit der Angst: Zur Wirkung rechtspopulistischer Diskurse*. Wien und Hamburg 2016.
Zöchling, Christa: *Haider. Licht und Schatten einer Karriere*. 2. Auflage, Wien 1999.